SALTY LIFE

Von einer, die aufbrach, das Leben zu lernen

AF211576

Foto: © Tjasa Maticic (@yogainphotos)

Anni Werner wurde 1982 am beschaulichen Niederrhein geboren und ist dort noch als letzte Generation handyfrei aufgewachsen. Sie ist eine typische Widder-Persönlichkeit: Mit dem Kopf durch die Wand lässt sie sich von keinem Hindernis aufhalten und findet immer einen Weg, ihre Ziele zu erreichen.

So auch, als bei ihr eine Autoimmunerkrankung diagnostiziert wurde und sie 2012 kurzerhand nach Fuerteventura zog.

Dort lebt und arbeitet sie bis heute und führt ein ruhiges und einfaches Leben. In ihrer Freizeit geht sie Surfen, Kiten und engagiert sich ehrenamtlich in der lokalen Tierhilfe.

Mit »Salty Life« veröffentlicht Anni ihr erstes Buch, in dem sie ihre ganz persönliche Geschichte erzählt: Wie sie auf Fuerteventura gelandet ist und was das Leben auf dieser windigen Insel so besonders macht.

Auf Instagram ist sie unter _anni_werner_ zu finden.

Salty Life

*Von einer, die aufbrach,
das Leben zu lernen*

ANNI WERNER

Impressum

1. Auflage 2024 / Deutschland
© 2024 Anni Werner

Das Werk, einschließlich aller seiner Teile, ist urheberrechtlich geschützt. Jede Verwertung ist ohne Zustimmung der Verfasserin unzulässig. Dies gilt insbesondere für Vervielfältigung, Übersetzung, Mikroverfilmung und die Einspeicherung und Verarbeitung in elektronischen Systemen.

Autorin: Anni Werner
Lektorat: Romy Schneider | kopfreisen-lektorat.de
Korrektorat: Katja Scholz | freie-lektorin.com
Umschlaggestaltung & Grafiken: © Christoph Werner
(Instagram: @pensamento_livre_art) und Tim Kruse
Layout & Satz: Stefanie Scheurich | stefaniescheurich.de

Bibliografische Information der Deutschen Nationalbibliothek:
Die Deutsche Nationalbibliothek verzeichnet diese Publikation in der
Deutschen Nationalbibliografie; detaillierte bibliografische Daten sind im
Internet über dnb.dnb.de abrufbar.

Verlag: BoD · Books on Demand GmbH, In de Tarpen 42,
22848 Norderstedt
Druck: Libri Plureos GmbH, Friedensallee 273, 22763 Hamburg

Printed in Germany
ISBN: 978-3-7597-5331-1

Letzten Endes geht es doch um die Momente, die wir erleben, die Gefühle, die wir verspüren, die Freude, die wir empfinden, und die Erinnerungen, die wir schaffen. Und wenn wir ganz viel Glück haben, können wir diese Erfahrungen mit den Menschen teilen, die wir lieben.

Inhalt

Das Warum

Hallo, du lieber Mensch, dieses Buch ist für dich. Und falls es dir heute noch niemand gesagt haben sollte, kommt hier das Wichtigste zuerst: Schön, dass es dich gibt!

Ich gebe zu, ich bin doch schon arg nervös bei dem Gedanken daran, dir auf den folgenden Seiten einen teils doch sehr privaten Einblick in mein Oberstübchen zu gewähren. Hiermit serviere ich dir nämlich einen großen Teil meines Lebens auf dem Präsentierteller. Das hat etwas von Nackigmachen und ist angsteinflößend, aber gleichzeitig auch irgendwie befreiend. In Zeiten von Social Media präsentieren sich so viele Menschen von ihrer fehlerfreien, perfekt kontrollierten und makellosen Seite. Sie zeigen ein Leben, das oft meilenweit von der Realität entfernt ist. Da braucht es schon eine kleine Portion Mut, sich einfach so zu zeigen, wie man nun mal ist. Und ja, ich weiß, ich zeige mich damit auch sehr verwundbar. Aber ich glaube fest daran, dass das keine Schwäche ist, sondern eine Stärke. Und dass Verletzlichkeit uns letztlich doch auch sehr nahbar macht.

Ich denke, ich lebe ein ganz normales Leben und habe bisher keinen nennenswerten Mehrwert für andere durch das Erzählen meiner Geschichte gesehen. Wenn ich jedoch bemerke, wie andere mich manchmal mit großen Augen anschauen, wenn sie hören, dass ich einfach so aus Deutschland weggegangen bin und jetzt auf einer sonnigen Insel lebe, muss ich mir wohl eingestehen, dass meine Normalität vielleicht doch etwas aus dem typischen Rahmen fällt. So kommen immer wieder dieselben interessierten Fragen auf, und ich komme mir dann vor wie in einer Sesamstraßenfolge, in der ich mit *Wieso, Weshalb, Warum* regelrecht gelöchert werde. Schlussendlich brachte eine Bekannte den sprichwörtlichen Stein ins Rollen, als sie mir sagte, ich solle doch ein Buch über all das schreiben. Na, besten Dank auch dafür, du weißt ja gar nicht, was du damit angerichtet hast!

Aus einer Laune heraus fing ich also an, die letzten zehn Jahre hier auf der Insel zu rekapitulieren und aufzuschreiben, und spürte auf einmal, wie viel Spaß mir das bereitete. Viele Ereignisse, die ich sonst vielleicht irgendwann vergessen hätte, wurden so nochmal tief aus der Erinnerung gekramt und festgehalten. Zudem merkte ich, wie ich plötzlich vom Schreiben profitierte, indem ich mich mit vielen Dingen beschäftigte, die mich in der Vergangenheit unbewusst geprägt hatten. Mit diesem Abstand sah ich vieles auf einmal in einem anderen Licht, und ich begann sogar neue Verknüpfungen herzustellen und lernte mich dadurch selbst nochmal besser kennen. Das alles war ein sowohl interessanter als auch lehrreicher Prozess für mich.

Aber vielleicht gibt es da draußen ja noch die ein oder andere Seele, die sich dadurch angesprochen fühlt und sogar etwas Hilfreiches daraus mitnehmen kann. Wenn das der

Fall wäre und ich damit auch nur einen einzigen Menschen erreiche, hat es sich für mich zu hundert Prozent gelohnt.

Meine Intention ist es, durch das Schreiben dieser Zeilen Menschen Mut zu machen, zu inspirieren und zu zeigen, dass es auch ein Leben außerhalb der Norm gibt. Dabei möchte ich ganz klar betonen, dass jeder von uns ganz unterschiedliche Vorstellungen von einem perfekten Leben haben kann und es niemandem zusteht, das Leben anderer zu bewerten oder gar zu verurteilen. Ein glückliches Leben kann auf vielerlei Art und Weise geführt werden, und solange derjenige, der es lebt, damit zufrieden ist und niemand anderem damit schadet, haben alle anderen ihre Klappe zu halten.

Darüber hinaus möchte ich mit meiner Geschichte zeigen, dass wir nicht perfekt sein müssen, um von anderen geliebt zu werden, und vor allem nicht von uns selbst. Trau dich, loszulassen und dich so zu akzeptieren, wie du bist, mit allen Ecken und Kanten. Das genau macht doch gerade unsere Einzigartigkeit aus.

Niemand ist perfekt, oder glaubst du ehrlich, dass die Pupse von irgendwem hier auf der Welt nach Rosen duften?

Ich selbst höre mich frühmorgens vor meinem ersten Kaffee an wie ein Wookie aus Star Wars und kurz vor meinen Tagen solltest du mir, wie einem Werwolf kurz vor Vollmond, tunlichst aus dem Weg gehen oder bei unausweichlichen Begegnungen lieber Schokolade dabeihaben.

Was ich damit sagen will, ist: Sei doch mal ein bisschen gnädiger mit dir.

In meinen Schilderungen geht es, neben vielen ehrlichen und herzlichen Begegnungen, auch um Erfahrungen mit nicht ganz so netten Menschen. Ich habe versucht, all die

Geschehnisse so objektiv wie nur möglich zu schildern, und trotzdem, all das, was ich hier berichte, sind *meine* Eindrücke und dadurch geprägt natürlich auch *meine* Wahrheit.

Ich bin jedoch weder eine Therapeutin noch sonst wie eine Expertin auf dem Gebiet und habe deswegen auch ganz klar davon Abstand genommen, bestimmte Bezeichnungen oder gar trendige Diagnosen zu verwenden. Das gebe ich lieber an die Profis ab und will nicht mit gefährlichem Halbwissen um mich werfen. Ich halte es da simpel. Wenn sich jemand wie ein Arsch aufführt, dann finde ich das an sich bereits in der Hinsicht meist eine sehr treffende Bezeichnung für diesen Zeitgenossen. Und ich denke, dass ich damit keinerlei fachliche Kompetenzen überschreite. Mir liegt außerdem nichts ferner, als hier eine Vendetta zu starten, denn ich glaube an »what goes around comes around«, und so etwas zu regeln überlasse ich vertrauensvoll dem Karma. Und genau aus diesen Gründen habe ich auch die beschriebenen Personen teils verfremdet und manchmal einige Details weggelassen oder abgeändert, um hier niemandem auf die Füße zu treten oder gar Persönlichkeitsrechte zu verletzen. Denn ich würde solchen Charakteren in meinem Buch nur sehr ungern eine Bühne bieten, zumal sie ja auch nur exemplarisch und stellvertretend für einen gewissen Typus Mensch stehen.

Warum erwähne ich sie dann überhaupt, stellst du dir vielleicht die Frage? Nun ja, uns allen begegnen solche Menschen in unserem Leben, die uns prägen und die in den meisten Fällen tiefe und – leider auch nicht sehr selten – schmerzhafte und bleibende Spuren hinterlassen. Aber vielleicht trägt mein Buch ja auch dazu bei, solche Menschen demnächst frühzeitig zu erkennen und sich direkt zu Beginn von ihnen zu distanzieren.

Und last but not least, bitte sieh mein Buch nicht als eine Art Anleitung à la »Wie ändere ich mein Leben in so und so vielen Schritten«. Wenn du was genau nach Plan machen willst, kauf dir lieber ein IKEA-Regal. Denn mal ehrlich, so unvergleichlich wir alle vom Wesen her sind, so individuell sind doch auch die Möglichkeiten der Lebensgestaltung bei jedem von uns. Und was bei dem einen funktioniert, mag dem anderen vielleicht so gar nicht helfen.

Ich möchte einzig und allein meine Geschichte mit dir teilen, mit all ihren positiven als auch negativen Vorkommnissen, mit allen Fehlern, die ich gemacht habe, den Learnings, die ich daraus gezogen habe, und das so authentisch wie möglich.

Also verzeih, wenn ich hier nicht immer alles in Watte packe und häufig doch sehr klare Worte benutze. Ich bin nicht hier, um es allen recht zu machen und Everybody's Darling zu sein. Und ich gehe deswegen auch gern das Risiko ein, dass das nicht alle mögen werden. Aber auch das ist okay für mich. Geschmäcker sind bekanntermaßen sehr verschieden und so soll es ja zum Beispiel auch Menschen geben, die keine Schokolade mögen.

All dies gesagt, reiche ich dir nun meine doch sehr zittrige Hand und lade dich ein, mich auf meiner Reise ein Stück weit zu begleiten.

Sonnige Grüße
deine Anni

Vorwort

Dunkelheit und Kälte umgaben mich, und nur der Mond spendete mir ab und an durch die zugezogene Wolkendecke ein paar schwache Lichtstrahlen. Wie Scheinwerfer warfen sie sich immer mal wieder für kurze Momente auf die Szenerie und zeigten mir, was ich ohnehin schon wusste. Ich war hier ganz allein, weit und breit kein Land in Sicht, kein Boot, keine Rettung.

Ein tosendes Wellenmeer umgab mich, ich zitterte vor Kälte und spürte meine Füße und Fingerspitzen schon lange nicht mehr.

Es war ein ständiger Kampf, mühsam an der Wasseroberfläche zu bleiben, während jede einzelne Welle mich wieder und wieder nach unten drückte, mich herumwirbelte und die Orientierung verlieren ließ. Mit viel Anstrengung schaffte ich es erneut hoch, bis die nächste Welle kam und mich in ihrer kraftvollen Umarmung erneut ins Dunkle mitriss.

Je verzweifelter ich versuchte nach oben zu kommen, um Luft zu schnappen, desto mehr wurde ich Stück für Stück hinunter in die Tiefe gezogen. Mein Körper wurde mit jedem missglückten Versuch schwächer, und eine leise Stimme drang zu mir durch.

Es ist an der Zeit, loszulassen. Hab Vertrauen.

Diese Stimme hörte sich fremd und doch irgendwie altbekannt und vertraut an, so hell und sanft. Und sie hüllte mich
in ein wohlig-warmes Gefühl der Geborgenheit. Es fühlte
sich an, als würde mir eine liebevolle und herzliche Umarmung gegeben, die mir Schutz und Sicherheit spendete.

Ich war mittlerweile nur noch müde und erschöpft, hatte
all meine Kraft aufgebraucht und wusste nicht mehr, was ich
noch tun konnte, um nach oben zu kommen.

Also traf ich eine Entscheidung.

Ich beschloss, das zu tun, was mir am schwersten fiel und
wovor ich am meisten Angst hatte: die Kontrolle abzugeben
und einfach zu vertrauen. So hörte ich also auf, mich abzu-
strampeln, ließ los und gab mich den unendlichen Weiten
des Meeres hin. Ich sank langsam nach unten ins Dunkle
hinab. Es wurde mit jedem Meter ruhiger, sowohl um mich
herum als auch tief in meinem Inneren. Ich hörte einzig und
allein mein Herz stetig weiter pochen. Hier gab es nur mich.
Durch meine geschlossenen Lider bemerkte ich, wie mich
ein helles Leuchten zu umgeben begann. Kraftvoll und sanft
zugleich machte es sich in mir breit und strömte von der
Körpermitte bis in jede einzelne Zelle meines Körpers. Ein
tiefes Gefühl des Friedens und der Zuversicht erfüllte mich
und tauschte mit Angst, Zweifel und Schmerz den Platz. Es
war, als wenn sich in mir ein tief verankerter Knoten löste,
und ich fühlte mich mit einem Mal so leicht, frei und unbe-
schwert wie noch nie zuvor. Mein Leben lang hatte ich
gedacht, kämpfen zu müssen, mein Naturell zu unterdrücken
und mich anpassen zu müssen, um an der Oberfläche mit

den anderen mitschwimmen zu können. Nie war mir auch nur der Gedanke gekommen, dass es ein Leben fernab dieser Oberfläche geben könnte. Dass ich vielleicht für etwas ganz anderes geschaffen war und meine Kraft anderweitig verborgen lag. Da endlich verstand ich es. Hier und jetzt fand ich zu mir. Ich streifte alles, was nicht zu mir gehörte, von mir ab und wurde zu der, die ich tief in mir schon immer gewesen war. Zurück blieb meine wahre und pure Form des Seins.

Ich öffnete meine Augen und fand mich von einem strahlenden und warmen Licht umgeben, das von meinem Innersten herrührte. Wie wunderschön und friedlich das doch war, dachte ich, lächelte und drehte mich mit weit ausgestreckten Armen um meine eigene Achse. Und so kehrte ich zu meiner Ursprungsform zurück, die von da an durch die sieben Weltmeere tanzte.

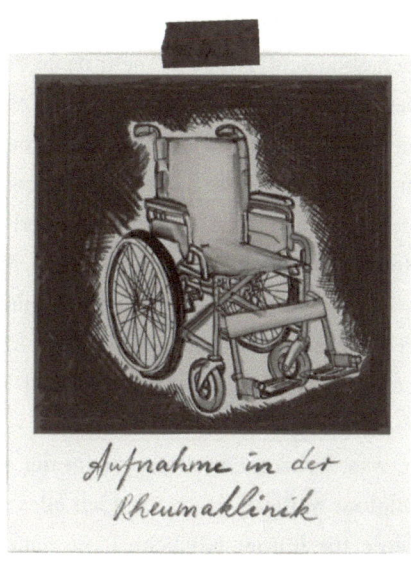

Aufnahme in der Rheumaklinik

WTF

Ich habe Angst. Irgendwas ist da ganz und gar nicht in Ordnung. Was, wenn das nie wieder weggeht?! Ich will das nicht! Kann nicht einmal in meinem Leben alles ganz normal laufen? Ich glaub, ich dreh durch! Wieso passiert mir denn immer so was? Was stimmt nicht mit mir?

Meine Gedanken laufen gerade Amok. Ich schaue an mir herunter und inspiziere zum zigsten Mal meine Füße. Da, wo eigentlich meine Fußgelenke sein sollten, sehe ich nur eine dick geschwollene Masse ohne die gewohnten Konturen. An der Stelle, wo normalerweise innen und außen die kleinen runden Ausbuchtungen der Knöchel zu sehen sind, und hinten, wo meine Achillessehne sonst deutlich sichtbar von der Ferse nach oben geht, ist nichts mehr da an Formen und Kurven. Alles scheint nur noch ein einziges großes, dickes, fleischiges Etwas zu sein. Die Haut spannt schmerzhaft und es fühlt sich an, als würde sie jeden Moment platzen. Den Fußrücken fehlen jegliche Knochenkonturen und den Zehen die gewohnten feinen Fältchen an den Gelenken. Meine Füße sehen aus wie zwei aufgeblasene Ballons. Ähnlich wie die knubbeligen Füße älterer Damen, die man manchmal aus ihren Halbschuhen quellen sieht, wenn sie mit ihrem Einkaufstrolley unterwegs sind.

Holy shit, was, wenn meine Füße für immer so bleiben? Ich bin zu Bigfoot mutiert, das kann doch alles nicht wahr sein! Ich werde für immer hässliche Füße haben und nie wieder in richtige Schuhe reinpassen. Und Absätze kann ich dann wohl auch vergessen.

Alle möglichen Gedanken prasseln gleichzeitig auf mich ein und es fällt mir extrem schwer, mich zu konzentrieren.

Ich drücke mit meinem Daumen auf den rechten Fußrücken und sehe, wie er langsam einsinkt. In etwa so, wie wenn man einen Löffel unter heißes Wasser hält und ihn dann in die frisch aus dem Tiefkühlfach geholte 3-Liter-Familienpackung Vanilleeis drückt.

Ich ziehe meinen Daumen wieder zurück. Was bleibt, ist eine Delle.

Ich bin von dem Anblick regelrecht angewidert und will aufstehen. Doch kaum stehe ich, schießt mir ein immenser Schmerz von den Unterschenkeln her in die Füße. Ich will mich bewegen und einen Schritt gehen, aber da, wo ich normalerweise Bewegung in den Sprunggelenken haben sollte, tut sich rein gar nichts. Wie eine einzige Masse ohne Gelenke. Es fühlt sich an, als würde ich innerlich zerrissen, und es haut mich der Länge nach auf den Boden.

Wenn es nicht so arg wehtun würde, würde ich jetzt lachen. Wie doof muss das denn bitte aussehen?!

Rötung, Überwärmung, Schmerz, Schwellung, Bewegungseinschränkung oder aber: Rubor, Calor, Dolor, Tumor, Functiona laesa auf schlau. Ich bin Physiotherapeutin und weiß sehr genau, dass ich die klassischen fünf Entzündungszeichen aufweise. Nur weiß ich leider nicht, wieso.

Seit Wochen geht das Ganze hin und her. Ich gehe von Arzt zu Arzt, die schauen sich dann immer kurz meine Füße an und fragen mich so was Schlaues wie, ob ich umgeknickt sei. Ja klar, mit beiden Füßen, und das, ohne es zu merken. Wie bescheuert ist das denn? Das hilft mir nicht weiter. Ich werde jedes Mal für ein paar Tage krankgeschrieben, in denen ich die Füße viel hochlege und kühle und mich ausruhe. Dann geht es wieder einigermaßen, zumindest für kurze Zeit. Kaum bin ich wieder am Arbeiten, geht das ganze Spiel von vorne los. Ich werde nachts von den brennenden und reißenden Schmerzen wach und schaffe es nur noch mit Kühlakkus bewaffnet, überhaupt ein wenig zur Ruhe zu kommen. Tagsüber heißt es Zähne zusammenbeißen und den Praxisalltag überstehen. Abends zu Hause dann sofort die Beine hochlegen und kühlen. Ich komme mir vor wie in einem Hamsterrad. Es zehrt an meinen Kräften, im wahrsten Sinne des Wortes.

Bei einem Rheumatologen oder anderen Facharzt bekomme ich jedoch keinen Termin vor Ablauf von zwei Monaten.

Gepriesen sei das hiesige Gesundheitssystem!

Ich kann nicht mehr warten, es muss *jetzt* etwas geschehen. Dann halt in die Notaufnahme. Da ich aber weiß, wie das Spiel in Krankenhäusern läuft und ich nicht so einfach dort aufgenommen werde und die mich nur wieder nach Hause schicken werden, muss ein Plan her. Ich bitte meine Eltern, mich abzuholen und mit mir zur Rheumaklinik hier in der Nähe zu fahren. Dass es in diese Richtung gehen muss und ich bei einem Rheumatologen am besten aufgehoben sein werde, weiß ich mittlerweile. Auf dem Weg dorthin instruiere ich meine Eltern, was sie sagen sollen, wenn sie mich in der Notaufnahme abliefern. *Diese junge Dame befindet sich ab jetzt in Ihrer Verantwortung, und wir sind dann mal weg.* Somit müssen sie mich aufnehmen, ob sie wollen oder nicht. Denn wenn sie mich allein wegschicken und mir dann etwas passiert, würde es rechtlich auf sie zurückfallen. Nicht nett, aber meine einzige Chance, stationär aufgenommen zu werden.

Gesagt, getan. Ich laufe hinkend in die Notaufnahme hinein und mir wird sofort ein Rollstuhl gebracht. Meine Eltern rasseln ihren Text runter und verabschieden sich. Eine Schwester wirft einen Blick auf meine Füße und fragt mich stirnrunzelnd: *Und damit sind Sie noch gelaufen?* Ich zucke mit den Schultern.

Ein Arzt kommt und wirft einen Blick auf mein Dilemma. Er stellt mir diverse Fragen, die ich ihm alle beantworte. Ich gebe ihm meinen vorbereiteten Zettel, auf dem detailliert geschrieben steht, an welchen Daten ich bei welchen Ärzten war, welche Medikamente ich seither genommen habe und wie der Verlauf sich im Allgemeinen gestaltet hat – quasi ein Schmerztagebuch.

Das haben Sie aber sehr gut vorbereitet, da stehen alle Informationen aufgelistet, die ich benötige, sagt er leicht verwundert, aber auch ein bisschen begeistert.

Hey, ich bin Physiotherapeutin, natürlich habe ich meine Hausaufgaben gemacht. Mehr Klugscheißer geht doch kaum.

Der Arzt meint zu mir, dass er jetzt direkt ein Thorax-Röntgen machen lassen wird.

Okay, ich kann das zwar nicht wirklich mit meinen Füßen in Verbindung bringen, aber warten wir mal ab, er ist ja schließlich der Experte.

Nach dem Röntgen wird mir noch Blut abgenommen, es wird ein EKG durchgeführt und mein Bauchraum wird per Ultraschall untersucht.

Als der Arzt wieder zu mir kommt, scheint er zufrieden zu sein. Sein Verdacht habe sich bestätigt, meint er und zeigt mir das Röntgenbild. Es sieht aus, als würde ich eine Perlenhalskette tragen, meine Lungenlymphknoten sind deutlich sichtbar dick und fett entzündet.

Hab ich's mir doch gedacht, ein Fall wie im Buche beschrieben, meint er nur, während er auf das Röntgenbild blickt.

Löfgren-Syndrom lautet seine Diagnose, das ist die akute Form von Sarkoidose und manifestiert sich an drei Diagnosepunkten:

1. plötzlich auftretende, beidseitige Arthritis der Sprunggelenke ohne ersichtlichen Grund
2. entzündete Hiluslymphknoten (Lungenlymphknoten)
3. Erythema nodosum (Rheumaflecken/-knoten)

Punkt 3 kommt bei mir allerdings erst ein paar Tage später zum Vorschein. Ich sehe plötzlich aus, als hätte ich mich geprügelt – blaue Flecken überall!

Es gehört zur Gruppe der Autoimmunerkrankungen. Bestenfalls klingt das Löfgren-Syndrom nach kurzer Zeit ab, oder aber es manifestiert sich chronische Sarkoidose.

Wie sich herausstellen wird, ist Letzteres bei mir der Fall.

Ob ich denn nicht bemerkt hätte, dass ich schlechter Luft bekomme, schlechter sehe, Herzrhythmusstörungen habe, Nachtschweiß, häufig Fieber und diverse andere Symptome?

Tja, für so was bleibt im stressigen Berufsalltag keine Zeit und es wird doch schon als normal hingenommen, dass man ständig müde und ausgelaugt ist, oder nicht?

Was ist die Ursache, will ich wissen, *und wie sieht die kausale Therapie aus?*

Die Ursache für diese Erkrankung sei bis heute noch unbekannt und demnach wird nur symptomatisch behandelt, erklärt er mir. Schnelle Erfolge seien mit Kortison zu erzielen, dabei sei allerdings auch die Rezidivierungsrate höher und die Chance, dass es sich chronisch manifestiert. Die andere Option seien klassische Entzündungshemmer und Schmerzmittel, also hoch dosiertes Ibuprofen auf gut Deutsch. Dabei sei allerdings die Erholungsphase deutlich langsamer.

So oder so solle ich mich generell mal lieber darauf einstellen, dass es mich ab jetzt ein Leben lang begleiten wird.

Na, wenn das mal keine tolle Prognose ist.

Ich entscheide mich gegen Kortison und für die langsamere Erholungsphase. Ich solle noch zwei Tage zur Beobachtung hierbleiben und dann könne ich nach Hause, da man eh nichts weiter tun kann, erklärt er weiter. Ich müsse halt lernen, damit zu leben. Und ich solle am besten in eine Selbsthilfegruppe für Sarkoidose-Betroffene gehen.

Nicht ganz das, was ich mir erhofft hatte, aber zumindest hat das Kind jetzt einen Namen.

Alles ist besser, als weiter im Trüben zu fischen.

SARKOIDOSE

Ich habe das noch nie gehört und, wie ich bald schon feststellen soll, leider auch nicht wirklich viele Ärzte.

Sarkoidose ist eine von vielen »unsichtbaren« Krankheiten, so wie Multiple Sklerose, Lupus, Fybromyalgie, Morbus Crohn, etc. Nach außen hin wirkt man gesund, aber in einem drin sieht es ganz anders aus.

Es handelt sich um eine entzündliche Erkrankung, die so gut wie jedes Organ im Körper betreffen kann und die zu einer Erhöhung der Immunabwehr führt. Das sorgt dafür, dass das Immunsystem überreagiert, wenn es eine Infektion (oder eine imaginäre Infektion) bekämpft. Dies führt dann zu einer Entzündung, die das körpereigene Gewebe beschädigt. Um es kurz zu machen: Das Immunsystem greift sich buchstäblich selbst an.

Die Symptome einer Sarkoidose können stark variieren, je nachdem, welche Organe betroffen sind. Manchmal handelt es sich um geschwollene und schmerzende Gelenke, rheumatische Schmerzen, Müdigkeit, Nervenschmerzen, Augenprobleme (verschwommenes Sehen, Augenschmerzen, Lichtempfindlichkeit), Herzrhythmusstörungen, Hautprobleme, Lungenbeschwerden (trockener Husten, Reizhusten, Kurzatmigkeit), Probleme mit den Lymphknoten, Drüsen, Knochen usw.

Die Liste ist unendlich lang und in jedem Moment können sich die Symptome wieder neu anordnen. Das Leben ist plötzlich wie ein Überraschungsei, man weiß nie, was einen erwartet. In einem Moment geht es einem gut, nur um kurz darauf schon wieder von Schmerzen geplagt zu sein und nicht zu wissen, wie man den Rest des Tages meistern soll.

War ja klar, dass ich wieder mal was Superexotisches abgreife und nicht einfach eine stinknormale Erkrankung, die jeder kennt und die vor allem irgendwann wieder weggeht. Irgendwie habe ich ein Händchen dafür, aus der Reihe zu tanzen, das war schon immer so gewesen.

Schmollend im Campingurlaub, 1988

Ausflug in die Vergangenheit

Glaubenssätze. Bis vor wenigen Jahren wusste ich noch nicht mal, was das ist, geschweige denn, wie diese entstehen oder was sie für einen großen Einfluss auf unser Leben haben. Hätte man mich damals gefragt, wie meine Kindheit gewesen war, hätte ich denjenigen höchstwahrscheinlich fragend angeschaut und schulterzuckend geantwortet: »Normal halt.«

Manches war mir zwar schon häufiger etwas komisch vorgekommen, aber dann hatte ich immer gedacht, dass mit *mir* etwas nicht stimmte. Nie wäre ich auf die Idee gekommen, die Richtigkeit und Wahrheit meiner Anschauungen und Einstellungen in Bezug auf mich und das Leben oder gar die Normalität meiner Familie anzuzweifeln. Dass es sich dabei aber um frühkindliche Prägungen und oft um übernommene Denkweisen mit limitierenden Überzeugungen meiner Familie und meines näheren Umfeldes handelte, wurde mir erst spät im Erwachsenenalter – nach einigen Therapien und unzähligen Selbsthilfebüchern – so richtig klar.

Nach außen hin waren wir eine typische Vorzeigefamilie. Der Vater als Lehrer im Schuldienst tätig, die Mutter Hausfrau, ein älterer Bruder und eine ältere Schwester. Irgendwann kam dann noch ein Hund dazu. Doppelhaushälfte am Stadtrand, umgeben von Baggerseen und Natur, mit dem Fahrrad zur Schule und fast alle Schulferien ausnahmslos Bildungsurlaube durch Europa im Wohnwagen, und dies natürlich mit anderen Lehrerfamilien. Klingt doch alles sehr idyllisch, oder?

Meine Eltern waren beide Kinder der ersten Stunde der Nachkriegsgeneration, und ihre älteren Geschwister hatten den Krieg sogar noch miterlebt. Dadurch geprägt, hatten sie sich ihre eigene kleine heile Welt geschaffen, in der für sie alles passte und stimmig war. Und diese Lebensweise wurde auch seit jeher als einzig richtiger Weg angesehen und vehement verteidigt. So ging es in erster Linie um Sicherheits- und Kontrolldenken, was in unserem Fall absolut im Gegensatz zu Kreativität und Ausprobieren stand. Einflüsse von außen wurden untersagt und bestenfalls von vornherein ferngehalten.

Es ging hauptsächlich darum, nicht groß aufzufallen, sich anzupassen, immer freundlich zu lächeln und jeden höflich winkend zu grüßen, der unseren Weg kreuzte. Adjektive wie lieb, wohlerzogen, nett und zuvorkommend beschrieben uns sehr treffend.

Nach außen hin wurde sich tadellos präsentiert, wir hatten immer eine glückliche Familie mit artigen Kindern zu sein, die sich zu benehmen wussten.

Was sollen denn die Leute von uns denken! war ein typischer Satz, wenn man aufmuckte und nicht nach den Regeln spielte.

So gingen wir zum Beispiel auch brav an Ostern und Weihnachten zur Kirche, bis wir nach der Konfirmation dann selbst entscheiden durften, ob wir noch mitwollten. Ich schlief jedes Mal in der Kirche ein und wurde immer von einer sehr peinlich berührten Mutter wieder aufgeweckt.

Gefühlen wurden bei uns zu Hause kaum Möglichkeiten zum Ausdruck gegeben. Sobald die Stimme auch nur ansatzweise erhoben wurde, wurde man gemaßregelt. Laut werden, Fluchen, Schimpfen, Streiten, auf den Boden stampfen oder Ähnliches gab es bei uns nicht, da dies von vornherein unterbunden wurde. Ähnlich verhielt es sich allerdings auch bei positiven Gefühlsregungen. Auch hier gab es niemals ein Kreischen oder gar Tanzen vor Freude. Gefühlt war uns von klein auf ein Schalldämpfer verpasst worden, der alles, was außerhalb der Norm lag, auf ein Minimum reduzierte. Man könne ja schließlich über alles vernünftig und vor allem ruhig reden, war bei uns stets die Devise. Und das lief dann in etwa so ab, dass wir uns am Tisch zusammensetzten und meine Eltern abwechselnd so lange ohne Punkt und Komma auf einen einredeten, bis man irgendwann einfach auf- und nachgab. Man kämpfte von vornherein auf verlorenem Posten, da meine Eltern sowieso das letzte und auch entscheidende Wort hatten. Fairness war bei Diskussionen fehl am Platz, und bemerkte man etwas in dieser Richtung, kam ein weiterer Klassiker zur Sprache, der da lautete: *Solange du unter unserem Dach wohnst, gelten unsere Regeln.*

Wenn ich das Gefühl hatte, dass ich ungerecht behandelt oder verletzt worden war, fielen außerdem häufig Sätze wie:

Nein, das habe ich so nie gesagt. Das musst du falsch verstanden haben. Oder: *Das muss ein Missverständnis gewesen sein.*

Irgendwie gab es meiner Meinung nach ziemlich viele von diesen Missverständnissen in meiner Kindheit. Ich verstand anscheinend immer alles falsch und so wurde sich natürlich auch nie bei mir entschuldigt, da es ja nichts gab, wofür man sich entschuldigen musste. So lernte ich sehr früh, dass ich meinen Gefühlen besser nicht vertraute, da diese ja allem Anschein nach nie stimmten.

Gespräche wurden fast ausnahmslos im Beisein beider Elternteile geführt, und ich erinnere mich noch sehr deutlich an die Blicke, die sie sich dann immer gegenseitig zuwarfen und von denen sie dachten, dass ich sie nicht bemerken würde. Selbst heute noch sind Gespräche und Telefonate, bei denen ich nur einen von beiden spreche, eine wahre Seltenheit. Irgendwie gab es meine Eltern immer nur im Doppelpack, und allein dadurch fühlte ich mich schon unterlegen.

Als Jüngste in der Familie hatte ich bei uns nicht unbedingt den sonst so typischen Nesthäkchen-Status. Ich bekam das kleinste Zimmer, die abgetragene Kleidung meiner Geschwister, die abgelegten Spielsachen und das weitergereichte Fahrrad.

Außerdem durfte ich auch immer nur als Letzte entscheiden, wo ich im Auto sitzen oder im Zelt beim Camping schlafen durfte, mit dem Resultat, dass ich immer den unbeliebten Mittelplatz bekam.

So hatte ich das Gefühl, nicht den gleichen Wert wie meine Geschwister zu haben, da ich ja meist nur die übrig gebliebenen Reste und anderen unerwünschten Dinge bekam.

Das Thema Wertigkeit spiegelte sich auch in anderen Gegebenheiten wider. So wurde bei Familienfeiern zu Hause das teure Sprudelwasser aus der Glasflasche und »echte« Cola aufgetischt, wohingegen wir sonst nur das günstige Wasser aus der Plastikflasche bekamen. Andere Menschen waren also in meinem Kinderdenken wichtiger und wertvoller als die eigene Familie. Das fand ich sehr traurig und schade.

Und Schuldgefühle bekam ich dazu noch on Top verpasst.

Denn ein beliebter Spruch zum leidlichen Thema Geld war stets: *Das können wir uns nicht leisten. Dann hätten wir uns nicht drei Kinder anschaffen dürfen.*

Was so eine Aussage in mir bewirkte, kann man sich vielleicht denken, aber das ganze Ausmaß davon war selbst mir lange nicht bewusst. In meinem kindlichen Ich und Denken kamen dadurch bedingt gleich mehrere Steine ins Rollen. So war ich also schuld daran, wenn es meiner Familie finanziell nicht gut ging, da ich ja als Letzte hinzugekommen war. Würde es mich nicht geben, ginge es den anderen besser. Kinder zu haben hieß für mich automatisch, große finanzielle Einbußen zu haben, und dass man sich entweder ein schönes Leben oder halt Kinder leisten konnte. Diese und viele andere Gedanken begleiteten mich seit frühester Kindheit, und selbst heute ertappe ich mich noch manchmal dabei, wenn ich wieder dahin abzudriften drohe.

Zudem gab es auch noch andere Sätze, die sich durch ihre ständigen Wiederholungen bei mir tief im Geiste festsetzten: *Das ist ja schön, dass andere Familien sich das erlauben können. Da gehen aber auch beide Elternteile arbeiten und da haben die Kinder nicht das große Glück, dass ihre Mutter immer zu Hause ist. Ihr wisst gar nicht, wie gut ihr es habt!*

Hier wurde also Dankbarkeit für etwas verlangt, worum wir Kinder gar nicht gebeten hatten. Dass unsere Mutter zu Hause blieb, war einzig und allein die Entscheidung unserer Eltern gewesen. So lernte ich aber ziemlich früh, dass generell immer ein Lächeln und *Danke & Amen* erwartet wurden, ganz gleich, was ich eigentlich über etwas dachte. Tat man es nicht, galt man als undankbar und unerzogen.

Irgendwie hatte ich immer das Gefühl, dass ich zu viel war und mich anpassen musste, damit ich dazugehörte. Ich war nur eine Mitläuferin und hatte wie eine Marionette zu funktionieren, durfte bloß keine Extraarbeit verursachen oder aus der Reihe tanzen. Verhielt ich mich nicht so, wie es von mir erwartet wurde, wurde ich mit Schweigen und verurteilenden Blicken bestraft, und man war enttäuscht von mir. Ich erinnere mich noch sehr genau an unzählige Momente, in denen zwar nicht wirklich etwas zu mir gesagt, aber dafür umso lauter theatralisch seufzend ausgeatmet wurde. Um geliebt zu werden, musste ich also so sein, wie sie mich haben wollten, und nicht so, wie ich eigentlich war.

Fragte man, was sich unsere Eltern zum Geburtstag oder Weihnachten wünschten, kam standardmäßig die Antwort: *liebe Kinder.* Solche Aussagen wurden in der Flüchtigkeit des Moments geäußert, ohne sich der Folgen bewusst zu sein. Hieß das etwa, dass wir keine lieben Kinder waren? Auch hier musste sich wohl noch viel mehr angestrengt werden, damit unsere Eltern zufrieden waren.

Freunde empfing ich meist nur sehr ungern zu Hause, da

meine Mutter immer mit an die Tür kam, um die Gäste zu begrüßen und zu verabschieden, weil sich das anscheinend so gehörte. Zudem war es für meine Eltern immer mit viel Mühe, Stress und Aufwand verbunden, wenn ich jemanden zu mir einladen wollte, und so ließ ich es häufig bleiben, da ich ihnen keine zusätzliche Arbeit machen wollte.

Wenn mein Vater nach der Arbeit nach Hause kam und häufiger mal gereizt reagierte, wurde er anschließend immer von meiner Mutter in Schutz genommen und es fiel dann der Satz: *Er hat halt gerade sehr viel Stress und Arbeit in der Schule, das musst du verstehen.* Also verstand ich es und schluckte solche Situationen einfach runter.

Und wurden meine Bedürfnisse oder Wünsche mal wieder einfach so übergangen und missachtet, geschah dies stets unter dem Deckmantel von guten Absichten, denn sie wollten ja nur mein Bestes. Was konnte ich dem schon entgegnen?

Privatsphäre war noch ein weiteres Thema und zu Hause kaum vorhanden. Da meine Mutter permanent zu Hause war, hatte ich das Gefühl, ständig unter Beobachtung zu stehen. Ich genoss es deswegen umso mehr, wenn ich bei Freunden zu Besuch war, deren Eltern beide arbeiteten und wir uns dort einfach so ganz frei im ganzen Haus bewegen durften. Hier gingen wir dann ganz selbstverständlich in die Küche, um uns etwas zu trinken zu holen oder uns sogar aus dem Kühlschrank zu bedienen. So etwas konnte ich mir mit meinen Freunden in meinem Elternhaus absolut nicht vorstellen.

Meine Autonomie wurde immer schon kleingehalten und war so gut wie nicht existent. Mir wurde gesagt, was ich zu tun oder wie ich mich zu kleiden hatte und bei wem ich mich telefonisch oder schriftlich zu melden hätte, etwa, um mich für eine Geburtstagseinladung zu bedanken. Ich hatte gar keine Chance, selbstständig die Initiative zu ergreifen, da mir von vornherein durch solche Vorgaben die Möglichkeit entzogen wurde. Was in meiner Kindheit noch relativ problemlos funktionierte, kippte dann allerdings in der Pubertät extrem und hatte zur Folge, dass ich umso mehr ein starkes Bedürfnis nach Abgrenzung entwickelte. Jedoch hatten sich viele Überzeugungen und Prägungen bei mir bereits unbewusst tief verankert und Wurzeln geschlagen. So fiel es mir schwer, gesunde Grenzen zu setzen, ohne direkt mit einem schlechten Gewissen bestraft zu werden oder mich dafür ewig lang zu rechtfertigen.

Mit zehn Jahren besuchte ich an einem Samstag eine Freundin im Krankenhaus, weil sie den Blinddarm herausbekommen hatte. Als ich dann abends über starke Bauchschmerzen klagte, wurde mir nur gesagt, dass das nicht ansteckend sei. Meine Eltern hatten eine Verabredung bei Freunden und waren so gut wie ausgehfertig, ich passte gerade also überhaupt nicht in den Zeitplan. So wurde ich ins Bett verfrachtet und meine Eltern wollten gerade aus der Tür raus, als meine Tante, die bei uns in der Straße wohnte, überraschend vorbeikam. Sie sagte, dass meine Eltern doch gerne lossollten, sie könne ja mit mir in die Notaufnahme fahren. Das ging ja aber gar nicht! Wie würden meine Eltern denn dabei aussehen?! Also wurde die Verabredung zähneknirschend abgesagt und sie fuhren mit mir ins Krankenhaus. Mit dem Resultat, dass ich keine zwölf Stunden später operiert wurde und meinen Blinddarm ebenfalls herausbekam, da dieser kurz vor einem Durchbruch stand. Diese und andere Situationen beschreiben ganz gut zwei Gefühle, die ich als Kind häufig vermittelt bekam, nämlich, dass ich zur Last fiel und mir nicht geglaubt wurde. Oder eben erst dann, wenn es von anderer Seite bestätigt war.

Als ich in der Oberstufe mein Interesse für die Physiotherapie bekundete, wurde ich nur staunend angeschaut und gefragt, wozu ich Abi machen würde, wenn ich doch nur eine Ausbildung machen wollte. Das sollte ich mir doch nochmal ernsthaft überlegen, und eine Stelle als Lehrerin wäre sowieso viel besser bezahlt und zukunftssicher. So ging ich also still und heimlich zu Aufnahmetests von staatlichen, schulgeldfreien Physiotherapie-Schulen und hätte einen Platz direkt nach meinem Abitur für den Herbst haben können. Meine Eltern entgegneten mir jedoch nur, dass wir uns das nicht leisten könnten und nur ein Studium in Frage käme, wo ich außerdem zu Hause wohnen bliebe. Das mit dem Zuhausewohnen-Bleiben stand für mich aber so gar nicht zur Debatte. Ich konnte es zu dem Zeitpunkt zwar nicht wirklich in Worte fassen, aber tief in mir schrie etwas nach Freiheit. Ich musste dort einfach rauskommen, um atmen zu können, mich entfalten zu können und letztlich, um mich von dieser Glocke zu befreien, die über mich gestülpt worden war. Es gab noch ein Leben außerhalb der stringenten Normen meiner Familie und ich gierte danach, es kennenzulernen.

Mir fehlte schlichtweg eine gewisse Leichtigkeit im Leben. Sorglos oder sorgenfrei waren nicht unbedingt Wörter, die im Vokabular unserer Familie vorkamen. Wo ich Chancen sah, etwa anders zu machen oder Neues zu wagen, sahen meine Eltern von vornherein nur Probleme. Sie fanden immer sofort zig Gründe dafür, warum es nicht funktionieren würde, aber nie auch nur einen einzigen Grund, der *für* eine Veränderung oder neue Wege sprach.

Um mir ein bisschen Luft zu verschaffen, entschied ich mich erst mal für ein Studium auf Grundschullehramt. Ich ging weiter meinen diversen Nebenjobs nach und kaufte noch während der Schulzeit Stück für Stück Sachen für meinen Ausstand, sodass ich zum Abitur in meinem Zimmer einige vollgepackte Umzugskartons mit Töpfen, Geschirr, Handtüchern, Bettwäsche und Ähnlichem parat stehen hatte. Das bekamen meine Eltern natürlich mit, aber ich hielt mich mit Informationen zurück, da ich wusste, dass dies auf keinerlei Verständnis stoßen würde. So blockte ich vehement Gespräche diesbezüglich ab und fasste meinen eigenen Entschluss. Ich machte brav mein Abitur und arbeitete den Sommer über durch, um Geld zu sparen. Als meine Eltern in den Herbstferien in den gewohnten Campingurlaub fuhren, zog ich von zu Hause aus und in meine erste kleine Einzimmerwohnung in einer nahegelegenen Großstadt ein. Ich war mittlerweile volljährig, konnte also einen Mietvertrag unterschreiben und hatte dies auch bereits getan. Der Mietpreis entsprach haargenau der Höhe meines Kindergeldes, das ich nach kurzem Hin und Her mit meinen Eltern ab diesem Zeitpunkt monatlich ausgezahlt bekam. Die Wohnung lag in einem heruntergekommenen Stadtviertel nahe der Autobahn und nicht selten verirrten sich Betrunkene und Junkies in die Eingangsflure, oder man fand dort die zurückgelassenen Spritzen und leeren Flaschen Hochprozentiges auf dem Boden rumliegen. Hier startete ich, mit einer Luftmatratze und einem Campingkocher ausgestattet, in mein selbstbestimmtes Leben.

Von meinen ehemaligen Babysitter-Eltern, auf deren Kinder ich die letzten Jahre aufgepasst hatte, bekam ich alsbald ein paar alte ausrangierte Stühle gespendet. Und meine Schwester und ihr Freund erstanden auf eBay einen alten Herd und Backofen für kleines Geld und schenkten ihn mir. Kurze Zeit später kaufte ich mir noch eine Schlafcouch und hätte nicht glücklicher sein können in meinem eigenen kleinen Reich.

Ich ging brav zur Uni, gab dem Ganzen eine volle Woche eine echte Chance und beschloss dann, dass das nichts für mich ist. Danach suchte ich mir einen Studentenjob und zusätzliche Babysitterjobs, um Geld sparen zu können. Im Ganzen blieb ich drei Semester eingeschrieben, durchlief in dieser Zeit erneut Eignungstests an staatlichen, schulgeldfreien Physiotherapie-Schulen in der Gegend und ergatterte letztlich einen der heißgegehrten Plätze an einer dieser Schulen. Meine Eltern setzte ich davon erst in Kenntnis, als ich dort angefangen und mich in der Uni exmatrikuliert hatte.

Die folgenden drei Jahre waren alles andere als leicht, und wenn meine Mitschüler am Wochenende feierten, ging ich arbeiten.

Dies sind nur einige prägende Ereignisse meiner Kindheit gewesen, und ich habe seit jeher ein sehr starkes Autonomiebedürfnis. Irgendwie hatte ich immer das Gefühl, dass ich das sprichwörtliche schwarze Schaf war und mir meine Freiheit erkämpfen musste. Zudem waren meine Antennen ständig nur nach außen gerichtet, um die aktuelle Stimmung um mich herum aufzunehmen und mich dementsprechend anzupassen. Als junge Erwachsene wusste ich überhaupt nicht, wer ich eigentlich war, und brauchte eine ganze Weile, um meine eigenen Bedürfnisse spüren zu können und zu wissen, was ich eigentlich gerne mochte und wollte und was nicht. Nur weil ich etwas glaubte, musste es ja nicht automatisch auch wahr sein. Und da es bei uns in der Familie nie Konflikte gab, weil diese von vornherein unterbunden wurden, hatte ich auch nie gelernt, auf gesunde Art und Weise damit umzugehen. Dass Streits nichts Schlimmes sind und in zwischenmenschlichen Beziehungen ganz einfach vorkommen, war für mich anfangs sehr verstörend.

So lernte ich über die kommenden zwei Lebensjahrzehnte viele meiner unbewussten Überzeugungen und Verhaltensmuster zu erkennen, in positivere Glaubenssätze umzuwandeln und mich letztlich auch von vielem zu lösen, was von vornherein gar nicht meins gewesen war. Und seitdem lebte sich das Leben unbeschwerter und freier und ich fand mich eigentlich ganz okay, genau so, wie ich war.

Zu all dem bleibt zu sagen, dass ich nicht finde, dass meine Eltern schlechte Eltern waren. Und ich würde meine Kindheit auch nicht als schlimm betiteln, sondern eher als ganz normal gestört. Natürlich ist man im Nachhinein immer schlauer und hätte vielleicht vieles anders gemacht. Ich weiß aber, dass meine Eltern uns nie bewusst schaden wollten, ihr Möglichstes getan und versucht haben, mit ihrer Art der Weltanschauung danach zu handeln. Dass sie selbst auch ihr Erbe oder die Folgen davon zu tragen haben und einst Kinder von ihren Eltern waren, die durch diese so geworden sind, wie sie sind, ist heute für mich mehr als logisch nachvollziehbar. Sie haben dadurch unbewusst viele alte Muster übernommen. Ihr *Aber es war doch nur gut gemeint* ist zwar mehr als häufig gehörig nach hinten losgegangen, jedoch unterstelle ich ihnen keinerlei böse Absicht. Im Gegenteil, sie haben damit lediglich versucht, ihre eigene Überlebensstrategie an uns Kinder weiterzugeben. Selbstverständlich hat es vieles gegeben, das meiner Meinung nach Verbesserungsbedarf benötigt hätte und womit meine Eltern vielleicht zu der Zeit heillos überfordert waren. Aber genauso möchte ich betonen, dass sich das alles noch in einem *normalen* Rahmen abspielte. Meine Erkenntnisse aus all dem waren zweierlei. Zum einen, dass es für mich als Kind nie meine Aufgabe gewesen war, eine gesunde Familiendynamik zu erzeugen, geschweige denn, dass es auch nicht meine Schuld gewesen war, wenn etwas damit nicht glatt lief. Und zum anderen war es meine ganz eigene Entscheidung, was ich mir von all dem für mein weiteres Leben annehmen wollte und was ich dann doch lieber bei meinen Eltern beließ. Dies waren nicht meine Päckchen zu tragen.

Unsere jetzige Generation, und die nachfolgenden noch viel mehr, hat das große Privileg, dass wir viel eher die Chance haben, unseren eigenen Weg zu gestalten und mit vielen alten Glaubensätzen aufzuräumen. Und damit können wir auch dieses Familienerbe, das häufig über viele Generationen weitergegeben wurde, dankbar ablehnen.

Glaubenssätze sind meiner Meinung nach oft eine perfekte Entschuldigung dafür, sich nicht ändern zu müssen oder gar in die Eigenverantwortung zu gehen. Dies zählt für mich jedoch nur, wenn man noch ein Kind ist. Spätestens ab dem Erwachsenenalter kann (und sollte) jeder die volle Verantwortung für sein Leben übernehmen und nicht mehr alles auf seine Kindheit schieben. Ja, es ist schlimm und traurig, wenn man eine unschöne Kindheit hatte, und ich maße mir nicht an, irgendetwas daran zu bagatellisieren. Jedoch sollte man doch auch umso glücklicher sein, dass man nun erwachsen ist und selbst über seinen weiteren Werdegang entscheiden kann. Aber wie oben bereits erwähnt, jeder tut sein Möglichstes oder was er eben kann.

„Anni's Wishlist"

Time out & Reset

Im Krankenhaus kam es mir vor, als hätte jemand einen Schalter umgelegt und damit meinem Körper signalisiert, dass er jetzt endlich mal runterfahren durfte. Und wie so häufig, bevor es besser wird, kommt es meist erst nochmal schlimmer.

So musste ich am Folgetag meiner Aufnahme doch tatsächlich meine 85-jährige Bettnachbarin fragen, ob sie mir netterweise mein Brötchen aufschneiden könnte, da ich meine Fingergelenke nicht so beugen konnte, dass ich damit ein Messer hätte halten können. Meine Tasse Tee hielt ich ungeschickt wie ein Kleinkind mit beiden Händen fest umklammert und versuchte krampfhaft, sie nicht aus Versehen fallen zu lassen. Ich fühlte mich plötzlich sehr unbeholfen und toll-patschig.

Fast eine ganze Stunde brauchte ich morgens, um alle Ge-lenke so weit unter Kontrolle zu bekommen, dass ich auf-stehen konnte. Vorsichtig brachte ich erst ein bisschen Ge-wicht auf die Beine und spürte, wie es sich anfühlte. Dann wagte ich einen kleinen, zaghaften Schritt, dabei behielt ich allerdings immer schön das Bett oder den Nachttisch in greifbarer Nähe für den Fall, dass die Beine versagten. Ich kam mir vor wie Bambi, das seine ersten Schritte versuchte. Schwankend und zitterig stakste ich durch das Zimmer.

Mein Tagesziel war es, zum Mittagessen bis zur Cafeteria ins Untergeschoss zu laufen. Unter immensen Anstrengun-gen, Schmerzen und Schnaufen schaffte ich es auch. Gefühlt war das ein Marathon für mich. Wie gut, dass es hier so viele freie Wände gab, an die man sich mal kurz zum Ausruhen anlehnen konnte. Nach einer kurzen Verschnaufpause ging es im Schneckentempo weiter durch die Flure. Ein älterer Herr überholte mich grinsend mit seinem Rollator und freute sich diebisch, dass er schneller war als *das junge Ding*. Na ja, so hatte zumindest einer was von der Situation.

Unter keinen Umständen wollte ich zu meinen Eltern zurück und drängte darauf, dass ich nach meiner Entlassung in meine Wohnung zurückkehren würde. Diese lag im dritten Stock, ohne Fahrstuhl wohlgemerkt.

Mir war klar, dass das etwas war, dass ich für mich erst mal begreifen musste und mit dem ich mich zuallererst allein ar-rangieren wollte.

Nach dem Krankenhausaufenthalt blieb ich eine ganze

Weile zu Hause, bevor überhaupt wieder an Arbeiten zu denken war.

Die kommenden Wochen und Monate waren geprägt von vielen kleinen Etappenzielen. Es zum Beispiel zu Fuß die Treppe hinunter und um die Ecke bis hin zum Supermarkt zu schaffen, war wie ein Hindernis-Parkour für mich. Mehr als nur einmal stand ich mit Tränen in den Augen vor einer Bürgersteigkante und wusste einfach nicht, wie ich da hinunterkommen sollte. Meinem Gefühl nach konnten meine Beine jederzeit wegknicken, und ich hätte in diesem Moment wirklich alles für ein Geländer zum Festhalten gegeben. Ich versuchte, die komischen Blicke von anderen Passanten auszublenden, die mich in solchen Situationen kritisch beobachteten und natürlich nicht wussten, was da los war. Wie sollten sie auch, nach außen wirkte ich wie eine gesunde, junge Frau.

Im Supermarkt schlängelte ich mich, auf den Einkaufswagen gestützt, in Slow Motion durch die Gänge, und das Bücken, um an die unteren Regalreihen heranzukommen, war für mich eine sportliche Meisterleistung. Später an der Kasse konnte ich nicht so schnell wie sonst meine Einkäufe in der Tasche verstauen und erntete auch da wieder verständnislose und auch teils verärgerte Blicke, da ich alles aufhielt. Einkaufen und danach noch Essen kochen waren absolute Spitzenleistungen und kamen nur an besonders guten Tagen vor. Diese täglichen Herausforderungen des normalen Lebens waren somit nicht nur physisch, sondern auch psychisch enorm belastend für mich.

Andere, nicht so gute Tage verschlief ich fast komplett, so viel Erholung brauchte ich manchmal. Meine Sehkraft nahm zudem noch rapide ab und ich hatte häufig Probleme, klar und deutlich zu sehen und Dinge scharf zu stellen. Anfangs dachte ich noch, ich hätte was in den Augen und rieb sie deshalb ständig in der Hoffnung, die Schlieren und das schwummrige Sehen würden verschwinden. Aber bald schon merkte ich, dass es nicht daran lag, und machte einen Arzttermin aus. Mein Augenarzt erklärte mir, dass auch das mit der Erkrankung zusammenhing und im schlimmsten Fall bleibende Schäden hinterlassen könnte. So bekam ich eine Brille verschrieben, die mich ab da sehr häufig begleitete. Schnell merkte ich, dass meine Sehkraft tagesabhängig von *Adlerauge* bis hin zu *Ich bin ein Maulwurf* schwanken konnte. Je müder ich war und je mehr mein Körper an anderen Stellen zu kämpfen hatte, desto schlechter sah ich.

Ich lernte alsbald, besser auf meinen Körper zu hören und ihm das zu geben, was er genau in diesem Moment brauchte.

An manchen Tagen konnte ich kaum laufen, schaffte es aber mit der Hilfe von zwei kräftigen Freunden ins Schwimmbad, links und rechts untergehakt bis zum Beckenrand. *Ich kann zwar gerade nicht gut laufen, aber schwimmen kann ich bestimmt*, dachte ich und ließ mich ins Wasser plumpsen. Natürlich nicht, ohne vorher den beiden Jungs das Versprechen abzunehmen, nicht direkt heldenhaft hinterher zu hechten, für den Fall, dass ich mich nicht so gut anstellte. *Lasst es mich doch erst mal versuchen*, und siehe da, ich schaffte eine ganze Bahn, zwar unkontrolliert schwimmend wie ein absaufender Pudel, aber immerhin. Danach wurde ich von ihnen nach Hause und ins Bett verfrachtet und schlief wieder gefühlte drei Tage durch, so anstrengend war das für mich gewesen.

Denk nicht an das, was alles nicht geht, sondern konzentriere dich nur darauf, was gerade eben funktioniert, war meine Devise. Ich weiß nicht, woher diese innere Stimme kam, die mich da leise durchlotste, ich war einfach nur froh und dankbar dafür, dass ich sie wahrnahm.

Und genau deswegen wollte und brauchte ich so viel Zeit für mich allein. War ich von Menschen umgeben, wurde ich permanent beschallt und hörte mich selbst nicht mehr.

Zudem kamen immer wieder anstrengende Fragen auf, wie *Geht es dir jetzt endlich besser? Wann fängst du wieder an zu arbeiten?*

Woher sollte ich das denn wissen?

Ich konnte auch nur sagen, wie es mir genau in diesem einen Moment ging, aber auch das konnte sich innerhalb von ein paar Minuten schon wieder komplett ändern. Es war anstrengend und kräftezehrend, das jemandem verständlich machen zu wollen, der selbst nie auch nur annähernd so etwas am eigenen Leib erfahren hatte. Und ich hatte dafür definitiv keine Energie übrig. Sie reichte ja kaum für mich.

Wie so oft in solchen Lebensphasen veränderte sich auch bei mir dadurch einiges. Manche Freundschaften gingen, andere wiederum verstärkten sich. Es kristallisierte sich relativ schnell heraus, für wen das zu viel war, und diese Personen verabschiedeten sich dann, meist leise, aus meinem Leben. Ich machte niemandem einen Vorwurf, manche Freundschaften waren einfach nicht für mehr bestimmt.

Andere Bekanntschaften wiederum vertieften sich genau in dieser Phase und es entstanden wunderbare Begegnungen daraus.

Während dieser insgesamt drei Monate Auszeit nahm ich mir gefühlt das erste Mal in meinem Leben bewusst Zeit nur für mich. Nach dem Abi war ich damals direkt von zu Hause ausgezogen, hatte angefangen zu studieren und nebenher zu jobben. Dann kam der Wechsel zur schulischen Ausbildung und auch dabei jobbte ich nebenher und lernte ansonsten nur. Nach der Ausbildung ging es direkt ohne Pause weiter in den Berufsalltag, bis ich zum Schluss in einer Physiotherapiepraxis tätig war und meine Urlaubstage und mein bisschen Erspartes komplett für Fortbildungen aufbrauchte. So richtig Urlaub hatte ich das letzte Mal mit meiner Familie lange vor dem Abitur gemacht. Seither war ich immer nur am Tun und Machen gewesen. Das alles schien mir eine Ewigkeit her zu sein. Und irgendwie war es das ja auch, ich war mittlerweile schon fast Ende zwanzig.

Als ich dann plötzlich nicht mehr von einem Termin zum nächsten raste, merkte ich erst, wie müde mein Körper und vor allem mein Geist waren. Diesen Luxus, auf meinen Körper hören zu dürfen, kannte ich so gar nicht, er war mir völlig fremd. Den Blick nach innen, statt nach außen zu richten, das war etwas völlig Neues für mich. Diese Zeit der Ruhe und Entschleunigung, in der ich mich bewusst von allem, so gut es eben ging, abschottete, war der Zeitpunkt, an dem ich etwas wiederfand, das schon so lange verloren gewesen schien.

Da war zuerst diese zaghafte Stimme in mir, die mir – zuerst nur ab und an – signalisierte, ich könne zum Beispiel doch genau jetzt mal eine kleine Pause machen und mich ausruhen. Das würde mir ganz sicher guttun, und danach hätte ich bestimmt wieder mehr Energie für den restlichen Tag. Oder aber mir Mut zusprach, es noch einmal zu versuchen, an Tagen, wo ich kaum Kraft hatte, eine Flasche Wasser zu öffnen. Diese Stimme gewann langsam, aber stetig an Kraft und begann, mich durch den Tag zu begleiten.

Manche nennen es Bauchgefühl, andere Intuition, ich hingegen brauchte gar keinen Namen dafür. Ich war einfach nur dankbar, dass da plötzlich etwas war, das auf mich aufpasste, mir beistand und mein ständiger Berater wurde.

Viele Menschen fallen bei extremen Krankheiten oder anderen, stark lebensverändernden Umständen in ein tiefes Loch und nicht selten entwickeln sie über die Zeit hinweg Depressionen. Der Pessimismus nimmt schnell überhand, wenn man sich immer wieder vor Augen führt, was jetzt alles nicht mehr geht und vielleicht für immer verloren ist. Mit dieser Sichtweise ist Unzufriedenheit vorprogrammiert.

Nicht so bei mir. Auf fast schon wundersame Art und Weise entstand aus dieser nicht gerade vielversprechenden Diagnose etwas ganz unerwartet Schönes. Ohne es bewusst zu steuern, übernahm ein innerer Anteil von mir die Führung, der mich seither begleitet.

Er war mit Sicherheit schon immer da gewesen, jedoch fand er erst jetzt zu seiner wahren Größe. Und auch heute benötige ich immer mal wieder Ruhephasen, in denen ich ganz bewusst in mich hineinhorche und dieser Stimme lausche. Ist da ein Zuviel im Außen, werde ich buchstäblich permanent beschallt, fällt es mir immer noch schwer, mich selbst und meine Bedürfnisse bewusst wahrzunehmen.

Nebenher hörte ich häufig einen lokalen Radiosender, der mich zu Hause im Alltag begleitete. Und als dieser über mehrere Wochen fast täglich ein Gewinnspiel veranstaltete, machte ich mit. Ich hatte ja Zeit und konnte demnach ohne Weiteres vormittags auf das Anrufsignal warten, während ich meine steifen Gelenke mit Dehnübungen malträtierte. Die Hotline war zudem kostenlos, ein perfekter Zeitvertreib also.

Und so kam es, dass ich eines Tages durchgestellt wurde und die Gewinnfrage auch noch richtig beantwortete. Was ich da eigentlich gewonnen hatte, wurde mir erst danach gesagt. Und ich konnte es kaum fassen! Ich gewann Einkaufsgutscheine für eine große Kaufhauskette im Wert von tausend Euro. Mir blieb die Luft weg. Das war in etwa so viel, wie ich netto im Monat verdiente und weit mehr als mein momentanes Krankengeld. Noch nie zuvor hatte ich so eine Summe frei zur Verfügung gehabt. Als mir am nächsten Tag ein Fahrradkurier die Gutscheine vorbeibrachte, fiel ich ihm freudestrahlend um den Hals und drückte ihm überschwänglich einen Kuss auf die Wange. Er dachte höchstwahrscheinlich, dass ich total einen an der Klatsche hätte.

Mission Gutscheine wurde direkt angegangen.

Da dies für mich etwas sehr Besonderes war, wollte ich nicht ziellos das Geld für irgendetwas ausgeben, sondern es regelrecht zelebrieren. Ich setzte mich hin und schrieb mir Dinge auf, die ich immer schon mal gerne gehabt hätte, mir aber bis dato nie leisten konnte. Ich wollte das Geld für Sachen ausgeben, die ich auch Jahre danach noch nutzen würde.

Ich kaufte mir in den kommenden Wochen einen iPod Shuffle, eine Ray-Ban-Sonnenbrille, eine zeitlose silberne Armbanduhr, Inlineskates als Motivation dafür, dass ich damit bald wieder fahren können würde, ein Kofferset, einen großen Wok für die Studenten-WG meines Bruders und ein paar wenige andere Dinge.

Durch meine Erkrankung wurde mir mit einem Mal so richtig bewusst, wie schnell sich in einem Bruchteil von einer Sekunde doch alles ändern konnte und wie endlich unser Leben war.

All das war mir im Prinzip auch schon vorher nicht fremd gewesen, da ich durch meinen Beruf und den ständigen Umgang mit älteren oder sterbenskranken Patienten so einiges mitbekam. Von ihnen hatte ich übrigens gelernt, dass man nicht alles auf später verschieben sollte. Dieses Hinarbeiten auf die Rente stellte sich für den einen oder anderen nämlich häufig als Trugschluss dar. Manch einer erlebte diesen Zeitpunkt gar nicht erst, andere wiederum ereilte genau zum Rentenalter eine schlimme Diagnose, die ihnen ihre so perfide geschmiedeten Pläne letztlich doch noch durchkreuzte.

Und obwohl ich all das theoretisch schon wusste und es keine neue Information für mich war, so richtig fiel der Groschen bei mir erst, als es mich dann plötzlich selbst betraf.

Ich dachte viel darüber nach, ob das Leben, so wie ich es führte, auch das Leben ist, das ich leben möchte.

Was hätte ich alles schon immer mal gerne gemacht, aber dann doch wieder auf später verschoben, wenn ich mehr Geld hätte, mehr Zeit, einen Partner usw.?

Also setzte ich mich hin und fing an, all dies aufzuschreiben. Es kam eine lange Liste zustande, die die unterschiedlichsten Punkte aufführte.

Währenddessen machte mir die Krankenkasse das Leben zusehends schwerer, indem ich ständig zu Terminen bestellt und bedrängt wurde, dass ich wieder arbeiten müsse. In meiner Naivität versuchte ich zu erklären, dass ich momentan kräftemäßig mal gerade eben so meinen Alltag gemeistert bekam und mich noch weit davon entfernt sähe, als Physiotherapeutin wieder die geforderte Leistung geben zu können. Darauf wurde mir nur schulterzuckend gesagt, dass ich mir dann eben einen Schreibtischjob suchen solle, sie jedenfalls würden demnächst die Zahlungen einstellen und ich müsse mich dann beim Arbeitsamt melden. Eingeschüchtert und verängstigt durch diese Informationen willigte ich ein, bald schon mit einer Wiedereingliederungsphase in meiner alten Praxis zu beginnen.

Ich fühlte mich ziemlich alleingelassen und versuchte eine Lösung für mich zu finden. Und die fand ich auch.

Kaum fing ich wieder an zu arbeiten, wechselte ich den Job.

Für mich hieß das: Raus aus dem stressigen 40-Stunden-Plus-Praxisalltag und rein in einen geregelten Krankenhausjob auf 75-Prozent-Basis. Weniger Verdienst, aber im Gegenzug einige freie Stunden pro Woche mehr zur Verfügung. Pure Lebensqualität.

Nachdem ich mich also um die Rahmenbedingungen gekümmert hatte, konnte ich mich nun dem Abarbeiten meiner Liste widmen. Der erste Punkt war, eine neue Fremdsprache zu lernen. Denn in der Schulzeit hatte ich damals auf Anraten meiner Eltern Latein statt Französisch gewählt, da anscheinend null Sprachtalent in unserer Familie vorherrschte. Ich hatte mich also durch Latein gequält und das Latinum nur so gerade eben hinbekommen, während ich eigentlich so gerne weitere Fremdsprachen neben Englisch gelernt hätte.

So schrieb ich mich kurzentschlossen bei einem VHS-Kurs für Spanisch ein und fing bald darauf an, jeden Dienstagabend dorthin zu gehen.

Auch wenn ich an manchen Abenden nach dem Arbeiten

im Krankenhaus sehr müde war und mein Körper eigentlich nur noch nach dem Bett verlangte, ging ich dennoch immer brav hin. Denn das war etwas, das ich nur für mich machte, und genau deswegen war es etwas ganz Besonderes. Ich sah es als Bereicherung. Es machte Spaß, etwas Neues zu lernen und mit Menschen in Kontakt zu kommen, mit denen man nicht nur über die Arbeit redete.

Und obwohl ich manchmal nicht sonderlich motiviert dorthin ging, verließ ich die Klasse jeden Dienstagabend mit einem Lächeln auf den Lippen und fühlte mich innerlich gestärkt.

Mal abgesehen von dem Radio-Gewinnspiel war es das erste Mal seit langer Zeit, dass ich Geld für etwas ausgab, das nur für mich bestimmt war. Bisher war jeder Cent immer nur in die nächste Fortbildung geflossen, und obwohl ich davon natürlich auch profitierte, indem ich meine Patienten dadurch besser behandeln konnte, verdiente ich nicht mehr danach. Es wurde einfach von jedem Physiotherapeuten verlangt, dass man es tat.

Deshalb war es ein umso schöneres Gefühl, für etwas Geld auszugeben, das einfach mal nur für mich war, ohne dass Erwartungen oder Bedingungen daran geknüpft waren.

Ohne es zu diesem Zeitpunkt schon zu wissen, lernte ich hier gerade im Ansatz, in mich selbst zu investieren und mich wertzuschätzen.

Die Zeit sollte zeigen, dass ich meine Erkrankung chronisch beibehalten würde. Da ich jedoch kein Fan von langfristiger Medikamenteneinnahme war und die ständigen Arztbesuche bei mir auch nicht unbedingt die Stimmung verbesserten, beschloss ich, damit aufzuhören. Ich ging nur noch ab und an zu wichtigen Check-ups, hielt mich über neue Studien und ob es inzwischen kausale Therapieansätze gab auf dem Laufenden und setzte die entzündungshemmenden und schmerzstillenden Medikamente ab. Wie sollte ich denn lernen, auf meinen Körper zu hören, wenn mein Nervensystem durch die Medikamente ständig verfälschte Informationen bekam, und das dauerhaft? Ich hatte das Gefühl, mich selbst nun viel besser spüren zu können, die Schmerzen eingeschlossen. Aber nur so konnte ich die für mich passende Balance finden von dem, was mir guttat und was nicht. Übernahm ich mich und machte zu viel, bekam ich ab jetzt relativ schnell die Quittung dafür. So einfach war das.

Für mich war dies eine der besten Entscheidungen, die ich treffen konnte.

Außerdem hörte ich damit auf, mich mehr als eben notwendig mit der Erkrankung zu beschäftigen. Ich war so viel mehr als nur diese Krankheit und merkte immer ziemlich schnell, dass es mir nicht gerade besser ging, wenn dem Ganzen zu viel Aufmerksamkeit geschenkt wurde. Es gab so viele andere Dinge im Leben, die schöner waren. Manch einer aus meiner Familie und meinem Freundeskreis fühlte sich sichtlich vor den Kopf gestoßen, wenn ich ihm sagte, dass ich mich gerne über alles unterhalten würde, aber nicht darüber. Eigentlich komisch, aber manche Menschen wollen partout nur über Schlechtes reden, und wenn man sie dann fragt, was sie heute schon Schönes erlebt haben, schauen sie dich nur verständnislos an. Hier lernte ich, mich mehr und mehr den äußeren Stimmungen zu entziehen und mich von diesen nicht mehr so arg beeinflussen zu lassen. Stell dir mal vor, du verbringst einen ganzen Tag mit jemandem, der an allem und jedem etwas auszusetzen hat. So ein richtiger Miesepeter, der ständig grummelnd und wie der Grinch höchstpersönlich durchs Leben stapft. Und dann frag dich mal, wie es dir am Ende dieses Tages geht.

Keine so schöne Vorstellung, oder?

Ich fand es kräftezehrend und anstrengend, und noch viel schlimmer: Diese negative Stimmung konnte mit Leichtigkeit auf mich überschwappen, je länger ich ihr ausgesetzt war.

Der Sommer mit seinen milden Temperaturen und den vielen Sonnenstunden war gnädig zu mir und meinen Gelenken gewesen. Doch kaum wurden die Tage kürzer und die Temperaturen fielen, wurden auch die Beschwerden wieder mehr. Weniger Kraft, meine Beine knickten weg, meine Gelenke steiften ein, meine Sicht wurde schlechter, die Schmerzen nahmen zu, ich war anfällig für jede kleinste Erkältung.

So war es an der Zeit, mich wieder meiner Liste zu widmen.

Da war doch noch was, was ich von allen aufgeführten Punkten am liebsten machen wollte: surfen lernen. Wellenreiten, um ganz genau zu sein. Und das aber natürlich in einer warmen Umgebung.

Das erste Mal in meiner Berufslaufbahn nahm ich mir vor, meinen Urlaub wirklich für Urlaub zu nutzen und nicht für eine weitere Fortbildung.

Durch die stundenreduzierte Stelle im Krankenhaus hatte ich kein großes Budget übrig, aber irgendwie würde ich das schon meistern.

Wo ein Wille, da ein Weg.

Also setzte ich mich an meinen Computer und durchforstete das Internet nach möglichen Zielen, wo man zu dieser Jahreszeit Wellenreiten lernen konnte, was meinem Budget entsprach und wo es definitiv nicht kalt war. Schnell grenzte ich meine Suche auf die Kanaren ein und landete schließlich bei Fuerteventura.

Dort fand ich ein Surfcamp, das ein Komplettpaket für kleines Geld anbot, Flughafentransfer, Unterkunft in einem Schlafsaal und fünf Tage Surfkurs. Mehr brauchte ich nicht. Als ich dann auch noch einen relativ günstigen Flug fand, war die Sache geritzt. Und plötzlich wusste ich auch, warum ich mir von dem Radiogewinn ein Kofferset gekauft hatte.

In ein paar Wochen würde ich Surfen lernen, ein lang gehegter Traum würde endlich wahr werden.

die ersten Surfversuche

Entscheidungen

Welcome to the rock, wurde ich am Flughafen vom Fahrer des Surfcamps begrüßt. Da war ich also, bestens ausgestattet mit meiner noch ganz jungfräulichen Sonnenbrille und meinem neuen Reisekoffer, startklar für eine Woche voll mit Surfen und Sonnenschein.

Wir fuhren ungefähr vierzig Minuten hoch in den Norden der Insel. Ich schaute während der Fahrt gespannt aus dem Fenster und betrachtete die karge Vulkanlandschaft um uns herum. *Das sieht ja aus wie in Mordor von »Herr der Ringe«,* dachte ich, behielt den Gedanken aber lieber mal für mich.

Es ging immer weiter an der Küste entlang, und je näher wir dem Ziel kamen, desto mehr veränderte sich die Land-

schaft. Urplötzlich tat sich eine weiße, wüstenähnliche Dünen-
landschaft zu unserer Linken auf, und rechts von uns gab es
zwischen den Felsen unerwartet traumhaft schöne Sand-
strände zu erblicken. Doch das Beeindruckendste von allem
waren für mich die Farben des Wassers! Es war von einem
intensiven Hellblau, das in tieferen Bereichen in ein wunderschönes dunkles Türkis überging. Wir hatten die Fenster
geöffnet und ich spürte die wärmende Sonne auf meiner
Haut und den Wind in meinen Haaren. Meine bis gerade
eben noch vom deutschen Winter verstopfte Nase fing an frei
zu werden und diesen unverkennbaren Geruch vom Meer
aufzunehmen. *Riecht das himmlisch*, dachte ich und schloss
lächelnd meine Augen.

Am Surfhaus angekommen, wurde mir zuerst der Schlafsaal gezeigt, damit ich dort meine Sachen abstellen konnte.
Hier gab es drei Etagenbetten und dann nochmal vier Ein-
zelbetten, das Ganze hatte diesen gewissen Jugendherberge-
Charme.

Die Gemeinschaftsküche war ziemlich unaufgeräumt und
mir wurde eine kleine Einführung gegeben. Alles Essbare
sollte ich immer tunlichst in Plastikbeutel packen und mit
Klipsen verschließen, ansonsten hätte ich da ziemlich schnell
Ungeziefer drin. Falls ich nachts mal raus müsste, sollte ich
am besten einmal kräftig in die Hände klatschen, bevor ich
das Licht anmachte, damit die Kakerlaken noch schnell weg-
rennen könnten. Was sich da noch wie ein Scherz anhörte,
stellte sich schnell als bittere Realität heraus.

Am nächsten Morgen ging es dann endlich los, meine erste Surfstunde. Im Office der Surfschule probierte ich zuerst
die Leih-Wetsuits an, denn einen eigenen besaß ich nicht. Ich

fragte mich, wie viele den wohl schon vor mir angehabt hatten, und wollte gar nicht daran denken, wer da eventuell schon alles reingemacht hatte. Immer schön den Bikini darunter anbehalten, dachte ich mir. Die Wetsuits wurden alle in große Plastikkübel gepackt und hinten in einem Offroad-Jeep verfrachtet. Die Softboards zum Surfen kamen oben aufs Dach und wurden mit Gurten festgezurrt. Wir stiegen alle in den Wagen und schon ging es über die holprige Northshore los zu unserem heutigen Surfspot. Ich war die Einzige in der Gruppe, die neu und noch nie gesurft war.

Als wir ankamen, entließ der Surflehrer die anderen schon nach kurzer Zeit ins Wasser und widmete sich dann mir. Ob ich wüsste, ob ich goofy oder regular sei, fragte er mich. *Keine Ahnung, was ist das?*, wollte ich wissen. Er erklärte mir, dass regular bedeute, dass ich beim Surfen meinen linken Fuß vorne auf dem Brett stehen habe, und goofy wäre mein rechter Fuß vorne. Ich sah wohl doch sehr nachdenklich aus, denn er meinte schmunzelnd, ich solle aufhören zu grübeln, das könne man sich nicht aussuchen, sondern würde sich ganz intuitiv zeigen. Um es nun herauszufinden, bekam ich einen leichten Schubser von ihm von hinten verpasst und verdutzt machte ich automatisch einen Schritt nach vorne, und zwar mit rechts. Goofy also.

Mit den Brettern, zunächst noch am Strand, übten wir die richtige Position zum Liegen und Paddeln. Dann folgte zwei Mal die Aufstehbewegung und schon ging es ins Wasser. Ich erinnere mich noch ganz genau daran, wie ich das erste Mal im Wasser auf dem Brett lag und hinauspaddelte. Ich spürte das Wasser durch den Wetsuit hineinlaufen, es war frisch, aber nicht kalt und mir tat auch nichts weh. Es war sogar ein recht angenehmes Gefühl, das Meer gab mir quasi eine wohlige Umarmung, und ich war ganz entspannt.

Da ich nicht viel Kraft in den Armen hatte und das Paddeln außerdem nicht gewohnt war, ging es bei mir nur langsam vorwärts. Mein Surflehrer hingegen paddelte scheinbar mühelos an mir vorbei. Als er sein Brett vor meinem positioniert hatte, streckte er mir seinen Fuß, an dem die Boardleash befestigt war, entgegen. *Hier, halte dich an der Leash fest und ich zieh dich ein bisschen mit*, sagte er. Ich tat es und schon ging es mit seiner Hilfe sehr viel schneller voran.

An der gewünschten Stelle angekommen, stoppten wir, setzten uns auf und ließen die Beine rechts und links vom Board ins Wasser hängen.

Immer schön den Blick auf die kommenden Wellen haben, erklärte er mir, und so schaute ich raus aufs Meer. Dort, wo wir saßen, kamen die Wellen abgeschwächt und schon gebrochen an, also nur noch die Schaumwalzen vor sich hertragend.

So eine willst du nehmen, erklärte er mir. *Sobald du merkst, dass sie dich mitnimmt, hör auf zu paddeln und steh so auf, wie wir es vorhin am Strand geübt haben.*

Als das nächste Wellenset von Schaumwellen auf uns zukam, drehte ich also mein Board in Richtung Strand und fing an zu paddeln. Ab und an schaute ich über meine Schulter nach hinten, um zu sehen, wann die Welle bei mir wäre. Kaum hatte mich der Schaum erreicht, merkte ich auch schon, wie die Kraft der Welle mein Board in Richtung Strand trug. Ich hörte auf zu paddeln und fing an aufzustehen. Natürlich vergaß ich dabei alles, was wir vorher am Strand geübt hatten, und ging erst mal auf beide Knie, bevor ich mich dann langsam und wackelig hinstellte. Ich schaute hinunter auf meine Füße, das Board und die gefühlten zehn Zentimeter Schaum darunter, die mich nach vorne bewegten. *Ich surfe!*, dachte ich und lächelte. Meine Füße, die noch vor nicht allzu langer Zeit so dick geschwollen und steif gewesen waren, trugen jetzt mühelos meinen Körper und balancierten mich gleichzeitig auf dem Board. Ein unbeschreibliches Gefühl von tiefer Zufriedenheit überkam mich. Als die Welle allmählich schwächer wurde, fiel ich irgendwann ins Wasser. Ich tauchte einmal kurz unter und noch während ich meinen Kopf unter Wasser hatte, lachte ich.

Alles okay?, wollte mein Surflehrer wissen, als ich Wasser prustend auftauchte. Ich hielt meinen Daumen nach oben und strahlte ihn an.

Später zurück am Surfhaus merkte ich erst, wie müde und erschöpft ich war. Ich hatte im Wasser komplett das Zeitgefühl verloren und hätte nicht sagen können, wie lange wir dort surfen gewesen waren. Die Zeit stand für mich still, während ich Spaß im Wasser hatte und einfach nur glücklich war. So wohl und frei hatte ich mich schon lange nicht mehr gefühlt. Es war, als wenn ich alle Ängste und Sorgen, alles, was mir im Kopf herumschwirrte, am Strand zurückgelassen hatte, als ich ins Wasser ging. Eine Pause von allem.

Das Meer nahm mich in seine Arme und schirmte alles von mir ab. Es gab nur mich und das Wasser, den Geruch des Meeres, den salzigen Geschmack und das sanfte Gefühl, wenn meine Hände durch das Wasser glitten.

Bis heute mag ich ungern eine Uhr tragen, wenn ich ins Wasser gehe, und versuche es so zu organisieren, dass ich keinen Zeitdruck habe.

Ich liebe diese Stille um mich herum, wenn ich vom Wasser umgeben bin. Manchmal sitze ich einfach nur da und beobachte den Tanz der Wellen und erfreue mich daran.

Jedes Mal, wenn ich aus dem Meer komme, fühle ich mich gestärkt. Wasser hat eine unglaublich heilende Wirkung auf mich.

Diese kurze Woche auf der Insel veränderte alles.

Ich genoss jede Sekunde im Meer und liebte es.

Neben den Surfstunden verbrachte ich jede freie Minute draußen an der frischen Luft, meinem Körper taten die Wärme und der Sonnenschein so gut. Es fühlte sich für mich so an, als wenn plötzlich wieder alles normal funktionieren würde. Klar, ich war etwas schwächer als alle anderen, aber ich konnte mich das erste Mal seit Beginn der Erkrankung fast komplett schmerzfrei bewegen. In dieser einen Woche dachte ich nicht an Entzündungen, Bewegungseinschränkungen, Atemnot oder Herzrasen und ich wachte auch nicht nachts wegen Nervenschmerzen auf.

Ich war einfach nur ich, und ich war einfach nur da.

Endlich.

Mit meinen frisch aufgeladenen Energiereserven ging es dann bald schon wieder heimwärts. Es war Winterzeit und so kam ich direkt in die kalte und dunkle Jahreszeit hinein. Die ersten Tage zehrte ich noch von der Euphorie und der neugewonnenen Kraft, die ich auf der Insel getankt hatte. Ich war fröhlich und gut gelaunt, strahlte jeden und alles an und sprühte nur so vor Lebensenergie. Doch die Tage kamen und gingen und ich fiel langsam wieder in meinen alten Alltagstrott zurück. Mein Energieniveau senkte sich leider bald schon wieder auf das vorherige Level und auch die Symptome meiner Erkrankung machten sich wieder deutlicher bemerkbar.

Das kann doch nicht alles gewesen sein, überlegte ich.

Natürlich spielt die Psyche auch bei der körperlichen Gesundheit eine entscheidende Rolle, dessen war ich mir sehr wohl bewusst. Aber hier und jetzt nur so gerade eben die Kraft zu haben, den Berufsalltag zu bestreiten und außerdem wieder die geballte Ladung an Krankheitssymptomen zu spüren, das war ganz und gar nicht gut.

Ich suchte das Gespräch mit Freunden und Familie, da es mich doch sehr interessierte, wie sie dieses Thema sahen. Und was ich da hörte, war für mich größtenteils sehr unbefriedigend. Ich solle halt häufiger in den Urlaub fahren, wurde mir geraten. Oder mir mehr schöne Dinge für das Wochenende vornehmen, sodass ich gestärkter die Woche überstand. Aber genau das war es ja. Ich wollte nichts überstehen müssen! Gab es hier denn wirklich nur schwarz oder weiß? Entweder arbeiten und währenddessen kein Leben nebenher haben oder eben frei haben und das aber immer nur zeitlich begrenzt, weil man es sich nicht auf Dauer leisten kann?

Was ich da heraushörte, stimmte mich sehr traurig.

Wie konnte es sein, dass jemand sein Leben lang immer nur auf das nächste Wochenende, den nächsten Urlaub oder aber die Rente wartete, um wirklich zu leben? Das war mir nicht genug.

Das ist doch eine ganz miese Falle!, hätte ich ihnen am liebsten zugerufen.

Wisst ihr denn nicht, wie viel Lebenszeit ihr dadurch mit

Warten verschwendet? Was ist, wenn ihr die Rente nicht mehr erlebt oder krank werdet? Was macht ihr dann?

Bei einigen wenigen traute ich mich, meine Bedenken diesbezüglich zu äußern, aber ich erntete nur verständnisloses Kopfschütteln oder Aussagen wie: *Man kann halt nicht alles haben ... Das muss man sich leisten können ... Das ist der Lauf der Dinge ... Zeit, erwachsen zu werden.* Oder der Klassiker: *Das Leben ist kein Wunschkonzert.*

Aber was, wenn doch? Was wäre, wenn mein Leben ein Wunschkonzert *ist* und ich die Musik darin bestimmen könnte?

Ich hatte jedoch bemerkt, dass ich mit meiner Meinung ziemlich allein dastand, und beschloss, dies erst mal nur für mich auszumachen. In Gedanken sah ich mich schon wieder zurück auf der Insel.

Der nächste Urlaub würde jedoch in der Tat noch etwas warten müssen, da weder Urlaubstage noch Geld dafür übrig waren.

Aus Wochen wurden Monate und der Winter wich irgendwann dem Frühling.

Mit den wärmeren und längeren Tagen kehrte auch etwas mehr Lebensenergie in meinen Körper zurück und ich verlebte einen relativ schönen Sommer. Ich fuhr mit dem Fahrrad zur Arbeit und genoss es sehr, dabei durch Parks zu fahren und an Seen vorbei. Vor allem nach dem Arbeiten gab mir genau das etwas Lebensqualität. Manchmal legte ich mich mit einem Buch an die Rheinwiesen oder fuhr mit den Inlineskates am Rheindamm entlang. Ich kaufte mir sogar ein eigenes Surfboard und einen Wetsuit und fuhr ein paar Mal nach Holland zum Surfen. Jedoch hatte ich weiterhin das Gefühl, dass ich mein Leben nicht wirklich lebte. Ich traf mich zwar mit Freunden, unternahm etwas, doch irgendwie fühlte ich mich immer etwas fehl am Platz. Jedes Mal, wenn ich etwas Schönes unternommen hatte, kehrte ich in eine Welt zurück, in der ich mich nicht wohlfühlte. Es schien so, als wenn ich der Wirklichkeit immer nur für kurze Momente entfliehen würde. Alle um mich herum schienen zufrieden zu sein mit ihrem Leben, nur ich nicht. Schon wieder war ich diejenige, die da aus dem Rahmen fiel, und ich fühlte mich wie das sprichwörtliche schwarze Schaf.

Wann ich denn wohl den richtigen Mann fürs Leben treffen und heiraten würde, wurde ich gefragt. Wie viele Kinder ich haben wollte und vor allem, wann. Wie viele Garagen mein Traumhaus hätte und welche Autos darin stehen würden. Das waren die Fragen, die ich von meinem Umfeld gestellt bekam.

Was *ich* aber wollte, waren ganz andere Dinge. Ich wollte Sonne und Wärme um mich haben, die mich nährten, mir Kraft spendeten und mir den Schmerz nahmen.

Ich wollte vom Meer umgeben sein und diesen unbeschreiblichen Geruch einatmen. So tief einatmen, bis ich das Gefühl hätte, meine Lungen würden platzen.

Ich wollte barfuß durch den Sand bis zum Wasser laufen und dann spüren, wie meine Füße vom Meer umspült wurden.

Ich wollte hoch in den Himmel schauen und meine Augen schließen müssen, weil die Sonne mich so sehr blendete und ich deswegen niesen müsste. Ich wollte all dies an jedem einzelnen Tag machen können und nicht nur im Urlaub oder am Wochenende.

Das war es, was ich wollte.

Im Winter hatte ich genügend Geld angespart, um zurück auf die Insel zu reisen. Dieses Mal für zwei Wochen, wieder low budget in dem Surfhaus vom letzten Mal.

Die Vorfreude war riesig und ich zählte die Tage runter, wie ich es das letzte Mal als Kind vor Weihnachten gemacht hatte.

Meine Sehnsucht war so groß nach etwas, das ich noch gar nicht so richtig greifen konnte. Ich hatte ja bisher nur einen klitzekleinen Vorgeschmack erhalten und war dennoch hungrig wie nie nach diesen vor mir liegenden zwei Wochen.

Kaum war ich auf der Insel angekommen und aus dem Flieger gestiegen, holte ich erst einmal tief Luft. Ich spürte sofort, wie sich meine sonst fast schon chronisch verstopfte Nase öffnete und ich besser Luft bekam. Ich blinzelte der Sonne entgegen und lächelte. Ich war zurück.

Die nächsten zwei Wochen waren geprägt von vielen Surfstunden im Meer, warmen Temperaturen und viel Sonnenschein. Ich fühlte mich frei und konnte meinen Körper endlich wieder so bewegen, wie es meinem Alter entsprach. Natürlich merkte ich manchmal, dass ich schneller müde war als die anderen, aber das war mir egal. Ich war nicht hier, um mich mit irgendwem zu vergleichen, ich war hier, um einfach nur ich selbst zu sein.

Es tat so gut, fast den ganzen Tag an der frischen Luft in der Natur zu verbringen. Hier fühlte ich mich genau richtig, hier war alles in sich stimmig.

Ich blühte richtiggehend auf, wie eine Blume, für die der passende Standort gefunden worden war.

Was war das bloß, das mich hier so sein ließ?

Ich wusste es nicht und suchte auch gar nicht nach Worten, um diesen Zustand zu beschreiben.

Meine innere Stimme signalisierte mir, dass jetzt gerade alles gut war, wie es war.

Doch die zwei Wochen auf der Insel währten nicht ewig und schon bald saß ich wieder im Flieger zurück nach Deutschland. Auf dem Flug schossen mir die Tränen in die Augen und ich weinte leise. Zum einen, weil ich traurig war, dass ich die Insel wieder verließ, und zum anderen, weil ich glücklich darüber war, etwas so Wertvolles gefunden zu haben, das den Abschied so schwer machte.

Ich war noch nicht ganz zu Hause angekommen, da stand für mich fest, dass ich auf dieser Insel leben würde.

Und dies war kein Wunsch, sondern ein Vorhaben.

*minimalistische letzte Tage
in der alten Wohnung*

Ich packe meinen Koffer und nehme mit ...

Jetzt komm erst mal wieder runter und beruhige dich. So eine Entscheidung muss gut durchdacht sein, das Für und Wider sehr genau abgewogen werden. Du kannst hier doch nicht alles hinschmeißen!

Wäre es nicht besser, wenn du einfach mal nur für ein paar Monate in einem Surfcamp jobbst und dann wieder hier in deinen normalen Beruf zurückkehrst?

Diese und ähnliche Reaktionen bekam ich von den Menschen zu hören, denen ich von meinem Vorhaben erzählte.

Aber ich wollte doch nicht nur eine Auszeit nehmen von meinem jetzigen Leben, ich wollte grundlegend etwas ändern.

Das Leben, so wie ich es in Deutschland führte, war nicht das Leben, das ich leben wollte.

Wieso sollte ich also zu irgendwas zurückkehren wollen, das ich gar nicht mochte und das mir zudem gesundheitlich nicht zuträglich war?

Wieder einmal merkte ich, dass die Reaktionen von außen nur eine Spiegelung der Sorgen und Ängste der Menschen um mich herum waren, aber nicht meine.

Auch hier versuchte ich, mich frei von der Meinung anderer zu machen. Und das war anfangs gar nicht so leicht.

Für mich war die Sache jedoch klar, ich mache das. Punkt.

Ohne Wenn und Aber, besser gesagt, ohne Plan, ging es los.

Ich hatte keine Jobperspektive dort vor Ort und wusste nur, dass die Arbeitslosenquote sehr hoch war. Ich sprach so gut wie kein Spanisch, denn das, was ich bisher gelernt hatte, reichte mal so gerade eben dafür, mich vorzustellen und mir mit vorgefertigten Sätzen vielleicht einen Kaffee zu bestellen. Ich bräuchte eine Bleibe und ein Auto. Dazu kam, dass ich keinerlei Ersparnisse hatte.

Na, wenn das mal keine guten Voraussetzungen waren.

Ich gab mir sechs Monate Zeit, um alles in die Wege zu leiten und auf die Insel zu gehen. Manch einer hätte vielleicht ein paar Jahre darauf hingearbeitet, Geld gespart und Kontakte geknüpft. Nicht so ich. In mir brannte etwas und ich wollte keine weitere Lebenszeit in einer Warteschleife verbringen.

Tief in mir rief etwas zum Handeln, und ich wusste nicht, ob ich die Chance darauf verspielen würde, wenn ich länger brauchte.

Es gab für mich nichts zu verlieren, aber so viel zu gewinnen. Wenn nicht jetzt, wann dann.

Ich informierte meinen Arbeitgeber und bat darum, ein paar Extrastunden arbeiten zu dürfen, damit ich diese zusammen mit den Urlaubstagen, die mir zustanden, am Ende meines Vertrags freinehmen könne. So hätte ich zumindest ein paar Wochen vor Ort Zeit, bevor ich das letzte Mal Lohn bekäme.

Diese Zeit musste ausreichen, um dort einen Job zu finden.

Zeitgleich schaute ich im Internet nach Jobmöglichkeiten auf der Insel, aber da war so gut wie nichts zu finden. Wer die Insel kennt, weiß, dass das dort nicht so läuft. Es war alles sehr rückständig und sehr vieles hinkte der Zeit gute zwanzig Jahre hinterher. Und das ist bis heute so geblieben. Was funktionierte, war der gute alte Buschfunk à la *Irgendjemand kennt da jemanden, und der kennt wiederum jemanden …*

Na gut, würde ich halt mit meinem Lebenslauf von Geschäft zu Geschäft, von Bar zu Bar, von Hotel zu Hotel laufen. Dass auf der Insel niemand mit einem roten Teppich auf mich wartete, war mir schon klar.

Ich überlegte hin und her, ob es schlauer sei, hinzufliegen und dann dort ein gebrauchtes Auto zu kaufen oder aber noch in Deutschland einen Gebrauchtwagen zu erwerben und diesen dann vollbepackt rüberzufahren.

Die Vorstellung, meinen allerersten Wagen im Leben auf der Insel zu kaufen und dann noch auf Spanisch, erschien mir nicht sonderlich reizvoll. Zumal ich dann wahrscheinlich eine total kaputte Karre angedreht bekommen würde, die nach zwei Wochen ihren Geist aufgäbe. Deutsches Mädel kommt allein auf die Insel, spricht kein Spanisch und hat niemanden, der ihr hilft, das war ja eine perfekte Einladung, um mich ordentlich über den Tisch zu ziehen. Nein, danke!

So traf ich die Entscheidung, mir hier in Deutschland einen

alten Wagen zu kaufen, mit dem ich dann auf die Insel fahren würde. Pluspunkte dabei waren außerdem, dass ich direkt vor Ort mobil wäre und sehr viel mehr mitnehmen könnte als mit dem Flugzeug.

Um ein Auto kaufen zu können, brauchte ich aber erst mal Geld. Ich trat noch mehr auf die Bremse als sonst schon, reduzierte meine monatlichen Ausgaben auf ein absolutes Minimum und legte jeden einzelnen Cent beiseite, den ich erübrigen konnte.

Neben dem Finanziellen nahm ich auch die erforderlichen schriftlichen Dinge in Angriff: Kündigung meiner Wohnung, Gespräche mit der Krankenkasse, Finanzamt, Bürgeramt etc.

Hoch lebe die deutsche Bürokratie.

Aber mal ganz ehrlich, in Deutschland war alles noch relativ geordnet vorzubereiten. Dies würde ich in kurzer Zeit schon sehr vermissen.

Ich fing an, meine Wohnung Stück für Stück auszumisten, denn ich würde nur das behalten können, was ich im Auto mitnahm.

Der Inhalt meines Kleiderschranks reduzierte sich drastisch, und was ich nicht bei eBay oder auf dem Flohmarkt verkaufen konnte, wurde an Freunde weitergegeben. Ähnlich erging es den Büchern, DVDs und allem anderen in meiner Wohnung.

Während dieser Zeit geschah etwas Sonderbares. Mit jedem Teil, von dem ich mich trennte, fühlte ich mich befreiter. Es war so, als wenn ich mich von einer Last frei machte, die ich vorher, ohne es zu wissen, immer mit mir herumgetragen hatte. Ich konnte plötzlich freier atmen und fühlte mich so viel leichter.

Etwa einen Monat vor dem Auszug aus meiner Wohnung inserierte ich meine paar Möbel im Internet und schlief die letzten Wochen auf einer Luftmatratze in einer fast leeren Wohnung. Und nur dank meiner netten Nachbarin über mir empfing ich Internet, durch die Decke von ihrem WLAN-Router aus.

Durch diese vielen kleinen Verkäufe hatte ich genug Geld für die Fahrt plus Fähre zusammenbekommen und noch etwa knapp zweitausend Euro für ein Auto übrig. Dafür würde ich doch schon was Brauchbares bekommen, dachte ich mir.

Nebenher musste immer noch eine Bleibe her und so schrieb ich meine zwei einzigen Kontakte an, die ich auf der Insel hatte. Beides waren Surfer, die ich dort kennengelernt hatte und die dort lebten.

Ich hatte wahnsinniges Glück, denn einer von den beiden Jungs wusste tatsächlich eine WG, die für ein paar Monate ein Zimmer zu vermieten hatte. Perfekt.

Auch das Autothema löste sich bald, dank der Hilfe meiner Eltern und einem ihrer Kontakte zu einem Gebrauchtwagenhändler. Ich wurde also stolze Besitzerin eines zehn Jahre alten Mitsubishi Space Star, der in etwa die Größe eines VW-Golfs hatte, stattliche hunderttausend Kilometer auf dem Tacho und außerdem einen CD-Spieler. Sofort fing ich an, mir CDs für die Fahrt zu brennen.

Mein erster Wagen. Ich war happy und gleichzeitig etwas nervös, denn seitdem ich mit achtzehn Jahren meinen Führerschein gemacht hatte, war ich so gut wie nicht mehr Auto gefahren. Und das war ja mittlerweile schon knapp über zehn Jahre her. Nun gut, die Fahrt durch Frankreich und Spanien bis zur Fähre würde mir schon ausreichend Fahrpraxis bringen.

Sobald der Wagen auf meinen Namen lief, konnte ich die Fähre buchen, und somit stand dann auch endlich ein Datum fest.

Ich plante drei bis vier Tage für die Fahrt ein, denn ich wollte mich auf keinen Fall schon am Anfang übernehmen.

Und hier geschah etwas unerwartet Schönes. Über die Jahre hinweg war ich immer mit einigen meiner Freunde aus der Teenagerzeit in Kontakt geblieben, die damals mit ihren Eltern auf dem gleichen Campingplatz in Frankreich Urlaub gemacht hatten, wie wir seinerzeit. Als diese von meinen Plänen erfuhren, schalteten sie sich umgehend ein. So kam es, dass ich fast überall auf meinem Weg Übernachtungsmöglichkeiten hatte, sowohl in Frankreich als auch in Spanien.

Aber ich erfuhr nicht nur positives Feedback. Es wurden auch Stimmen laut, die mir vorwarfen, mir wären anscheinend Familie und Freunde egal und ich würde ja wohl zumindest für die ganzen Geburtstage und zu Weihnachten wieder zurückkommen. Ob das so machbar wäre, wüsste ich nicht, entgegnete ich. Und dass ich erst mal für mich dort Fuß fassen müsste, bevor ich an so etwas überhaupt denken könne. Mir wurde daraufhin purer Egoismus vorgeworfen.

Andere wiederum ließen Kommentare ab wie, dass sie mich dann ja bald im Fernsehen in einer dieser Auswanderersendungen sehen würden und ich in spätestens einem halben Jahr sowieso wieder heulend angekrochen käme und ich dann alles für nichts und wieder nichts aufgegeben hätte.

Trafen mich solche Äußerungen? Ja. Ließ ich mich dadurch von meinem Weg abbringen? Nein.

Ich brauchte niemanden, der an mich glaubte, denn das tat ich selbst. Zum ersten Mal in meinem Leben war ich mir einer Sache so sicher wie nie zuvor. Es war meine Entscheidung und somit würde ich allein sowohl die volle Verantwortung als auch die Konsequenzen dafür tragen, komme, was wolle.

Meine Eltern erstaunten mich mit dem, was sie mir dazu sagten, und ich bin ihnen noch heute dankbar dafür. Sie meinten, dass sie als Eltern ihre Kinder glücklich sehen und nur das Beste für sie wollten. Und wenn es das Beste für mich sei, diesen Schritt zu gehen, dann solle ich es tun.

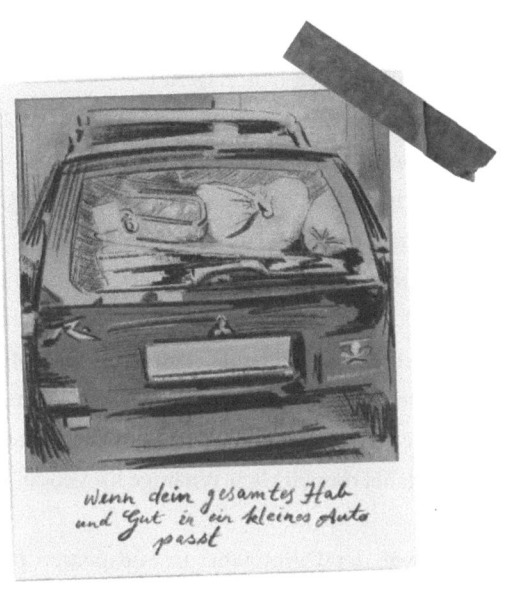

Wenn dein gesamtes Hab und Gut in ein kleines Auto passt

Ab in den Süden

Mein Wagen war definitiv voll beladen. Der Beifahrersitz war in maximale Liegeposition nach hinten geklappt, und so passte mein Surfboard mit der Spitze voran im Fußraum so gerade eben hinein. Die Rücksitze waren umgeklappt, somit hatte ich auch hinten viel Platz geschaffen. Ganz unten lag meine mobile Therapie- und Massageliege. Darüber stauten sich diverse große blau-weiß karierte Plastiktaschen mit Reißverschluss, die meine gesamte verbliebene Kleidung enthielten. Dazu kam ein großer Müllsack voll mit meiner Bettdecke und Kopfkissen und einer Wechselgarnitur Bettwäsche. Handtücher, Schuhe, einige dieser stapelbaren Plastikkisten voll

mit Büchern, Notfallwerkzeug und drei verbliebenen Akten-
ordnern mit wichtigen Unterlagen.

Hier war also mein gesamtes Hab und Gut in einem kleinen Auto verstaut. Das Packen hatte etwas gedauert und sich
wie ein Tetris-Spiel angefühlt. Jetzt bloß nicht an irgendwas
da ganz unten dran müssen, hoffte ich.

Schon komisch, wie wenig man letzten Endes dann doch
nur braucht. Ich vermisste nichts von dem, was ich abgegeben, verkauft oder verschenkt hatte. Das Gegenteil war der
Fall, ich fühlte mich befreit von diesen Sachen. Wie sehr
machen wir uns doch von materiellen Dingen abhängig und
vergessen dabei das wirklich Wichtige im Leben.

Vier Tage vor der Fährabfahrt in Südspanien fuhr ich los.
Mein erster Übernachtungsstopp war auf Höhe von Bordeaux
in Westfrankreich angesetzt. Hier würde ich bei den Eltern
eines französischen Freundes aus Teenagerzeiten übernachten. Er selbst war mittlerweile verheiratet, hatte zwei Töchter
und lebte nicht mehr in Frankreich. Als er seinen Eltern von
meinem Vorhaben erzählte, hatten sie sich sofort bereit erklärt, mich bei ihnen übernachten zu lassen.

Mit der ausgedruckten Route, einem alten Navigationsge-
rät, das ich mir von meinen Eltern geliehen hatte, und dem
Fährticket neben mir liegend fuhr ich los. Ein Smartphone
mit einer Navi-App war zu dem Zeitpunkt nämlich noch
nicht aktuell, oder zumindest bei mir nicht.

Die ersten paar Minuten kamen mir noch unwirklich vor,
aber mit jedem gefahrenen Kilometer fühlte ich mich freier
und gelöster.

Ich kam gut durch, selbst Paris schaffte ich ohne größere

Staus zu durchqueren. Alle zwei bis drei Stunden machte ich eine kurze Pause, da ich es als Fahranfängerin nicht gewohnt war, mich so lange auf den Verkehr zu konzentrieren.

Am frühen Abend erreichte ich mein Tagesziel und wurde herzlich von den Eltern meines Freundes begrüßt. Ich hatte sie vor über zehn Jahren das letzte Mal in einem Campingurlaub getroffen und freute mich jetzt wahnsinnig, sie wiederzusehen. Sie hatten mir das alte Kinderzimmer ihres Sohnes hergerichtet und ich musste schmunzeln, als ich dort Kinderfotos von ihm und seinem jüngeren Bruder entdeckte.

Nachdem ich mich im Bad frisch gemacht hatte, aßen wir zu Abend und schauten anschließend das Deutschland EM-Spiel im Fernsehen. Die EM 2012 hatte gerade erst begonnen und ich würde noch an den unterschiedlichsten Orten in Europa die nächsten Spiele sehen.

Ich schlief sehr gut in dieser Nacht und wachte am nächsten Morgen frisch und ausgeruht auf. Nach einem gemeinsamen Frühstück bedankte ich mich herzlichst für die Gastfreundschaft, verabschiedete mich und fuhr weiter. Da ich für heute kein genaues Ziel hatte, würde ich einfach so weit fahren, wie ich käme.

Nachdem ich Frankreich verlassen und in Nordspanien die Gebirgsrouten vor mir hatte, wurde die Fahrt etwas langsamer.

Die Kombination aus sehr wenig PS und einem völlig überladenen Auto ließ mich die Gebirgspässe mit einer Höchstgeschwindigkeit von 40 km/h erklimmen, selbst Lkw überholten mich. Ich hielt mich tapfer an meinem Lenkrad fest, trat das Gaspedal gefühlt bis zur Straße durch und sprach meinem Auto wohlwollend zu, dass wir das schon schaffen würden. Und das taten wir dann auch, wenn auch sehr langsam.

Ich kam weiterhin gut durch und fuhr bis in die Abenddämmerung hinein. Da ich noch nicht müde war, wollte ich gern noch ein paar Kilometer gut machen, die ich dann am nächsten Tag nicht mehr fahren müsste.

Wer schon mal in Spanien mit dem Auto unterwegs war, wird wissen, dass es dort nicht wirklich einladende Raststätten zum Übernachten gibt, sondern nur diese leicht begrünten Randstreifen, die in der Premiumversion vielleicht noch gerade eben mit einem kleinen Klohaus aufwarten. Nicht unbedingt meine Vorstellung von einer ruhigen und sicheren Nacht, wenn ich dort allein stehen würde. So beschloss ich, die Autobahn zu verlassen und den Schildern zur nächstgelegenen Tankstelle zu folgen.

Dort angekommen, sah ich drei Lkw auf einem wilden Parkplatz hinter der Tankstelle stehen und fuhr auch dorthin. Einer der Fahrer stand gerade draußen und fragte mich etwas auf Spanisch, das ich nicht verstand. Ich gab mein Bestes und versuchte ihm mit meinen paar Brocken Spanisch verständlich zu machen, dass er bitte langsamer sprechen solle, da ich ihn sonst nicht verstehen könne.

Er wollte wissen, ob ich ganz allein unterwegs sei, und ich gebe zu, dass ich einen Moment lang zögerte, diese Frage zu beantworten. Auf der anderen Seite sah man es ja ganz klar und deutlich, dass niemand anders bei mir mit im Auto war, und so bejahte ich seine Frage. Er holte sein Portemonnaie heraus und zog ein Bild mit einer hübschen jungen Frau drauf hervor. Das sei seine Tochter, sagte er. Sie sei Mitte zwanzig und er wolle immer nur, dass es ihr gut geht. Er als

Vater würde heute Nacht ein Auge auf mein Auto haben und aufpassen, dass nichts passierte.

Obwohl das Ganze schon irgendwie sehr merkwürdig war – mein Bauchgefühl schlug keinerlei Alarm und auch sonst fühlte ich mich nicht unwohl in dieser Situation.

So kam es, dass ich schließlich mit ihm und den anderen zwei Fahrern sogar das Fußballspiel auf dem kleinen Fernseher anschaute, der draußen neben dem Tankstellenkiosk stand. Fußball verbindet anscheinend wirklich.

Nach dem Spiel ging ich zügig schlafen, da ich am nächsten Morgen früh weiterwollte. Ich schlief, so gut es eben ging, auf dem Fahrersitz. Da hinten alles vollbepackt war, konnte ich den Sitz nicht nach hinten neigen und neben mir lag das Surfboard. Nicht gerade die bequemste Nacht, aber irgendwie fand ich trotzdem etwas Schlaf.

Am nächsten Morgen ging es weiter Richtung Süden. Ich peilte einen kleineren Ort an, der etwa eine Stunde vom Hafen in Cadiz entfernt war. Dort konnte ich im Surfcamp von einem weiteren Ferienfreund aus Kindheitstagen übernachten. Das Camp selbst war zwar gerade geschlossen und somit war auch mein Freund nicht vor Ort, jedoch hatte er mir den Kontakt zum Camp-Koch verschafft, der ganzjährig dort lebte und bei dem ich übernachten könnte.

Da ich am Vortag ein paar Kilometer gut gemacht hatte, kam ich schon am späten Nachmittag dort an. Ich parkte vor dem Surfcamp und sah über die Straße hinüber zum Strand. Wie schön es doch war, endlich wieder das Meer zu sehen und frische Luft einzuatmen. Ich versuchte, den Koch zu erreichen, doch mein Handy spann irgendwie rum und funktionierte nicht. Also ging ich auf gut Glück in das kleine Café neben dem Surfcamp und fragte dort nach ihm. Und siehe da, er war sogar selbst gerade im Café und meinte nur, dass er mich so früh noch gar nicht erwartet hätte. Er lud mich auf einen Kaffee ein, den ich dankbar annahm. Nachdem wir ausgetrunken hatten, ging ich hinter ihm her um die Ecke zu seinem kleinen Apartment. Ich hätte das Apartment heute Nacht für mich allein, sagte er, da er bei seiner Freundin schlafen würde. Morgen früh könne ich einfach nebenan im Café den Schlüssel abgeben. Ich dankte ihm mehrfach für seine Hilfe und dann zog er auch schon von dannen.

Nachdem ich geduscht und mir etwas Frisches angezogen hatte, ging ich mit meinem Laptop ins Café zurück. Dort hatte ich nämlich vorhin schon ein Free-WiFi-Schild gesehen. Ich wollte meine E-Mails kontrollieren und nachsehen, ob die Fähre noch planmäßig für den nächsten Tag angekündigt war.

Alles schien in Ordnung zu sein und ich klappte den Laptop wieder zu.

Mir war danach, mir die Füße zu vertreten, und so ging ich auf die andere Straßenseite hinüber zum Strand. Ich zog meine Flip-Flops aus und ging barfuß am Wasser spazieren. Es tat gut, das kühle Nass an meinen Füßen und Beinen zu spüren. Das war alles so surreal, ich konnte es noch gar nicht wirklich begreifen, dass ich jetzt tatsächlich auf dem Weg war und schon bald auf der Insel ankommen würde. Vor ein paar Tagen noch war ich in Deutschland gewesen und jetzt war ich hier, mein gesamtes Hab und Gut lag verstaut in einem alten Auto. Ein kleiner Hund kam zu mir gerannt und begleitete mich auf meinem Strandspaziergang. Er sah ein bisschen aus wie ein Jack Russell Terrier, schien aber irgendein Mix zu sein. Jedenfalls tat es gut, ihn als Begleitung bei mir zu haben, und selbst als ich mich hinsetzte, kam er an und legte sich zu meinen Füßen. Gedankenverloren kraulte ich ihn und starrte aufs Meer.

Ich schlief tief und fest in dieser Nacht und träumte intensiv. Zwar konnte ich mich nicht mehr an den Traum erinnern, als ich am nächsten Morgen aufwachte, aber ich spürte, dass er ein wohliges und positives Gefühl in mir hinterlassen hatte.

Bevor ich losfuhr, nahm ich nochmal eine wohltuende Dusche und ging in Ruhe alle meine Sachen durch, die ich später auf der Fähre im Rucksack mit mir mitnehmen würde, wenn ich das Auto abgestellt hätte.

Die Autofahrt nach Cadiz zum Hafen dauerte nur knapp eine Stunde und ich war mehr als früh dran. Außer mir befanden sich nur zwei weitere Autos auf dem Fährparkplatz. Ein sehr alter Ordner kam angeschlurft und sprach mich auf Spanisch an. Ich lächelte, zog meine Fährpapiere heraus und grüßte ihn mit meinem holprigen Spanisch. Wir wechselten ein paar Worte und ich erzählte ihm, dass ich gerade nach Fuerteventura auswanderte. Er war mir sympathisch und strahlte jene Art von Weisheit aus, die man nur im Alter durch viel Lebenserfahrung bekommt. Ohne sich zu bemühen hatte er eine Präsenz und Autorität an sich, sodass ihn selbst die jüngeren Zollbeamten und Polizisten auf dem Gelände respektierten. Er schaute sich mein Ticket an, nickte lächelnd und nannte mich *mi niña*, was so viel wie *mein Mädchen* heißt.

Dann schlurfte er wieder weg und setzte sich an seinem Häuschen draußen auf einen Plastikstuhl.

Mir war gar nicht mehr danach, mir groß die Füße zu

vertreten, und so blieb ich im Wagen sitzen und schaute zu, wie sich der Parkplatz langsam mit immer mehr Autos füllte.

Irgendwann fuhr die Fähre ein und ich schaute mir interessiert an, wie sie anlegte und anschließend alle Wagen von Bord fuhren.

Es dauerte noch eine ganze Weile, bis es bei uns mit dem Aufladen losging. Als es dann aber startete, wurde es etwas hektisch. Autos wurden von links und rechts zwischen anderen geparkten Autos her gelotst, und die ersten fuhren auf die Fähre.

Fast alle Autos mussten eine Runde um das kleine Häuschen drehen, vor dem der alte Ordner saß. Als ich mich Stück für Stück näherte, sah ich auch, was da los war. Nahezu alle wurden von den Polizei- und Zollbeamten herausgewunken und durchsucht. Ich sah Autos, die komplett ausgeräumt waren, und bekam eine Horrorvorstellung davon, dies auch tun zu müssen. Nie im Leben würde ich den Inhalt so schnell wieder in mein Auto zurückgepackt bekommen, so exakt und akribisch hatte ich jeden noch so kleinen Platz genutzt.

Man sah mir meine Nervosität anscheinend so deutlich an, dass die Beamten wohl vermuteten, ich hätte was zu verbergen, und prompt wurde ich als Nächste herausgewunken.

Mir wurde fast schon schlecht bei dem Gedanken daran, dass ich den kompletten Wagen würde ausräumen müssen.

Doch dann erschien mein persönlicher Held auf der Spielfläche, in Form des alten Ordners. Er sprach ruhig, aber bestimmt auf die Beamten ein, und nach einem kurzen Wortwechsel wurde ich von einem grimmig dreinschauenden Polizisten durchgewunken. Ich konnte es nicht glauben und strahlte den Ordner freudig an, bedankte mich und winkte ihm zum Abschied.

Als ich auf die Fähre fuhr, sah ich, dass ich eine steile Rampe hoch bis auf die nächsthöhere Etage fahren musste. Schlau wie ich bin, wollte ich unten warten, bis oben der Wagen vor mir um die Ecke gefahren war, damit ich nicht mitten auf der Rampe stoppen musste. Leider war das nun mal nur meine Vorstellung davon, denn die Einweiser von der Fähre sahen das etwas anders. Ich solle mir keine Sorgen machen, sie würden mir helfen, und einer von ihnen signalisierte mir, dass er hinter mir stehen würde. *Ja, super, das beruhigt mich ja total, dass ich eventuell auch noch jemanden umfahre, sollte ich rückwärts rollen*, dachte ich. Das Anfahren am Hang war noch nie mein liebstes Thema gewesen, und das hier erschien mir noch unter verschärften Bedingungen stattzufinden.

Nervös fuhr ich langsam die Rampe hoch und hoffte, dass der Wagen vor mir oben um die Ecke biegen und ich so, ohne anzuhalten, auf die obere Ebene gelangen würde. Fast hätte es auch funktioniert, aber eben nur fast. Gefühlte zwei Meter vor dem Ende der Rampe musste ich tatsächlich anhalten. Ich zog die Handbremse fest und war plötzlich schweißgebadet. Als der Einweiser oben mir signalisierte, dass ich jetzt weiterkönne, gab ich so viel Gas, dass sich mein altes Auto wie ein Formel-1-Wagen anhörte. Mit viel Lärm, aber immerhin ohne zurückzurollen, fuhr ich auf die obere Ebene. Geschafft!

Ich wurde in eine Lücke eingewiesen und musste dann den Wagen verlassen.

Mit meinem Rucksack auf dem Rücken sowie einem Kissen und einer Decke im Arm ging ich ins Innere der Fähre.

Die Überfahrt würde um die dreißig Stunden dauern und da ich mir keine Kabine leisten konnte, sondern nur einen einfachen Sitzplatz, suchte ich mir eine ruhige Ecke aus, in der ich es mir für die nächsten anderthalb Tage gemütlich machen würde.

Ich hatte ein Buch mit und etwas zu essen und zu trinken, da ich auch hier jeden Cent sparen und mir den Gang in die Kantine verkneifen wollte.

Sobald wir abgelegt hatten, vertiefte ich mich auch schon in das Buch und blendete alles um mich herum aus.

Die Fährfahrt war unspektakulär und ich kam nach dem Trubel der letzten Wochen das erste Mal wieder etwas runter. Ich lungerte faul auf meiner Sitzbank rum, las viel, schlief immer mal wieder zwischendurch und auch sonst machte ich nicht sonderlich viel. Ab und an ging ich aufs Außendeck und ließ die letzten Wochen und Monate Revue passieren. Wie viel sich doch ändern kann, wenn man den ersten Schritt wagt und voll dahintersteht. Ich hatte doch tatsächlich meinen Job und meine Wohnung aufgegeben, meine einzigen zwei Sicherheitspfeiler, die ich bis dato hatte, und war nun auf dem Weg in eine ungewisse Zukunft. Kein Job, kaum Geld auf dem Konto und ein Zimmer in einer WG für die kommenden Wochen waren alles, was mich auf der Insel erwartete.

Manch einer würde bei so einer Aussicht Angst bekommen, und vor noch nicht allzu langer Zeit hätte ich auch nicht anders reagiert. Aber hier war ich nun, ich hatte mir das alles selbst so ausgesucht und stand dementsprechend auch mit voller Verantwortung hinter meiner Entscheidung. Eine Ruhe und Zuversicht waren tief in mir verankert, die mich in den letzten Monaten schon begleitet hatten. Keine Zweifel, kein Zögern, einfach nur ich, die lächelnd ihrer selbstgewählten Zukunft entgegenblickte.

Wie schön es doch eigentlich ist, wenn alle Karten nochmal neu gemischt werden und sich dadurch alles von Grund auf ändern kann. Ich war mit mir selbst im Reinen aus Deutschland abgereist, hatte alles picobello hinterlassen, einige Kapitel in meinem Leben abgeschlossen und es kam mir so vor, als würden sich dadurch jetzt gerade einige neue Türen öffnen.

Hier ging es nicht um eine Flucht von einem Leben, das mir nicht gefiel, in ein anderes, wo man seine Probleme nicht löst, sondern lieber vor ihnen davonrennt. Denn ich war schon immer der Überzeugung gewesen, dass man seine Probleme überall mit hinnimmt. Auch war ich nicht so naiv und dachte, dass ein Leben mit Strand und Sonne alle anderen Sorgen schon ausblenden würde. Aber ich war voller Vertrauen, dass ich auf einem Weg war, der sich mir Stück für Stück offenbarte, allein dadurch, dass ich ihn beschritt, und dass dies mein ganz eigener Weg war, den ich selbst gewählt hatte und der mich wachsen ließ.

Mit diesen Gedanken im Geiste kam ich den Kanaren immer näher.

Gegen 23 Uhr am Folgetag kam ich pünktlich auf Lanzarote an. Das Runterfahren von der Fähre ging relativ schnell und einfach vonstatten und so fuhr ich schon bald los in die Dunkelheit. Ich musste von Arrecife runter nach Playa Blanca fahren, wo ich dann am nächsten Morgen die erste Fähre rüber nach Fuerteventura nehmen würde. Nur noch eine Nacht im Auto und dann wäre ich wirklich da. Es kam mir irgendwie alles so unwirklich vor, die letzten Tage waren nur so verflogen, so viele Eindrücke und Erlebnisse in so kurzer Zeit.

Nach etwa einer Stunde Autofahrt erreichte ich den südlichen Hafen der Insel und parkte meinen Wagen nahe des Hafengebäudes und der Zufahrt zur Fähre. Ich klappte meinen Sitz die gefühlten fünf Zentimeter, die mir die umgeklappten Rücksitze und der vollgestopfte Kofferraum gaben, zurück, nahm mir mein kleines Kissen und eine Decke und versuchte meine langen Beine in eine halbwegs angenehme Position zu bringen. Die Nacht war nicht sonderlich erholsam und ich hatte einen sehr unruhigen Schlaf, aber es war ja bald geschafft.

Noch vor Sonnenaufgang schlug ich dann endgültig die Augen auf und stieg aus dem Wagen, um meinen steifen Körper halbwegs wieder in Schwung zu bringen. So stand ich also auf dem Fährparkplatz, reckte und streckte mich und putzte mir synchron dazu die Zähne.

Langsam kamen mehr und mehr Autos vorgefahren und es wurde allmählich etwas trubelig. Ich hatte schon im Vorfeld ein Ticket gekauft und musste es demnach nur noch vorzeigen, um auf die Fähre zu gelangen.

So ging es mit der ersten Fähre des Tages rüber nach Fuerteventura. Ich stand oben auf dem Deck und schaute müde, aber lächelnd meiner neuen Heimat entgegen.

glücklich & zufrieden
auf Fuerteventura

Hola, da bin ich

Auf Fuerteventura angekommen, fuhr ich zuallererst zum Strand, zog meine Schuhe und Socken aus und ging barfuß bis zum Wasser. Ich spürte das kühle Nass an meinen Füßen und schaute auf die endlose Weite des Meeres vor mir. Hier war ich jetzt also. Ich setzte mich einen Moment lang in den Sand und atmete tief durch. Die Sonne wärmte mich und ich versuchte zu realisieren, dass ich nun wirklich angekommen war, doch es erschien mir immer noch so surreal.

Ich kramte mein Handy aus der Tasche und erreichte einen meiner beiden neuen Mitbewohner per SMS. Er sagte mir, wo wir uns treffen würden, damit ich hinter ihm her zum Haus fahren könnte.

Gesagt, getan. Keine zehn Minuten später trafen wir uns und ich lernte meinen zukünftigen Mitbewohner, einen Engländer, kennen. Er war so lieb gewesen, sich kurz von seiner Arbeit loszueisen, um mich in Empfang zu nehmen.

Am Wohnkomplex angekommen, zeigte er mir, wo ich parken konnte, gab mir meine Schlüssel, deutete auf das Gebäude, das direkt hinter dem Pool lag, und musste dann auch schon wieder los zur Arbeit. Den anderen Mitbewohner, den Deutschen, würde ich dann im Haus treffen, meinte er.

Dass er damit richtig gelegen hatte, zeigte sich keine zwei Minuten später, als ich mit meinem Rucksack zum allerersten Mal ins Haus hineinging. Dort war Mitbewohner Nummer zwei, oder vielmehr, dort lag er, halbnackt auf dem kleinen Flur zwischen Bad und Schlafzimmer, und schnarchte laut vor sich hin. *Willkommen im Traum von einer Männer-WG*, dachte ich mir nur, stellte meinen Rucksack ab und ging die Treppe nach oben, wo sich zwei weitere Schlafzimmer und ein Badezimmer befanden. Schnell sah ich, welches Zimmer für mich gedacht war, und ging hinein. Es war hell und freundlich und es hatte sogar eine kleine Terrasse, die somit nur mir gehörte. Schön, dachte ich, und verschwand nach dieser kurzen und schnellen Inspektion erst mal aufs stille Örtchen. Hier erwartete mich buchstäblich Beachfeeling pur, überall war Sand auf dem Boden verteilt und auch die Duschwanne war voll damit. Also surft zumindest schon mal einer meiner Mitbewohner allem Anschein nach, überlegte ich schmunzelnd, und meine Annahme bestätigte sich, als ich einen noch nassen und zudem sehr sandigen Wetsuit auf dem Boden liegen sah.

Nach dieser Begrüßung nahm ich das Entladen meines

Autos in Angriff und musste etliche Male hin und her laufen, bis endlich alles oben war.

Bei einem meiner letzten Gänge vom Auto zum Haus regte sich doch tatsächlich auch Mitbewohner Nummer zwei so langsam. Ob ich auch einen Kaffee wolle, fragte er mich, und ich sah, dass er mittlerweile den Weg vom Fußboden in die Wohnküche geschafft hatte. Wie sich später noch herausstellen sollte, war er der personifizierte Inbegriff eines Hangovers. Er arbeitete in einer bekannten Surferkneipe in der Nähe und feierte und trank jede Nacht nach Arbeitsschluss gern noch mit den anderen Mitarbeitern bis früh in die Morgenstunden hinein.

Während wir zusammen unseren Kaffee auf der Terrasse vorne vor dem Pool tranken, bekam ich eine kleine erste Einweisung, wie hier alles so lief.

Der Hausmüll müsse nach draußen in einen der großen Container gebracht werden, die man hier überall im Abstand von ein paar hundert Metern am Straßenrand fand. Aber bevor ich ihn einwerfen würde, solle ich sichergehen, dass nirgends die Polizei zu sehen wäre, da das nur von spät abends bis in den frühen Morgen erlaubt sei. Andere Länder, andere Sitten. Damit sich bei den heißen Temperaturen nicht so viele Kakerlaken und anderes Ungeziefer über den Müll hermachten, war dies nur abends und nachts erlaubt, und die Müllabfuhr kam früh morgens rum zum Einsammeln. Also entweder an die Zeiten halten oder auf Polizei achten, damit man keinen Strafzettel bekommt.

Neben dieser Information bekam ich auch noch andere Überlebenstipps, zum Beispiel, wo man hier am günstigsten Zigarettenstangen herbekam oder welches Kaffeepulver aus dem Supermarkt einigermaßen genießbar war.

Dann fragte er mich, ob ich Lust hätte, zum großen Discounter hier am Ortsrand zu fahren, um Lebensmittel einzukaufen. Na klar, erwiderte ich und schon ging es los. Er selbst hatte kein Auto und freute sich deshalb tierisch, dass er gleich mehrere Paletten Bierdosen kaufen konnte und diese mühelos nach Hause transportiert bekam. Ich kaufte einige Basics ein, um überhaupt erst mal was im Haus zu haben, später würde ich dann noch eine richtige Liste an Dingen machen, die ich bräuchte.

Den restlichen Nachmittag wuselte ich in meinem neuen Zimmer herum und verstaute meine Sachen. Nachdem alles ausgepackt war und ich die obligatorischen Fotos von Familie und Freunden am Rahmen eines Spiegels befestigt hatte, fühlte sich das Zimmer schon ein bisschen mehr wie ein Zuhause an.

Total erledigt, aber überglücklich schlief ich später ein. Es war eine traumlose Nacht mit einem festen und erholsamen Schlaf, und ich war die ersten Minuten etwas desorientiert, als ich am nächsten Morgen aufwachte. Nach ein paar kurzen Momenten fiel es mir dann aber wieder ein, und es fühlte sich so richtig gut an.

Die nächsten Tage waren ein Mix aus Eingewöhnen und Surfen, aber auch organisatorische Dinge mussten erledigt werden. Ich besorgte mir eine spanische Prepaid-Karte fürs Handy und rechnete durch, wie lange und wie viel Geld mir noch bliebe, wenn ich in drei Wochen das letzte Mal Lohn bekäme. Denn auch Strand und Sonne konnten eine gewisse Tatsache nicht ändern: Ohne Moos nix los! Also setzte ich mich daran, meinen Lebenslauf auf Spanisch zu übersetzen, fügte meine neue spanische Handynummer mit ein und druckte zig Ausfertigungen aus. Ich legte mir eine Mappe an, in die ich die Kopien steckte, und einen Extrazettel, auf dem ich vermerken würde, wann und wo ich meine Lebensläufe abgegeben hatte. Dass es hier beim Verteilen der Lebensläufe um Quantität statt Qualität ging, dessen war ich mir sehr wohl bewusst, und meine Ansprüche an potenzielle Jobs waren demnach eher niedrig.

Nebenher suchte ich mir schon die Informationen zusammen, die ich benötigen würde, um hier eine Steuernummer zu beantragen. Diese Steuernummer heißt NIE und ist quasi der heilige Gral in Spanien. Ohne diese kannst du kein Konto eröffnen, kein Auto kaufen, keine Wohnung anmieten und kommst nicht in die spanische Krankenversicherung rein. Und auch für einen Arbeitsvertrag brauchst du natürlich diese Nummer.

Genau hier beißt sich allerdings die Katze in den Schwanz. Um diese Nummer zu bekommen, brauchst du eine Meldeadresse und einen Arbeitsvertrag oder zumindest einen vorläufigen Arbeitsvertrag. Somit musste ich mich also erst mal um einen Job kümmern.

Ich klapperte alle Geschäfte, Bars und Hotels ab, stellte mich vor und ließ meinen Lebenslauf da. Ob ich surfen würde, wurde ich häufiger gefragt. Ich verneinte diese Frage instinktiv und dann wurde mir auch sehr schnell klar, dass ich damit genau richtig lag. Denn auf Surfer als Angestellte war hier absolut kein Verlass, wie ich später erfuhr. Die würden ihren Tagesablauf nur den Wellen nach planen, und bei gutem Swell erschienen sie einfach nicht bei der Arbeit. Verständlich also, dass die Arbeitgeber da weniger Lust drauf hatten.

Was ich bei dem ganzen Rumlaufen schnell merkte, war, dass meine Basis-Spanischkenntnisse doch nicht ganz so Basis waren, wie ich vorher noch so optimistisch geglaubt hatte. Ich verstand kaum ein Wort und konnte mich auch nicht wirklich verständlich machen. Jedes einzelne Wort übersetzte ich im Geiste zuerst ins Deutsche, und meine Sätze waren eher ein ziemliches Gestammel mit pantomimischer Begleitung von Händen und Füßen als auch nur ansatzweise fließende Wortlaute in der hiesigen Landessprache. Nahm man dann noch hinzu, dass hier so gut wie niemand akzentfrei sprach, weil ja alle von woanders hierhergekommen waren, verstand ich im wahrsten Sinne des Wortes nur Bahnhof.

Da musste Abhilfe her, aber schleunigst.

Ich wollte nicht eine dieser Personen werden, die nach zig Jahren in einem anderen Land immer noch nicht die Landessprache beherrschten. Das war für mich in erster Linie eine Sache des Respekts den Menschen hier gegenüber und gleichzeitig aber auch ein wichtiger Schritt in Richtung Selbstständigkeit. Ich war noch nie der Typus Mensch gewesen, der ständig andere um Hilfe bat, und würde damit auch jetzt nicht anfangen wollen. Wie sollte ich aber die Behördengänge und so vieles mehr ohne ausreichende Spanischkenntnisse bewältigen? Also nahm ich mir vor, so schnell wie möglich die Sprache zumindest so weit zu erlernen, dass ich damit den normalen Alltag stressfrei bewältigen könnte. Dass sich das als längerfristiges Projekt herausstellen sollte, war mir zu dem Zeitpunkt noch nicht so wirklich klar – und das war wahrscheinlich auch gut so.

Ich fand heraus, dass das Spanische Rote Kreuz im Ort jede Woche einen Abend kostenlosen Spanischunterricht gab, und ging dort ab jetzt regelmäßig hin. Dort lernte ich im Sesamstraßen-Stil, was es hieß, vor einem Tisch zu stehen, dahinter, rechts daneben, darunter oder aber darauf. Zusätzlich kaufte ich mir einen Post-it-Block und klebte künftig auf alles den dazu passenden Namen auf Spanisch. So klebten bald in meinem ganzen Zimmer überall Post-its – auf der Tür, dem Spiegel, der Kommode, der Haarbürste usw.

Ich erfuhr außerdem, dass es ganz in der Nähe eine kleine Bücherei gab, und ließ mir sofort einen Büchereiausweis ausstellen. Von nun an lieh ich mir stapelweise Bücher auf Spanisch aus, vorzugsweise aus der Kinderabteilung. Denn Kinderbücher haben meist Bilder und benutzen dazu noch eine relativ einfache Sprache, beides Faktoren, die mir sehr hilfreich erschienen.

Dies behielt ich noch die nächsten Monate bei, bis mich die Bibliothekarin irgendwann fragte, ob ich mein Kind denn nicht einfach mal mitbringen wolle. Das fand ich dann nicht mehr ganz so lustig, meine Büchereibesuche wurden weniger und ich schwenkte außerdem auf Erwachsenenliteratur um.

Aber nun erst mal zurück zur Jobsuche.

Nachdem ich nach zehn Tagen noch nichts bezüglich meiner Lebensläufe gehört hatte, wurde ich langsam etwas unruhig. Denn eins war klar: Mein Geld wurde nicht mehr und die Zeit lief gegen mich. Nicht mehr lang und mir bliebe nur noch das Geld für die nächste Monatsmiete, eine Tankfüllung und einen kleinen Lebensmitteleinkauf übrig.

Also machte ich mich auf und ging exakt die gleichen Orte nochmals ab, wo ich vorher schon meine Lebensläufe hinterlegt hatte. Ich hatte mir ein paar Sätze zurechtgelegt und ließ somit alle auf holprigem Spanisch wissen, dass ich immer noch hier auf der Insel war und auch bleiben würde, immer noch Interesse an einem Job hatte, dass ich mein Spanisch aktiv verbesserte und mich freuen würde, wenn mir eine Chance gegeben würde.

Denn was ich so am Rande mitbekommen hatte, war, dass viele hierherkamen, einen Job suchten und dann nach kurzer Zeit wieder verschwanden, da sie merkten, dass es doch nicht alles so einfach war, wie sie gedacht hatten.

Nun ja, nur weil man an einem schönen Fleckchen Erde wohnt und den Strand und das Meer vor sich hat, heißt das ja nicht automatisch, dass man hier nicht arbeiten muss, mietfrei wohnen kann oder die Einkäufe sich plötzlich von selbst bezahlen. Leider würden mir aber genau solche Menschen mit dieser Einstellung hier zukünftig noch mehr als nur einmal über den Weg laufen. Jedoch waren das meist nur flüchtige Begegnungen, da sie ja nicht lange blieben. Spätestens wenn die Blase vom Easy-Surfer-Lifestyle platzte und das Geld alle war, merkten die meisten dann doch, dass man Sand nicht essen kann und die soziale Absicherung in Deutschland doch eigentlich gar nicht so übel war. Oder aber jemand bekam einen Job und stellte aber leider schnell fest, dass der Lohn doch sehr gering ausfiel und die nötige Freizeit plötzlich auf der Strecke blieb, um das angestrebte Eatsleep-surf-repeat-Leben auch ausführlich genug auskosten zu können.

Aber genau diese etwas zu lässige Einstellung vieler Menschen hier war plötzlich zu meinem ganz persönlichen Vorteil geworden.

Dadurch, dass ich mich überall erneut vorstellte, Danke und Bitte sagen konnte, nicht in völlig ausgelatschten Flip-

Flops und Boardshorts auftauchte und mir die Haare kämmen konnte, hob ich mich von der Masse ab.

Und das verschaffte mir meinen ersten Job hier auf der Insel.

Ich würde künftig als Masseurin in einem Wellness- und Spa-Bereich eines mittelmäßigen Hotelkomplexes arbeiten, auf 20-Stunden-Basis, mit einem richtigen Arbeitsvertrag. Der Lohn würde gerade eben so reichen, um meine Zimmermiete in der WG zu zahlen und noch ein kleines Extra für Sprit und Einkäufe übrig zu haben.

Für einen Stundenlohn von fünf Euro, der mich dort erwartete, würden die meisten Menschen in Deutschland gar nicht erst aufstehen. Aber ich war einfach nur happy, dass es vorwärtsging.

Surfen mit Freunden an der Northshore

Leben, wo andere Urlaub machen

Mit meinem vorläufigen Arbeitsvertrag in der Tasche konnte ich auch endlich meine Steuernummer beantragen. Hierfür machte ich einen Termin bei der *Policía local* in der Hauptstadt aus und wurde dort vorstellig. Neben dem Arbeitsvertrag wollten sie außerdem noch meinen Mietvertrag und diverse andere Dokumente sehen. Spanier sind weniger die Vorreiter digitaler Datenerfassung, sondern eher treue Fans von Kopien und Papierkram, weswegen ich direkt erst mal in einen Copyshop um die Ecke geschickt wurde, um sie anschließend mit zahlreichen Kopien zu beglücken. Auch die Zahlung für die Antragsstellung durfte ich nicht dort vor Ort vornehmen, sondern musste einmal quer durch die Stadt zur einzigen Bank, bei der man damals Bargeldeinzahlungen auf ein Konto vornehmen konnte, auch wenn man selbst kein spanisches Konto hatte. Hier hieß es mal wieder warten und anstehen, bis sich die lange Schlange vor mir lichtete.

Zurück bei der *Policía local* bekam ich meine vorläufige NIE/Steuernummer, die ich in ein paar Monaten in ein grünes Kärtchen umtauschen konnte, und dann mein *Empadronamiento* (Meldebescheid) und schließlich meine *Residencia*. Diese betitelte mich sozusagen als Einwohnerin hier auf der Insel, und ich bekam ab dem Zeitpunkt bei einigen Fähr- und Fluggesellschaften einen Residentenrabatt.

Mit meiner Steuernummer und dem Arbeitsvertrag konnte ich ein spanisches Bankkonto eröffnen und zusammen mit dem Arbeitsvertrag bekam ich sogar eine Krankenversicherungskarte. Schritt für Schritt ging es voran.

Meine Arbeitszeiten waren so aufgeteilt, dass ich teils morgens zwei Stunden arbeiten musste und dann erst nachmittags oder abends wieder. Was nicht zur Arbeitszeit mit dazu gezählt wurde, war die zusätzliche Zeit, die man früher da sein musste, um alles vorzubereiten, sowie abends nach der Schließung das Aufräumen und Reinigen des Spas. Diese kleinen zusätzlichen Arbeiten sind hier gang und gäbe und die meisten Arbeitgeber vertreten die Einstellung, dass man dankbar sein sollte, überhaupt einen Job bekommen zu haben.

Ich war die einzige Nicht-Spanierin in einem kleinen Team, und da niemand dort ein Wort Englisch oder Deutsch sprach, lernte ich sehr schnell einige spanische Spa-Basics, die überlebenswichtig für mich waren. So erfuhr ich, was es hieß, wenn sich jemand auf den Bauch oder auf den Rücken legen sollte, was Arme, Beine, Rücken hieß und einige Standard-Begrüßungsfloskeln.

Die Kunden waren teils Touristen und teils Einheimische und so war es sprachlich meist ein wilder Mix aus Spanisch, Englisch und Französisch, wobei ich Letzteres eigentlich gar nicht sprechen konnte, aber irgendwie war das den Franzosen immer ziemlich egal.

Dieses Ins-kalte-Wasser-Springen war genau richtig für mich und ich lernte so schnell Spanisch wie noch nie zuvor. Dabei darf man aber nicht vergessen, dass einem da schon mal gerne Fehler unterlaufen, das bleibt einfach nicht aus.

Eines Abends zum Beispiel fragte ich eine spanische Kundin, ob sie Probleme mit Männern (*hombres*) habe, statt sie zu fragen, ob sie Probleme mit den Schultern (*hombros*) habe. Sie sah mich etwas erstaunt an und antwortete, dass sie in der Tat Probleme mit Männern hätte, heute aber ihre Schultern mehr Probleme machen würden.

Tja, was soll ich sagen, spätestens da lernt man, sich selbst nicht so ernst zu nehmen und über sich selbst lachen zu können.

Solche Wort-Dreher würden mir noch häufiger passieren in der nächsten Zeit, das war eine Tatsache, der ich ins Auge blicken musste und mit der ich umgehen konnte.

Über die kommenden Wochen arbeitete ich mich ein und meine Arbeit gab mir plötzlich eine gewisse Routine in meinem noch so neuen Inselleben. An den Tagen, an denen ich arbeitete, hatte ich zwar nicht wirklich viel Zeit und Energie fürs Surfen, aber umso mehr wusste ich dann meine freien Tage zu schätzen und liebte es, diese am Strand zu verbringen und stundenlang im Wasser zu sein.

Durch meine Mitbewohner und die Arbeit lernte ich mehr und mehr Leute kennen und schloss erste neue Freundschaften. Da viele dieser neuen Freunde nur Englisch oder Spanisch sprachen und ich nicht immer alles genau verstand, lernte ich automatisch, vermehrt auf die Tonlage, Gestik und Mimik zu achten. Diese nonverbale Körpersprache half mir über etwaige Verständigungsprobleme hinweg und schärfte zusätzlich meine Sinne bezüglich der Einschätzung anderer Menschen. Das war einer der vielen Vorteile, die sich mir hier aufzeigten. Wenn du nicht nur mit den Ohren die gesprochenen Worte wahrnimmst, sondern gleichzeitig erfasst, ob und wie sich die betreffende Person dabei verhält, gibt das sehr viel Aufschluss über die eigentliche Aussage und den wahren Inhalt der gesprochenen Worte.

Stell dir einmal vor, du stehst auf einer Wiese und schließt die Augen. Auf einmal riechst du den Duft in der Luft viel intensiver, spürst, ob ein lauer Wind weht, wie sich das Gras unter deinen Füßen anfühlt, und du hörst auf einmal viel deutlicher die Vögel, die in der Umgebung ihre Lieder trällern.

Wenn ein Sinn wegfällt, werden die verbleibenden umso schärfer. Ebenso fühlte es sich jetzt bei mir mit der Sprache an.

Etwas anderes, das mir auffiel, war, dass die Menschen hier schlichtweg eine deutlich lebensbejahendere Einstellung an den Tag legten. Obwohl hier jeder mehr arbeitete, weniger Geld zur Verfügung hatte, auf kleinerem Raum wohnte und auch sonst mehr Abstriche machte, als ich es von Deutschland her gewohnt war, schienen mir trotzdem alle glücklicher und zufriedener zu sein. Hier wurden die kleinen Dinge des

Lebens viel mehr zelebriert und das wiederum schaffte eine positivere Grundhaltung.

Verglichen mit dem, was ich von früher her kannte, fand hier das Leben 24/7 statt und Arbeits- und Privatleben gingen nebeneinanderher, nicht hintereinander. Dieses ständige Warten auf das Wochenende oder den nächsten Urlaub gab es hier nicht so ausgeprägt, da jeden Tag etwas Schönes gemacht wurde, auch wenn es nur ein stinknormaler Arbeitstag war.

So fuhr ich zum Beispiel häufig zum Sonnenaufgangssurfen und begrüßte den Tag im Meer, bevor ich zur Arbeit ging. Es gab für mich keinen erfrischenderen und schöneren Start in den Tag als eine Surfsession, denn danach war ich definitiv wach und gut gelaunt. Morgens hatte das Meer eine einzigartige Energie und ich liebte es, dabei zu sein, wenn die Natur einen neuen Tag begrüßte. Alles war so friedlich, ruhig und pur.

Die Mittagspause verbrachte ich barfuß am Strand und tankte eine Runde Vitamin D, während ich mich über mein vorbereitetes Essen hermachte. Abends nach dem Arbeiten traf ich mich häufig noch mit Freunden oder ließ den Tag bei einem leckeren Essen draußen auf der Terrasse ausklingen, während im Hintergrund die Sonne unterging und den Himmel in die tollsten Farben tunkte.

Die vielen Sonnenstunden, die frische Meeresluft, die Verbundenheit mit der Natur und die Wärme sind meiner Meinung nach absolute Stimmungsaufheller und geben einem solch eine positive Energie, dass es wirklich schwierig ist, dauerhaft schlecht gelaunt zu sein. Dazu kam noch die andere Mentalität, die ihr Übriges tat. Im Spanischen fragt man, ähnlich wie im Deutschen, zur Begrüßung sein Gegenüber gleich noch mit, wie es ihm geht. Bei der oberflächlichen Variante – der, die man vom Bäcker, Kassierer im Supermarkt oder dem Automechaniker kennt – gab es keine signifikanten Unterschiede. Da kommt auch hier meist als Antwort: *Danke, gut, und selbst?*

Aber bei der vertieften Variante dieser Frage, die man eher im Familien- und Freundeskreis stellt und die nicht nur als Gesprächsfloskel gemeint ist, sondern ernsthaftes Interesse bekundet, da beobachtete ich etwas Interessantes. In Deutschland war mir diese Frage als eine Art Einstieg in einen ewigen Jammer-Monolog bekannt. Von *Es muss, Geht so* über *Also, was bei mir gerade wieder alles los ist!* wurde gern mal so richtig aus dem Vollen geschöpft und alles, worüber es sich auch nur im Ansatz zu beklagen gab, mal ordentlich auf den Tisch gepackt.

Und hier auf der Insel? Da hörte ich plötzlich zu 99 Prozent ein *Danke, gut. Und dir?* und das wurde meist noch mit einem zufriedenen Lächeln begleitet. Ich war beinahe fassungslos und dachte zuerst, ich werde hier mit der oberflächlichen Antwortvariante abgespeist, die sonst nur der Verkäufer zu hören bekam. Aber auch bei genauerem Nachfragen à la *Und wie geht es dir wirklich?* bekam ich in den meisten Fällen eine gutgelaunte und positive Antwort zu hören.

Bei näherer Betrachtung fand ich dieses Phänomen hoch faszinierend und zugleich wahnsinnig schön. Und so fragte ich mal ganz offen und ehrlich über die kommende Zeit bei meinen Freunden nach, die ja nun wirklich aus aller Welt hier gestrandet waren. Und die Antworten waren erstaunlicherweise alle meist ziemlich ähnlich. Als Erstes wurde mir natürlich das Klischee des miesepetrigen Deutschen unter die Nase gerieben und dass wir ja mit Abstand die Weltmeister im Herumjammern wären. Was für alle anderen normal wäre, müsste ich wohl erst noch lernen, da ich es halt anders gewohnt war. Dem konnte ich nicht wirklich was entgegensetzen und nickte meist nur grinsend. Und der andere Punkt bei den Antworten war die Bewertung und Gewichtung der einzelnen Geschehnisse im Leben. Klar war, dass es bei jedem natürlich auch Dinge gab, die besser laufen könnten. Aber im Großen und Ganzen sahen alle das Leben optimistisch und konzentrierten sich lieber auf all die vielen schönen Momente darin und wussten diese auch wertzuschätzen.

Ich will damit nicht sagen, dass hier jedem permanent die Sonne aus dem Hintern schien und alles immer reibungslos und wunderbar funktionierte, aber die Grundhaltung für einen positiv gestimmten Tag war hier definitiv höher, als ich es noch von früher her kannte. Häufig bekam ich auf die Frage, wie es einem ginge, zu hören: *Schau dich doch mal um, wo wir hier sind. Wie könnte es einem da schlecht gehen?*

Ich fand es toll, dass die Menschen, und das meistens relativ unbewusst, durch diese positive Bejahung auf eine sich mehrfach täglich wiederholende Frage ihren Tag selbst in eine gute und schöne Richtung lenkten. Es war für mich wie ein Mantra, das man ständig aufs Neue aufsagte, oder wie eine Intention, die man sich immer wieder setzte.

Von da an ging ich bei jeder Nachfrage, wie es mir denn ginge, ab sofort einmal kurz in mich und listete im Geiste alles Gute auf, was mir an diesem Tag bereits widerfahren war. Und so lautete auch bald bei mir die Antwort immer häufiger: *Gut geht's mir, danke!*

Das Inselleben vergleiche ich gern mit einem Leben auf dem Dorf, hier kennt jeder jeden und statt aus dem Internet erhält man die wirklich wichtigen Informationen noch direkt von den Menschen. Von der Wohnungssuche angefangen über Arbeitsmöglichkeiten und einem guten Automechaniker bis hin zu einem empfehlenswerten Zahnarzt – hier bekam man die nötigen Details bei einem zwanglosen Plausch beim Bäcker oder im Supermarkt präsentiert.

Und genauso wie ich diese Infos bekam, sprach es sich relativ schnell rum, dass hier jetzt eine Physiotherapeutin wohnte.

So kam es, dass sich meine ersten Patienten quasi beiläufig bei mir meldeten und um Termine baten.

Da ich meine Therapieliege aus Deutschland mitgebracht hatte, war das kein Problem für mich und ich fing an, neben meinem Hoteljob ab und an Patienten auf Hausbesuchsbasis zu behandeln.

Rückenschmerzen und andere Problemchen sind unter Wassersportlern nämlich genauso weit verbreitet wie unter den Geschäftsleuten, die ich größtenteils früher in Deutschland bei mir zur Behandlung hatte. Typische Sportverletzungen kamen hier allerdings eher von Wipe-outs im Wasser anstatt vom Fußball- oder Handballspielen. Andere Sportarten, gleiche Beschwerden. Anfangs war ich noch etwas nervös, wenn ich mit jemandem auf Spanisch oder Englisch während der Behandlung sprechen musste, aber ich lernte schnell, dass meine fachliche Kompetenz die etwaigen sprachlichen Defizite mehr als kompensierte.

Mir fiel es nicht schwer, Arztberichte auf anderen Sprachen zu verstehen, selbst bei den Sprachen, die ich nicht beherrschte, wie Italienisch oder Französisch, verstand ich alles. Die medizinische Sprache kommt nun mal vom Lateinischen und da gibt es kaum Unterschiede beim Fachvokabular. So ergaben meine verhassten Lateinstunden in der Schulzeit doch noch einen Sinn. Es machte mir große Freude, wieder in meinem eigentlichen Job zu arbeiten, und ich merkte schnell, dass ich hier mit meinen ganzen Fortbildungen doch ziemliche Lücken abdeckte.

Dies führte letztlich dazu, dass ich mich über die nächsten Monate von dem Wellness- und Spa-Bereich im Hotel löste und den Schritt in die Selbstständigkeit wagte.

Zum einen natürlich, weil ich merkte, wie sehr ich meine Kraft, Zeit und Gesundheit im Spa für einen Hungerlohn malträtierte, und zum anderen, weil ich darin eine echte Chance sah, selbstbestimmter zu agieren.

Eine spanische Freundin, die als Psychologin selbstständig tätig war, nahm mich unter ihre Fittiche und half mir bei dem ganzen Prozedere. So fuhren wir mehrere Tage in Folge zusammen in die Hauptstadt und durchliefen den ganzen Papierkram bei den hiesigen Behörden. Doch selbst für sie war das Ganze ein absolut undurchsichtiges Chaos. Was sie selbst einst problemlos in Madrid innerhalb von kürzester Zeit abgehandelt hatte, gestaltete sich hier problematisch. Wir kamen uns teilweise vor wie Asterix und Obelix im Haus der Treppen und wurden von Pontius zu Pilatus geschickt, nur um am Schluss wieder vor dem ersten Ansprechpartner zu landen. Richtig hart wurde es jedoch erst, als uns nur noch ein letztes Papier fehlte und wir tatsächlich an unsere Grenzen gebracht wurden. Um dieses finale Stück Papier fertigzustellen, benötigten wir einen letzten Stempel, der von einem bestimmten Amt drauf musste. Dort durfte man allerdings nur mit einem, vorher telefonisch ausgemachten, Termin vorstellig werden. So versuchten wir im Duo über mehrere Tage von zwei Handys aus, diese Nummer zu erreichen, und das zu jeglicher Tages- und Nachtzeit. Und nie kamen wir durch. So erklärten wir unser Dilemma an der Tür zu diesem Amt und wurden nur lächelnd abgewiesen. Kein Termin, kein Zutritt!

Nach zwei weiteren Tagen des ständigen und erfolglosen Anrufens dieser Nummer entschieden wir, dass wir uns also doch bezahlte Hilfe von einem Steuerbüro holen würden. Noch im Beisein des neuen und sehr teuren Steuerberaters wurden wir Zeuge, dass sich im Handumdrehen ein Termin ausmachen ließ, wusste man die richtige Durchwahl und kannte die nötigen Personen dort beim Amt. Auch wenn ich am Ende doch noch draufgezahlt hatte, hier hielt ich nun endlich die benötigten Papiere in den Händen und konnte offiziell loslegen. Halleluja!

Ich arbeitete nun an einem festen Tag in der Woche bei einem Arzt in einer Praxis und mietete mir dort einen Behandlungsraum an, und die restliche Zeit fuhr ich zu meinen Patienten nach Hause.

Die Adressen bei den ersten Hausbesuchen zu finden, gestaltete sich manchmal etwas kompliziert. Da ich weiterhin noch kein Smartphone besaß und zudem das Senden des Standorts per WhatsApp oder einem anderen Messenger-Dienst, wie heute üblich, noch in der Zukunft lag, musste auf herkömmliche Art und Weise die Adresse gefunden werden. Es gab zwar Hausnummern und Straßennamen, aber diese waren in den seltensten Fällen auch ausgewiesen. Es ist nicht unüblich, dass Straßenschilder per se fehlen und die Häuser keine Nummern außen sichtbar angebracht haben. Sich vorher auf dem Laptop eine Onlinekarte anzuschauen, half zumindest manchmal. Häufiger aber fand man online nur einen Ort, in dem alle Straßen mit ein und demselben Straßennamen versehen waren.

Also wurden mir meist oldschoolmäßig die Wegbeschreibungen per Telefon durchgegeben, und ich weiß nicht, wie häufig ich an irgendwelchen Ziegenställen rechts abbiegen musste oder nach den Eseln links reinfahren sollte. In ganz komplizierten Fällen traf man sich einfach beim örtlichen Supermarkt auf dem Parkplatz und ich fuhr dann hinterher.

Dass es nicht nur mir so erging mit den Adressen, lernte ich sehr schnell. So erfuhr ich auch von vielen meiner Patienten, dass leider sogar der Notarzt bei Einsätzen die Adresse nicht finden konnte und deswegen erst sehr verspätet eintraf. Oder aber die Ambulanz musste erst noch an irgendeinem Treffpunkt abgeholt werden. Eine gruselige Vorstellung, wenn man bedenkt, dass bei solchen Einsätzen jede einzelne Minute zählt und im Worst Case über Leben und Tod entscheidet.

Mit dem fast flächendeckenden Mobilfunknetz und dem Einzug von Smartphones mit WhatsApp, Google Maps und Co. wurde das Inselleben in den kommenden Jahren so sehr verändert und vereinfacht, dass es mittlerweile fast schon schwer ist, sich in diese Zeit zurückzudenken.

Ich habe mir die meisten administrativen Aspekte meiner Selbstständigkeit irgendwie nebenbei angeeignet, da ich davon vorher absolut keine Ahnung hatte und Selbstständigmachen auch nie in meinem Lebensplan stand. Versicherungen, Rechnungen und Arztberichte schreiben – meiner Meinung nach viel zu viel Schreibkram. Aber wie mit so vielem im Leben entstehen auch hier die Wege, indem man sie geht, und so verbrachte ich den ein oder anderen Abend an meinem Schreibtisch und versuchte ein schnelles und logisches System für mich zu finden.

Neben all dem Arbeiten und Eingewöhnen in dieses neue Leben knüpfte ich auch einige neue Freundschaften, von denen manche bis zum heutigen Tage anhalten. Es ist gar nicht so leicht, auch auf dem Freundschaftssektor komplett von null anzufangen. Viele Freundschaften bestehen schon seit vielen Jahren und es ist schwierig, als Neuzugang dort reinzukommen. Anfangs verstand ich das teilweise doch sehr zögernde Verhalten einiger Menschen hier nicht, bis mir dann irgendwann mal ein Licht aufging. In Freundschaften investierst du sowohl Zeit als auch Energie. Da hier auf der Insel jedoch ein ständiges Kommen und Gehen stattfindet, kann ich mittlerweile gut verstehen, dass die Leute sich bewusst Zeit nehmen, um jemand neuen in ihren Kreis aufzunehmen. Man wird mit der Zeit vorsichtiger, wenn es darum geht, zu wem man ein Vertrauensverhältnis aufbaut. Gerade weil hier alle so offen und locker rüberkommen, habe ich gelernt, aufzupassen, wem man auf welche Art und Weise hilft. Denn hier passiert es schneller, als man denkt, dass man ausgenutzt wird, und danach die Menschen ganz schnell wieder weg sind.

Umso wertvoller schätze ich meine Freundschaften, die sich über die letzten Jahre hier aufgebaut und gefestigt haben. Denn seien wir ehrlich, gute Freunde zu haben ist hier unerlässlich. Gerade wenn Familie und alte Freunde als Stütze fehlen, braucht es Menschen, denen man vertrauen kann. Ich bin dankbar für diese Menschen in meinem Leben und möchte sie nicht mehr missen.

Mein erster Weihnachtsbaum
auf Fuerte, 2012

Langeweile, fehl am Platz

Während meines ersten Jahres auf der Insel zog ich insgesamt sechsmal um, und in den darauffolgenden Jahren dann noch ein paar Mal mehr.

Ich merkte sehr schnell, dass ich für das Leben in dieser Männer-WG einfach nicht geschaffen war. Jeden Morgen über den einen Mitbewohner zu stolpern, der irgendwo im Haus oder draußen vor dem Pool lag, teils angezogen, teils nackt und manchmal in weiblicher Gesellschaft, die dann auch irgendwo dort rumlag, das war nicht so meins. So saß ich eines Morgens mit meinem Kaffee auf unserer Terrasse am Gemeinschaftspool, den besagten Mitbewohner am Boden liegend zu meinen Füßen, seine Boxershorts einsam vor sich hintreibend im Pool und die restlichen Klamotten verteilt bis zum Parkplatz. Und während er so vor sich hin schnarchte, fasste ich den Entschluss, dass ich mir lieber eine andere Bleibe suchen wollte.

Zuerst kam ich für drei Wochen bei Freunden unter, die mir ihr Haus überließen, während sie auf Heimaturlaub gingen. Ich konnte dort umsonst wohnen und kümmerte mich im Gegenzug um den Garten und die Katzen. Danach folgte ein weiterer WG-Versuch, der sich aber auch schnell als Fehlgriff entpuppte. Ich war bei einer inoffiziellen Surfschule im Surfhaus gelandet, auch nicht so ganz das, was ich gesucht hatte. Zur Überbrückung landete ich bei einem weiteren Freund im Gästezimmer, bis ich schließlich mein erstes eigenes kleines Apartment bezog und dort tatsächlich einige Monate blieb, bevor ich wieder weiterzog. Umziehen ist hier in Spanien etwas sehr Einfaches und Normales, da man fast überall in möblierte Behausungen zieht. Von den Basis-Möbeln bis zu Handtüchern und Geschirr war normalerweise bereits alles vorhanden. Ob einem das nun so zusagte, war hingegen ein ganz anderes Thema. Ich für meinen Fall hatte meine eigene Bettwäsche, Handtücher und Küchenutensilien, die ich überall mit hinnahm.

Hinter das Thema WG machte ich endgültig einen Haken, ich hatte es versucht, aber es sind entweder nicht alle Menschen dafür geschaffen oder aber diese Art zu leben hätte mir in anderer Konstellation eher zugesagt, wer weiß. So oder so, ich war glücklich, nun mein eigenes kleines Reich zu haben, und fühlte mich dort auch relativ wohl, mit der Betonung auf *relativ*.

Ich gewöhnte mich einfach allmählich daran, dass hier alles nur mit hauchdünnen Wänden gebaut war und somit die Ruhe im eigenen Heim doch sehr davon abhing, wer dein Nachbar und vor allem, wie laut dieser war.

Normale Sprechlautstärke hörst du eins zu eins mit, und wenn dann nebenan nicht nur eine Person, sondern gleich eine ganze Familie wohnt, fühlst du dich wie mitten in einer spanischen Telenovela und lernst unweigerlich ganz nebenher weiter Spanisch für den Alltagsgebrauch. Als kleines Extra natürlich auch jede Menge Schimpfwörter.

Einerseits war das sehr nützlich, andererseits fehlte mir dabei buchstäblich die Stummtaste auf der Fernbedingung, um einfach mal meine Ruhe zu haben, wenn ich es wollte.

Keine direkten Nachbarn Wand an Wand zu haben und zudem noch ein Badezimmer mit Fenster (ein anderes großes Manko der hiesigen Bauweise), dieser Wunsch blieb mir noch einige Jahre verwehrt.

Das erste Weihnachten auf der Insel stand an und ich hatte ernsthafte Probleme, in die richtige Stimmung dafür zu kommen, da es weder Weihnachtsmärkte noch sonst etwas gab, das einem signalisierte, dass es bald so weit wäre. Strand, Sonne und Meer waren in diesem Fall nicht hilfreich. Da es kaum Bäume auf der Insel gab, stand ein Weihnachtsbaum also auch nicht zur Debatte. Diese fürchterlichen Plastikbäume, die es zu kaufen gab, würden definitiv nicht Einzug in mein Zuhause finden. So suchte ich verschieden lange Stöcke zusammen und machte mich daran, mir einen eigenen Baum zu basteln, an den ich dann einen Seestern als Spitze und kleine Muscheln und andere Dinge als Deko hing.

Ich lud alle meine Freunde zu einer Weihnachtsbäckerei

ein und so backten wir, zwar in Shorts und Flip-Flops, aber mit lauter Weihnachtsmusik im Hintergrund, unsere Plätzchen.

Diese Tradition wurde von nun an jedes Jahr praktiziert.

Weihnachten ging ich tagsüber mit Freunden surfen, und wir verbrachten einen herrlichen Tag am Strand in der warmen Sonne. Nach unserer Surfsession bauten wir einen Schneemann aus Sand und posierten dahinter mit unseren Surfboards unter den Armen für Fotos. Diese verschickten wir dann als Weihnachtskarten per E-Mail an Freunde und Familie.

Später am Abend fanden sich viele Freunde und Pärchen zusammen und wir veranstalteten ein großes Weihnachtsdinner bei Freunden im Haus. Da viele unterschiedliche Nationalitäten vertreten waren, lernten wir auch alle Traditionen voneinander kennen. Ich verbrachte einen sehr schönen Abend im Kreise von lieben Menschen und ging an diesem Abend beseelt ins Bett. Das hier war alles so anders, als ich es von früher her kannte. Kein Stress, keine gehetzten Last-Minute-Geschenkeinkäufe, keine Pflichtbesuche bei Weihnachtsfeiern und vor allem keine dunklen, kalten und nassen Tage, die meiner Gesundheit zusetzten. Wer hätte gedacht, dass sich ein Weihnachten abseits der Norm so gut anfühlen würde?

Durch meine Selbstständigkeit hatte ich bereits Bekanntschaft mit dem doch teils sehr chaotischen und undurchsichtigen spanischen System hier auf den Kanaren gemacht und mich dafür entschieden, meine Steuerangelegenheiten besser von einer *Asesoría*, was so in etwa einem Steuerbüro entsprach, bearbeiten zu lassen. Dort gab ich dann auch in Auftrag, mein Auto offiziell importieren zu lassen, da man hier natürlich nur eine gewisse Zeit mit ausländischen Nummernschildern unterwegs sein durfte. Dass dieser Prozess etwas dauern würde, war mir klar, aber wie lange es dann letzten Endes wirklich bräuchte, davon hatte ich ja keine Vorstellung.

Von meiner Seite waren die benötigten Papiere schon seit Monaten hinterlegt und mir wurde immer wieder versichert, dass alles laufen würde und ich mir keine Sorgen machen müsste. Genau das sagte ich also auch den Polizeibeamten, als sie mich das erste Mal wegen meines deutschen Nummernschilds anhielten. Ich kam mit einer Verwarnung davon und erinnerte meine *Asesoría* nochmals daran, die Sache doch bitte schnellstmöglich abzuschließen. Sie würden sich um alles kümmern, versicherten sie mir abermals. Die zweite Kontrolle kam und der Ton der Beamten wurde schon schärfer. Mit ganz viel Lächeln und Charme von meiner Seite kam ich glücklicherweise wieder davon. Leider tat sich bei der Bearbeitung des Imports aber so rein gar nichts. Also machte ich von nun an einen möglichst großen Bogen um jegliche Art von Polizeikontrollen und fühlte mich mehr und mehr unwohl, wenn ich mit dem Auto unterwegs war.

Eines Nachts war ich auf dem Weg runter in den Süden der Insel, da ich dort vom Hafen aus am frühen Morgen die erste Fähre nach Gran Canaria nehmen wollte. Meinen Wagen wollte ich am Hafen stehen lassen, da eine Freundin von mir bereits drüben war und mich abholen würde. Auf offener Strecke, absolut im Nirgendwo zwischen zwei Städten, fuhr ich in eine Polizeikontrolle rein – Alkohol und Drogen. Kein Problem, dachte ich mir und atmete tief durch, da habe ich ja nichts zu befürchten. Doch als ich mein Fenster runterkurbelte und den Beamten ansah, blickte ich in das altbekannte Gesicht des Polizisten der letzten Kontrolle. Ob ich denn immer noch nicht meine Ummeldung gemacht hätte, fragte er mich. Also den Wagen würden sie nun abschleppen und verwahren lassen, und ich durfte einmal alle Papiere hervorholen und dem Beamten in die Hand drücken. Dieser nahm alles mit und verschwand in seinem Wagen zur besseren Durchsicht. Genau in dem Moment kam hinter mir ein Auto in die Kontrolle gefahren. Der Fahrer dachte sich wohl, dass er lieber nicht auf Alkohol und Drogen getestet werden wollte, gab Gas und fuhr durch die Absperrung durch. Die Polizisten ließen sich natürlich nicht zweimal bitten und fuhren direkt hinterher.

Da saß ich also auf einmal ganz allein in der tiefschwarzen Nacht in meinem Wagen mitten in der Pampa und blickte dem Polizeiauto hinterher, mit dem gerade nämlich leider auch meine sämtlichen Papiere weggefahren waren. Na wunderbar. Ich wartete zehn Minuten und wurde dann doch etwas nervös. Die werden mich doch nicht vergessen haben? Ich brauchte schließlich meine Papiere, ohne sie loszufahren, war keine Option. Aus den zehn Minuten wurden zwanzig, ich packte mein Sandwich aus, das ich mir für die Fährfahrt gemacht hatte, und begann um vier Uhr morgens, irgendwo am Straßenrand stehend, zu frühstücken. Nach weiteren zehn Minuten kam der Polizeiwagen wieder zurück. Ich war mittlerweile etwas angesäuert, mich hier einfach mitten in der Nacht am Straßenrand stehen zu lassen – echt nicht okay. Und genau das sagte ich dann auch dem Beamten. Ob er sich mal überlegt hätte, was gewesen wäre, wenn mir hier derweil was passiert wäre. Ich übertrieb absichtlich etwas, um von dem Fakt des immer noch ausstehenden Autoimports ab-zulenken. Mit Erfolg. Er stellte mir zwar eine Anzeige aus, jedoch durfte ich mit dem Wagen vorerst weiterfahren.

Auf dem Weg weiter runter zum Hafen sprach ich meiner *Asesoría* eine wütende Nachricht aufs Band und machte klar, dass sie sich darum unverzüglich kümmern sollten. Und noch bevor die Fähre morgens ablegte, bekam ich einen Anruf, in dem mir erklärt wurde, dass der Import nächste Woche final abgeschlossen würde und ich mir auch wegen der Anzeige keine Sorgen machen bräuchte. Da sie belegen konnten, dass der Autoimport bereits lief, wäre die Anzeige damit nichtig. Ich war ein wenig erleichtert, aber gleichzeitig immer noch sauer, dass es überhaupt so weit hatte kommen müssen.

In der Tat ging der Autoimport in der darauffolgenden Woche dann endlich final vonstatten, meine Laune verbes-serte sich schlagartig und ich fuhr wieder freudestrahlend jeder Polizeikontrolle entgegen.

Trotzdem vermisste ich in solchen Situationen manchmal die Klarheit und Strukturiertheit von deutschen Behörden. Ganz klar zu wissen, was zu tun ist, welche Unterlagen für was benötigt werden – nicht immer war alles nur schlecht in good old Germany. Ähnlich erging es mir mit dem Gesund-heitssystem. Hier in Spanien bekommst du mit deiner Kran-kenkassenkarte auch direkt einen Arzt zugewiesen, an den du dich künftig wenden kannst. Nix da mit freier Ärztewahl. Die meisten Ärzte der normalen Grundversorgung sitzen in einem sogenannten *Centro de Salud*, einem Gesundheitszen-trum, und es dauert meist ewig, einen Termin zu bekommen. Die Kassenleistungen variieren hier auch ganz klar zu denen in Deutschland. So bezahlt die Kasse zum Beispiel beim Zahnarzt nur das simple Ziehen eines Zahnes, aber nicht die Behandlung, Füllung oder etwaige andere Prozedere. Auch viele andere Untersuchungen bei diversen Fachärzten, die für mich zum Standard gehörten, fielen hier plötzlich weg oder mussten privat gezahlt werden. Diese und andere Unterschiede werden einem aber erst so richtig klar, wenn man es plötzlich auch mal anders erlebt. Dinge, die sonst für selbstverständlich gehalten wurden, sind es auf einmal nicht mehr. So merkte ich nun, wie privilegiert das deutsche Gesundheitssystem doch war und wie gut ich es dort gehabt hatte.

Und genau so erging es vielen meiner Patienten, weshalb sie ja auch erst auf mich angewiesen waren. Nach Frakturen und anschließenden Operationen wurden die Patienten einfach nach Hause entlassen, mit einem Termin zum erneuten Vorstellen im Krankenhaus in sechs bis acht Wochen. Einen Nachbehandlungsplan gab es nicht, den Patienten wurde nicht gesagt, was sie tun durften oder was eben nicht, und Unterarmgehstützen wurden ihnen auch nicht mitgegeben.

Man muss kein Genie sein, um zu wissen, was mit einem Menschen passiert, der nach einer OP sechs bis acht Wochen nur liegt und sich nicht selbst zu mobilisieren weiß. Hier kam ich also ins Spiel.

Neben meiner eigentlichen physiotherapeutischen Arbeit entwickelte ich einen MacGyver-ähnlichen Einfallsreichtum, was die Versorgung meiner Patienten anging. Schreibtischstühle wurden zu Rollstühlen umfunktioniert, einzelne Krücken in der Nachbarschaft zusammengeliehen und mit etwas Glück auf die gleiche Höhe eingestellt. Plastikstühle wurden in die Badewanne zum Abduschen gestellt, irgendwie ging es immer.

Obwohl Wundversorgung, Narbenpflege und Co. nicht primär auf meinem Plan stehen, waren diese zwangsläufig auch mit inbegriffen, und ich lernte meinen Patienten diese Dinge an, so gut es eben ging.

Anhand von Röntgenbildern, Arzt- und OP-Berichten machte ich mir ein möglichst genaues Bild und suchte mir dazu passende Nachbehandlungspläne zusammen. Aus Wasserflaschen wurden Gewichte und auch sonst wurden alle möglichen Alltagsgegenstände zweckentfremdet. Ich übernahm die hier fehlende Arbeit der Hebammen und brachte den frischgebackenen Mamas bei, was ein Beckenboden ist und wieso dieser trainiert werden sollte, wie sie ihr Baby vernünftig halten, hochheben und tragen könnten und auch sonst alle möglichen entwicklungsfördernden Maßnahmen.

Bei Schlaganfallpatienten übernahm ich gleichzeitig noch die Aufgabe der Logopäden und entwickelte mich zu einer ziemlichen Allrounderin.

Ich bekam einen bekannten Big-Wave-Surfer unter meine Hände, den ich einen ganzen Sommer lang nach einer wiederholten heftigen Schulterverletzung und anschließender Operation behandelte, und freue mich noch heute über jedes Bild, das ihn wieder fit, agil und fröhlich in den Riesenwellen auf der ganzen Welt zeigt.

plötzlich Hundemama,
Mai 2013

Der beste Freund des Menschen

Neben meiner Arbeit und dem Surfen half ich als Voluntee-
rin bei einer Hundehilfsorganisation mit, die sich unter anderem auch um das ortsansässige Tierheim kümmerte. Ich
mochte die Arbeit dort, denn Tiere waren mir immer schon
wohlgesonnen und lieb gewesen, meistens sogar lieber als
Menschen. Tiere hatten für mich schon seit jeher so eine
pure und reine Energie, die ich gerne um mich spürte und
von der ich mich angezogen fühlte.

Die Stadt kümmerte sich an den Wochenenden und Feiertagen nicht um das Tierheim und so sorgten wir an diesen
Tagen für die Tiere, säuberten die Zwinger und das Außenge-
hege, versorgten sie mit Wasser und Futter, gingen mit ihnen

spazieren und taten auch sonst alles, um ihnen den Aufenthalt so erträglich wie möglich zu machen. Bei Bedarf fuhren wir mit ihnen zum Tierarzt oder brachten sie zum Flughafen, wenn sie erfolgreich vermittelt worden waren und wir passende Flugpaten gefunden hatten.

Die Einstellung der Menschen hier auf der Insel gegenüber Haustieren ist leider ein Spiegelbild der hiesigen sprunghaften Lebensweise. Nicht nur Jobs und Wohnungen werden am laufenden Band gewechselt, leider auch die Tiere. Zieht man um, bekommt man Nachwuchs oder ändern sich sonst irgendwie die Lebensumstände, ist plötzlich kein Platz mehr für den Vierbeiner und er wird einfach aussortiert wie ein ungeliebter Gegenstand. Nicht selten werden Hunde einfach im Haus oder Garten zurückgelassen, wenn man auszieht, oder irgendwo ausgesetzt. Da hier nicht viel von Kastration oder Sterilisation gehalten wird, oder aber den Menschen schlichtweg das Verständnis oder Geld dafür fehlt, findet man leider auch immer wieder Welpen in Müllcontainern oder in einem Karton irgendwo entsorgt. Wie in so vielen anderen Ländern ist es auch hier ein sprichwörtliches Fass ohne Boden. Wird ein Hund erfolgreich vermittelt, kommen zig neue nach.

Nun war ich schon fast ein Jahr auf der Insel und war mir sicherer denn je, dass ich hierbleiben würde. Zudem hatte ich mit meinem Arbeitsmodell die nötige Zeit, und auch die wohnliche Situation ließ den Gedankengang zu, dass ich einen Hund adoptieren könnte. So kam es dann auch schon relativ bald, dass der nächste *Notfall* mein Hund werden sollte.

Wir waren gerade bei einem unserer *Coffee & Cake*-Aktionstage, als ich ihn das erste Mal sah. Einmal im Monat brachten wir alle selbstgebackenen Kuchen zu einem Café in der Nähe und verkauften diesen, zusammen mit dem vom Café gespendeten Getränken, um Gelder für das Tierheim zu sammeln. Gleichzeitig konnten wir so für Pflegestellen und Adoptionen werben und jedes Mal unter den Touristen auch neue Flugpaten finden, die bereits in Deutschland oder anderswo adoptierte Hunde mit zu ihren neuen Familien nehmen könnten. Alles in allem waren es immer sehr schöne Vormittage, bei denen viele gleichgesinnte Menschen mit großem Herz für Tiere zusammenkamen. Ein paar von uns waren an diesem Tag vorher noch im Tierheim arbeiten gewesen. So auch eine Freundin, die dort einen gerade frisch eingetroffenen Neuankömmling entdeckt hatte, der vermutlich kurz zuvor auf der Straße ausgesetzt worden war. Manolo, ein kleiner Welpe, der noch viel zu jung war, um im Tierheim allein zu überleben. Kurzentschlossen hatte sie ihn mitgenommen und wollte sich nach dem Aktionstag im Café um eine Pflegefamilie für ihn kümmern. Mit diesem Fellbündel im Arm kam sie an diesem Tag ins Café und wurde direkt von jemandem zwecks Adoptionsfragen angesprochen. Ich nahm ihr den Hund ab, damit sie sich auf das Gespräch konzentrieren konnte, und setzte mich mit diesem kleinen Krümel hin. Er schlief sofort auf meinem Schoß ein, so müde und erschöpft war er. Während er auf meinen Beinen liegend friedlich vor sich hin schnarchte, war es bereits um mein Herz geschehen. Ich adoptierte Manolo.

Er war ein liebevoller Rabauke mit tiefbraunen Augen und außerdem der haarigste Hund, der mir bisher in meinem Leben untergekommen war. Ab diesem Zeitpunkt war es mit der Sauberkeit passé und mich würden von nun an überall und jederzeit seine langen, schwarzen Haare begleiten, wohin ich auch ginge. Kurz nach Manolo fand auch ein Staubsauger Einzug ins Apartment, teils für den Boden, teils, um ihn damit abzusaugen.

Seinen Namen sollte er übrigens behalten. Denn der Tag, an dem er gefunden wurde, war der 1. Mai, und in Spanien ist dies, genau wie in Deutschland, der Tag der Arbeit. Manolo ist ein sehr gebräuchlicher Name für einen Arbeiter, weshalb er ihm direkt im Tierheim gegeben wurde. Mir war es relativ egal, wie er hieß, und so blieb ich dabei. Allerdings absolut nichtsahnend, dass es sich hierbei um einen Altherren-Namen handelte und sich künftig immer mal wieder ältere Herrschaften von mir angesprochen fühlen würden, wenn ich draußen nach meinem Hund rief.

Bis heute ist sein Name bei Spaniern immer einen Lacher wert, aber weder Manolo noch mich stört das im Geringsten und deswegen gab es auch nie einen Grund, ihn zu ändern.

Diese treue Fellnase veränderte nochmal vieles in meinem bisherigen Inselleben, vor allem zum Positiven. Wenn man von den anfänglichen Startschwierigkeiten wie angenagten Möbeln und zerstörten Kissen und Vorhängen absah, brachte er viel Freude und frischen Wind in mein Leben. Und auch meine Nachbarschaft kam auf ihre Kosten, indem wir regelmäßig zur Erheiterung beitrugen, wenn er mal wieder meine Unterwäsche vom Wäscheständer herunterriss und damit freudestrahlend um den Gemeinschaftspool rannte – und ich mit hochrotem Kopf hinterher.

Manolo hatte so viel Energie, dass ich gar nicht wusste, wie ich damit umgehen sollte, und so begann ich, abends seltener mit Freunden auszugehen und morgens früher aufzustehen und mit ihm zu laufen, anstatt nur spazieren zu gehen. Durch meinen neuen Laufpartner wurde ich für die kommenden Jahre relativ fit und lief bei vielen unterschiedlichen Läufen mit. Meist Kurzdistanzen um die zehn Kilometer, aber für mich mit meiner Vorerkrankung schon eine riesige Herausforderung. Es war ja nicht so, dass ich hier auf der Insel plötzlich wie auf magische Weise gar keine Beschwerden mehr hatte. Auch hier erlebte ich schlechtere Tage, vornehmlich im Winter, wenn es kalt und nass war. Aber auch über das restliche Jahr verteilt merkte ich immer mal wieder, wenn ich zu viel gemacht hatte und nicht genügend auf mich Acht gab. Aber dies war nichts im Vergleich dazu, wie es mir in Deutschland ergangen war. Und so ließ ich mich von nichts und niemandem aufhalten, wenn ich mir mal wieder etwas in den Kopf gesetzt hatte. Bei solchen sportlichen Feldversuchen verglich ich mich niemals mit anderen, sondern behielt den Fokus stets auf mich gerichtet. Wenn Plan A dabei nicht funktionierte, fand ich halt einen Plan B oder C. Irgendwie ging es immer. Ein Jahr lief ich sogar den Halbmarathon in den Dünen mit, ohne jemals zuvor im weichen Sand gelaufen zu sein. Ohne Training ging ich also an den Start und lief los. Es war die reinste Tortur für meine Knöchel und ich quälte mich dabei ziemlich, aber Aufgeben war keine Option. Das Laufen lehrte mich nochmal auf andere Art und Weise, im Leben einfach immer nur einen Fuß vor den anderen zu setzen und sich einzig und allein auf die kommenden paar Meter zu konzentrieren, anstatt sich ständig die komplette Strecke vor Augen zu führen. Eine Einstellung, die mir auch in vielen anderen Lebensbereichen sehr hilfreich erschien.

So lief ich also durch die Dünen, absolvierte mehrfach Nachtläufe, lief bei diversen anderen Runs mit und fuhr sogar für einen Lauf rüber auf die Nachbarinsel Lanzarote. Doch den schönsten, wenn auch kürzesten Lauf hatte ich, als ein offizieller Dog-Run veranstaltet wurde und Manolo und ich zusammen ins Ziel liefen.

Das Surfen litt etwas durch mein Leben mit Hund, da ich ihn nicht an alle Spots problemlos mitnehmen konnte und es für mich nicht zur Debatte stand, die morgendliche Gassirunde einem Frühsurf zu opfern. Wenn also die Wellen an Spots liefen, wo Manolo am Strand frei rumlaufen und mit den anderen Hunden spielen konnte, während ich im Wasser war, war das mehr als perfekt. So kamen wir beide auf unsere Kosten und waren anschließend müde und glücklich.

Manolo ist nicht sonderlich groß und sieht eher wie ein großer Welpe als ein erwachsener Hund aus. Ich merkte schnell, dass er ein sehr soziales Verhalten gegenüber allen anderen Hunden, aber auch gegenüber allen anderen Menschen zeigte. Er freute sich über jeden einzelnen Kontakt und wollte somit auch partout jeden begrüßen. Er sprang zum Beispiel gern in Autos und begrüßte dort alle Insassen. Nebenher konnte er so schnell mal eben die Sitze nach Krümeln absuchen und gegebenenfalls das ein oder andere vergessene Sandwich unter dem Sitz finden und netterweise auch direkt entsorgen.

Anfangs versuchte ich noch dagegen anzugehen, aber da sich alle immer so sehr freuten, wenn Manolo mit seinem Puppy-Charme in ihre Autos sprang, war das eher ein Kampf gegen Windmühlen.

Durch mein mangelndes Durchsetzungsvermögen und die positiv bestärkenden Reaktionen aller anderen wurde Manolo also der freundliche Hund, der alle begrüßte und der auch gern mal unbemerkt im Fußraum ein Stückchen mitfuhr, wenn er sich in ein offenes Auto gelegt hatte und eingeschlafen war, während der Besitzer surfte. Nicht selten fuhr also jemand mit Manolo als blinden Passagier im Auto los, und nach ein paar hundert Metern wurde dann die Türe geöffnet und mein Hund sprang heraus.

Er machte leider auch nicht vor der Guardia Civil halt, die hier an der Northshore gerne regelmäßig ihre Kontrollen fuhr. So kam es, dass mein Hund eines Tages freudestrahlend in den Wagen der Guardia Civil und direkt auf den Schoß eines Beamten sprang, als dieser gerade einen Stopp an unserem Surfspot machte und die Tür öffnete. Ich rannte mit hochrotem Kopf hinterher und fragte etwas beschämt, ob ich meinen Hund wiederhaben könnte. Glücklicherweise war es ein Hundefreund und ich bekam mein schwarzes Fellknäuel wieder ausgehändigt, und das ohne Strafe.

Mein erstes Jahr auf Fuerteventura ging zu Ende und ich zog noch ein weiteres Mal um, als Freunde die Insel verließen und ich ihr Apartment übernehmen konnte. Dies war etwas, das man hier recht häufig beobachten konnte. Menschen blieben für eine gewisse Zeit und zogen dann wieder zurück aufs Festland. Viele merkten jedoch schnell, dass die Jobmöglichkeiten auf so einer kleinen Insel sehr begrenzt waren, und auch sonst verlor das Leben hier für viele nach einiger Zeit seinen Glanz. Die vorher noch so hoch gepriesene Freiheit, das Leben am Strand, endloser Sommer, Surfer-Lifestyle, eben all die Dinge, die einem anfangs noch so erstrebenswert erschienen, gerade weil sie so anders waren als das 0815-Leben in einer Großstadt, verloren für viele nach einer gewissen Zeit ihren Reiz. Stattdessen wurde über die fehlende Kultur und die hier generell vorherrschende Monotonie des Lebens gejammert, und plötzlich war es auch gar nicht mehr so toll, wenn man Sand und Staub in jeder kleinsten Ecke in seinem Zuhause fand. Wenn dann noch der Frust über den Job hinzukam, wurde für viele der einstige Traum vom Leben auf der Insel ziemlich schnell zu einem Albtraum.

Es ist das wiederkehrende Phänomen wie mit so vielen Dingen im Leben. Wenn man ständig von Sonne, Strand und Meer umgeben ist, verliert man nur zu leicht den Blick für die Schönheit und Einzigartigkeit dafür. Man weiß es nicht mehr wertzuschätzen und trägt auch nicht mehr das Gefühl der Dankbarkeit in sich, dafür, dass man an einem so schönen Fleckchen Erde leben darf. Stattdessen neigen wir eher dazu, die Dinge zu sehen, die wir vermissen und die wir nicht tagtäglich zu unserer freien Verfügung haben. Und genau deswegen glaube ich auch, dass ein Mensch total unglücklich an einem paradiesisch schönen Ort sein kann und ein anderer Mensch absolutes Glück an einem düsteren und unschönen Ort erfahren kann. So sind doch die persönliche Sichtweise und Einstellung zu jeglicher Situation in unserem Leben für unser Glücksempfinden weitestgehend verantwortlich und von entscheidender Rolle.

Zurückblickend auf mein erstes Jahr hier auf der Insel stellte ich fest, wie viel sich doch bereits in meinem Leben verändert hatte, und auch, wie sehr ich daran gewachsen war. Ich hatte mein altes Leben mit allen vermeintlichen, und auch teils realen, Sicherheiten hinter mir gelassen, mich auf komplett unbekanntes Terrain gewagt, ohne Netz und doppelten Boden, ohne Geld und Sprachkenntnisse. Ich war hierhergekommen und hatte einen kompletten Neustart hingelegt, neue Freunde gefunden, eine neue Sprache gelernt, einen neuen Job gefunden, eine neue Bleibe (mehrfach) und mir all das selbst erarbeitet.

Es ist doch so, wenn du irgendwo hinkommst, wo dich niemand kennt, musst du dich auch neu beweisen. Es interessiert niemanden, was für einen Abschluss du gemacht hast oder was für einen tollen Job du irgendwo vorher hattest. Du fängst wieder bei null an und arbeitest dich hoch. Neue Freundschaften entstehen, müssen wachsen und brauchen Zeit, um echtes Vertrauen aufzubauen. All das geschieht nicht über Nacht und manchmal reißt man sich buchstäblich den Hintern auf, um all dies jongliert zu bekommen. Man opfert die Nähe zu Familie und alten Freunden, verpasst dadurch viele wichtige Ereignisse und fühlt sich manchmal auch sehr allein. Beziehungen zerbrechen, weil einem Egoismus vorgeworfen wird, und dennoch entscheidet man sich, seinem Herzen zu folgen und sein Schicksal selbst zu lenken.

Ich reagiere deswegen manchmal etwas verhalten, wenn man mir sagt, was für ein Glück ich doch habe.

Glück ist für mich, wenn du im Lotto gewinnst.

Dies hier hatte jedoch nichts mit Glück zu tun, es war das Resultat von dem Mut und dem Willen, mein Leben selbst in die Hand zu nehmen, Entscheidungen zu treffen, zu hundert Prozent dahinter zu stehen, hart dafür zu arbeiten und die volle Verantwortung in Kauf zu nehmen. Punkt.

glücklich nach dem Surfen

Luftveränderung

Nachdem ich mein spanisches Autokennzeichen hatte, dachte ich, dass ich nun Ruhe vor der Guardia Civil hätte, leider war das weit gefehlt. Nur kurze Zeit nach dem erfolgreichen Autoimport wurde ich erneut angehalten und der altbekannte Beamte stand mal wieder an meiner Autotür. Er ließ sich meinen Führerschein zeigen und erklärte mir, dass ich nicht länger mit einem deutschen Führerschein herumfahren dürfe, sondern entweder einen internationalen Führerschein beantragen müsse oder einen spanischen. Dafür müsste ich zum *Tráfico*, dem spanischen Verkehrsamt.

Also suchte ich mir die Telefonnummer heraus und rief dort an, um einen Termin zu vereinbaren. Jedoch gestaltete sich das schwieriger als gedacht, da am Telefon eine automatische Ansage abgespielt wurde und ich dann je nach Anliegen eine bestimmte Nummer drücken musste. Da ich die Ansage aber nicht verstand, konnte ich nichts drücken, und online konnte man damals noch keinen Termin vereinbaren. Ich beließ es erst mal dabei und wurde prompt in derselben Woche wieder von dem Beamten angehalten. Ob ich denn schon einen Termin habe, wollte er wissen. Da erklärte ich ihm, dass ich die Telefonansage nicht verstand und deswegen nicht weiterkam. Kein Problem, ich solle mal rüber in den Polizeiwagen kommen und er würde das für mich erledigen. Etwas stutzig folgte ich ihm in den Wagen und alsbald kramte er sein Privathandy raus und rief beim *Tráfico* an. Als es darum ging, mit der richtigen Nummer das weitere Prozedere einzuleiten, kam er dann an seine Grenzen. Anstatt die Nummer einzutippen, sprach er sie ins Telefon. Die Ansage fragte erneut nach der Nummer und er wiederholte seine Ansage in den Hörer, dieses Mal schon etwas lauter. Sein Kollege kam irgendwann dazu und zu zweit versuchten sie, Herr der Lage zu werden und einen Termin für mich zu vereinbaren, indem sie zuerst mit normaler Lautstärke und nur kurze Zeit später dann mit einem etwas ungehaltenen und lauteren Ton diverse Nummern in den Hörer brüllten. Ich schaute mir das ganze Schauspiel eine Weile an, war auf der einen Seite doch sehr amüsiert, aber gleichzeitig traute ich mich nicht zu lachen. Nach mehreren Versuchen schafften sie es tatsächlich – mit hochroten Köpfen –, die richtige Nummer einzutippen, und ich bekam meinen Termin beim Verkehrsamt. Als er aufgelegt hatte, konnte ich mir allerdings nicht verkneifen ihn zu fragen, ob er nun verstehen könne, dass das für mich als Nicht-Spanierin doch etwas schwierig gewesen war. Er grummelte irgendwas vor sich hin und meinte nur, dass ich meinen Termin übermorgen um 10 Uhr hätte.

Also fuhr ich zwei Tage später zum Verkehrsamt und bat um einen spanischen Führerschein. Der Sachbearbeiter schaute sich meine Daten an und kommentierte nur gelangweilt, dass ich den Führerschein erst nach zwei Jahren hier auf der Insel wechseln müsse. Ich fragte ihn, ob es schon früher machbar sei, und schilderte ihm die Situation mit dem Polizeibeamten. Er verneinte, da dies schlichtweg mehr Arbeit für ihn wäre, und sagte mir im O-Ton, dass ich dem Idioten von der Guardia Civil einen schönen Gruß bestellen solle und er eigentlich wissen müsste, dass ein Führerscheinwechsel erst nach zwei Jahren ansteht.

So fuhr ich also unverrichteter Dinge wieder fort und hatte schlechte Laune, da mich der unnötige Termin hier einen halben Tag gekostet hatte, an dem ich keine Patienten behandeln und somit auch kein Geld verdienen konnte.

Prompt fuhr ich auf dem Rückweg in eine Polizeikontrolle hinein und sah *meinen* Polizeibeamten dort stehen. Ohne abzuwarten, ob er mich rausziehen würde, fuhr ich direkt an ihn heran und kurbelte mein Fenster herunter. Er schaute mich verdutzt an und ich begann, in holprigem Spanisch die Grüße vom *Tráfico*-Sachbearbeiter an den *Idioten*-Beamten auszurichten, und erklärte, dass ich erst nach zwei Jahren meinen Führerschein wechseln müsse. Er wurde hochrot und stammelte etwas davon, dass ich so nicht mit ihm reden könne. Ich fuhr unbeirrt fort, meinem Frust Luft zu machen, und fragte ihn, ob es ihm Spaß mache, mich dauernd anzuhalten, oder ob er die Gesetze wirklich nicht kenne. Sein

Kollege im Hintergrund musste sich ein Lachen verkneifen, und ich machte weiter, indem ich ihn fragte, wofür er mich denn das nächste Mal anhalten wolle, und ob jetzt endlich mal Schluss wäre mit diesem Kindergarten. Er stammelte wieder nur irgendwas Unverständliches vor sich hin und winkte mich dann durch mit den Worten, dass er aber nach Ablauf der zwei Jahre kontrollieren würde, ob ich den Führerschein gewechselt hätte. Dies könne er herzlich gern machen, antwortete ich und fügte hinzu, dass er mich bis dahin doch bitte in Ruhe lassen solle, und dann fuhr ich davon. Entweder wurde dieser Beamte in der kommenden Zeit versetzt oder aber er traute sich nicht mehr, mich anzuhalten. Jedenfalls war dies das letzte Mal, dass ich ihn sah.

In den kommenden zwei Jahren stellte ich dann irgendwann doch sehr ernüchtert fest, dass das mit der Selbstständigkeit gar nicht so einfach war. Zum einen waren die monatlichen Abgaben dafür hier in Spanien sehr hoch, verglichen mit anderen EU-Ländern, und zum anderen hatte ich meine Preise viel zu niedrig angesetzt. Noch dazu bekam ich auch hier die typische Inselmentalität zu spüren. Termine wurden nicht abgesagt, kurzfristig verworfen, einfach nicht eingehalten oder vergessen. Da ich meine Hausbesuche im Vorfeld strategisch gut durchplanen musste, um bei jedem pünktlich vor der Tür zu stehen, brachten mich diese Änderungen und Lücken im Plan ziemlich ins Wanken. Ich war auf jeden einzelnen Patienten angewiesen und ließ mich deswegen auf jeglichen Terminwunsch ein. So arbeitete ich auch an den Wochenenden und spät abends. Wie sehr dadurch mein eigenes Leben mit Füßen getreten wurde, war mir in dem

Moment noch nicht so bewusst. Ich merkte nur, dass ich kaum Freizeit hatte, gestresst war und irgendwie immer zu wenig Geld reinkam.

Im Nachhinein betrachtet war dies natürlich ein wunderbarer Lernprozess. So musste ich mir erst mal meines Wertes klar werden. Wie konnte ich denn erwarten, von anderen wertgeschätzt zu werden, wenn ich es selbst nicht tat und mich sogar unter Wert verkaufte? Langsam, aber sicher passte ich meine Preise an, vergab nur noch Termine in einem abgesteckten Rahmen und lernte so besser für mich einzustehen. Ich nahm nicht mehr stumpf jede Terminanfrage an und lernte schnell herauszufiltern, ob die Anfrage von jemand Neuem für mich passte. Qualität statt Quantität.

Nichtsdestotrotz merkte ich, dass diese ständige Ungewissheit, wie viele Termine ich in der nächsten Woche haben würde und wie viel Geld somit in die Kasse kam, mir nicht guttat. So fasste ich nach längerer Überlegung den Entschluss, eine Pause von der Selbstständigkeit zu nehmen und mir noch mal ein Angestelltenverhältnis zu suchen.

Das war gar nicht so einfach, da sich die Arbeitssituation auf der Insel derweil nicht gerade zum Besseren gewendet hatte.

Nach einiger Suche fand ich eine Anstellung bei einem Reiseunternehmen am Flughafen. Ich war kurz darauf fast täglich dort vor Ort und nahm diverse Touristen in Empfang und verabschiedete sie am Ende ihres Urlaubs auch wieder. Dieser Job war für mich von vornherein nur als Überbrückung gedacht, damit ich in Ruhe etwas Passenderes finden konnte. Die Arbeitszeiten variierten stark, und wenn Flüge verspätet reinkamen oder abgingen, änderte sich auch bei mir kurzerhand die Arbeitszeit. Manolo war der eigentliche Leidtragende in dieser Zeit, da ich mit ihm zu den absurdesten Uhrzeiten Gassi gehen musste, je nach Schicht. Und danach war er dann für viele Stunden allein zu Hause. Mir machte die Arbeit keinen Spaß und die Touristen waren teils auch einfach nur anstrengend, vor allem die, die in den hochklassigen Hotels eingebucht waren. Dem einen war der Weg bis zum Reisebus zu weit, der andere war empört, dass die Taxifahrer hier kein Deutsch sprachen, und wiederum andere waren verärgert über den vielen Wind hier auf der Insel, der ihnen doch tatsächlich die teure Frisur ruiniert hatte und sie deswegen eine Beschwerde bei mir einreichen wollten. Kein Witz.

So mutierte ich in kürzester Zeit zur absoluten Spezialistin in Sachen Beschwerdemanagement und fühlte mich in meine Babysitterzeit zurückversetzt. Nur waren diese Babys hier weder süß noch wurde ich angemessen dafür bezahlt. Nach Abzug des Spritgelds für die täglichen Flughafenfahrten und den zusätzlichen zwei Stunden Arbeitsweg pro Tag blieb am Monatsende kaum was übrig – weder Geld noch Zeit noch Kraft. Dies war ein Zeitpunkt, zu dem ich nicht mehr surfte und auch sonst kaum mehr etwas für mich machte. Und das schlechte Gewissen Manolo gegenüber fraß mich zusätzlich auf. Ich hatte zwei freie Tage pro Woche, von denen ich an einem weiterhin meine Stammpatienten behandelte. Zum einen, weil dadurch etwas zusätzliches Geld reinkam, zum anderen, weil ich meine Arbeit wirklich gern machte.

Irgendwie war ich wieder in eine Stressspirale geraten, die an meinen Kräften zehrte, und ich wusste nicht, was ich machen sollte. Ich war zudem noch so eingenommen von all dem, dass ich an meinem eigentlichen Plan, mir einen anderen Job zu suchen, nicht mehr festhielt. Zu ausgepowert fühlte ich mich ständig, sodass ich gar nicht mehr wusste, wann ich das noch hätte machen können.

Hinzu kam eine weitere böse Überraschung, als mein Konto plötzlich gesperrt wurde. Ich wollte Geld abheben und dachte zuerst, meine Karte sei defekt. Also ging ich in die nächste Bankfiliale und fragte nach. Dort wurde mir dann freundlich erklärt, dass mein Konto eingefroren wurde, da ein Strafmandat nicht bezahlt worden war. Ich fiel aus allen Wolken. Das konnte doch alles nicht wahr sein!

Zum einen war mir bis dato nicht bewusst gewesen, dass in Spanien der Staat einfach so Zugriff auf ein Konto hat, und zum anderen fand ich heraus, dass meine ehemalige *Asesoría*, hingegen ihrer Aussage, rein gar nichts wegen der Autoimport-Anzeige unternommen hatte und die Strafe über das letzte Jahr fleißig in die Höhe gestiegen war. Da das mit der Post so eine Sache ist hier auf der Insel und in den meisten Fällen nichts ankommt, hatte ich nie auch nur einen einzigen Mahnbrief erhalten.

Bei der nächsten Lohnüberweisung wurde dann automatisch die Strafe abgebucht. Mein Konto war wieder freigegeben, nur leider war da nichts mehr drauf für den Rest des Monats.

Wütend rief ich bei der *Asesoría* an, und mir wurde auch tatsächlich ein Termin für den folgenden Tag gegeben.

Jedoch war ich die Einzige, die dort auftauchte. Die *Asesoría* hatte geschlossen, und auf meine Anrufe reagierte niemand mehr. Ich versuchte, noch ein-, zweimal zu den Öffnungszeiten vorbeizuschauen, wurde jedoch jedes Mal vehement am Empfang abgewimmelt.

Ich entschied, dass ich das Thema ad acta legen würde. Dagegen anzugehen erschien mir sinnlos und würde mich nur noch mehr Kraft und Geld kosten. Allein der Gedanke daran gab mir schon ein übles Gefühl. Also schloss ich damit meinen Frieden und legte es unter einer kostspieligen Erfahrung ab.

Der Flughafenjob musste auch wieder weg, so viel war klar.

Es konnte nicht sein, dass ich ganz spontan meine reguläre Arbeitszeit bis 22 Uhr wegen eines extremen Sturmes auf 3 Uhr morgens ausweiten musste, bis alle Touristen in irgendwelchen Hotels untergekommen waren, weil ihr Flieger bei dem Wetter nicht starten konnte. Ich selbst musste dann mit klitschnassen Klamotten nach Hause fahren, da ich zuvor alle Gäste im strömenden Regen zu ihren Bussen begleitet hatte. Die Fahrt nach Hause war zudem noch recht gefährlich, da die Sturmböen an meinem Auto zerrten und ich teilweise die Straße nicht mehr sehen konnte, da sie komplett unter Sand vergraben war. Die Busfahrer hatten mich davor gewarnt, durch die Inselmitte zu fahren, weil dort jederzeit Steine und Geröll auf die Straße abgehen könnten. Also fuhr ich im Schneckentempo an der Küste entlang zurück in den Norden. Zu Hause wartete schon ein total nervöser Hund auf mich, der vor lauter Angst vor dem Sturm bereits in die Küche gekotzt hatte. Meine Arbeitsklamotten wurden bis 6 Uhr am nächsten Morgen auch nicht trocken, aber das interessierte ja niemanden. Wichtig war nur, dass ich um 7 Uhr wieder pünktlich vor Ort war, um die Touristen in ihren Ersatzflieger zu manövrieren. So quälte ich mich durch den nächsten Tag und stand zitternd und bibbernd in meinen immer noch feuchten Klamotten am Flughafen.

Ich hatte mich so erkältet bei dieser Aktion, dass ich doch tatsächlich das erste Mal in meinem Inselleben zum Arzt musste, der mich wegen Fieber und Husten drei Tage krankschrieb.

Ich schlief fast die ganze Zeit und ruhte mich aus, und während ich so endlich mal wieder etwas Zeit zu Hause bei Manolo verbrachte, wurde mir umso bewusster, dass das so nicht weitergehen konnte.

Ich machte kurzerhand Nägel mit Köpfen, kündigte und würde nur noch ein paar Wochen am Flughafen arbeiten. Mal wieder musste ich anscheinend eine Tür schließen, bevor sich mir eine neue offenbarte.

Planlos geht der Plan los. Ich lernte zum wiederholten Male, Vertrauen in mich und mein Leben zu haben, und setzte mir eine positive Intention. Und schon kurze Zeit später zeigte sich mir die Wirkung in Form eines Halbtagsjobs im Homeoffice.

Künftig würde ich vormittags ein paar Stunden als Freelancerin von zu Hause aus arbeiten und hätte somit immer noch genügend Zeit, nebenher meine Patienten zu behandeln. Eine perfekte Kombi, die sich über die kommenden Jahre noch weiter ausreifen sollte. Ich suchte mir eine neue *Asesoría*, die künftig meine Steuer machen würde, und das war es dann erst mal.

Manolo schien damit auch mehr als einverstanden, da er ab jetzt während meiner Homeoffice-Stunden bei mir sein konnte.

Langsam kehrte etwas langersehnte und wirklich dringend benötigte Ruhe in unser Leben ein.

Nach einer kurzen Eingewöhnungsphase fand ich auch

wieder Zeit und Lust zu surfen, was ein sehr gutes Zeichen war.

Die erste Surfsession war ein wahrhaftiger Soulsurf für mich. Ich sog nur so die guten Vibes im Wasser auf und fühlte mich seit langer Zeit endlich mal wieder richtig lebendig. Das Meer hatte eine reinigende Wirkung auf meinen Körper und Geist. Überglücklich und müde stieg ich an diesem Tag aus dem Wasser und erinnerte mich daran, wie es anfangs für mich gewesen war. Hier war ich richtig, hier konnte ich mich spüren, hier war ich ich.

Das Surfen wurde wieder in meinen Alltag integriert und ich fing an, regelmäßig, direkt nach Büroschluss, an den Strand zu fahren. Häufig saß ich schon, fertig umgezogen im Bikini, die letzte halbe Stunde vor dem Rechner und cremte mich bereits mit Sonnencreme ein, während ich noch in letzten Telefonaten mit Kunden steckte. Kaum war der Rechner zugeklappt, schnappte ich mir Surfboard und Hund und los ging es.

Geregelte Arbeitszeiten zu haben, nebenher ein paar ausgewählte Patiententermine an manchen Tagen und dennoch genügend Zeit zum Surfen und für andere Dinge zu finden, das war ein Gefühl von purem Luxus für mich.

Ich merkte, wie gut mir all das tat, kam langsam wieder in meine alte Kraft zurück und fühlte mich so viel ausgeglichener als noch vor ein paar Monaten. Um mir zusätzlich etwas Gutes zu tun, fing ich außerdem an, regelmäßig zum Yoga zu gehen.

Drei Jahre war ich nun schon auf der Insel und es hatte einfach diese Zeit gebraucht, um für mich hier eine passende berufliche Nische zu finden. Zudem glaube ich fest daran, dass all die vorherigen Jobs von Nöten gewesen waren, um mich genau dorthin zu führen. Noch vor ein paar Jahren hätte ich jeden schief angeguckt, wenn er mir gesagt hätte, ich könne ja einen Computerjob machen. Es brauchte genau die von mir gesammelten Erfahrungen, bevor ich meinen Hintern vor einen Schreibtisch parken und mich mit Computern anfreunden würde. Ich war schon immer eine dieser Personen gewesen, die ihre Erfahrungen selbst machen musste. Und es nutzte so rein gar nichts, mich mit gut gemeinten Ratschlägen vor unbequemen Erfahrungen bewahren zu wollen. Solange ich es nicht ausprobiert hatte, hielt mich nichts und niemand auf. Ich war der Typus Dickkopf, der sich erst mal ordentlich die Finger verbrennen musste, bevor er sich eingestand, dass die Herdplatte vielleicht wirklich zu heiß war.

Und noch etwas veränderte sich in meinem Leben. Nachdem ich mich in den Jahren zuvor schon viel mit dem Thema beschäftigt und einiges ausprobiert hatte, stellte ich meine Ernährung nun endgültig auf vegan um. Ich traf diese Entscheidung damals hauptsächlich aus gesundheitlichen Gründen, doch im Laufe der Jahre kamen immer mehr ethische und umwelttechnische Gründe hinzu. Ich war nie eine große Fleischesserin gewesen, und das, obwohl unsere Nachbarn Metzger gewesen waren und ich schon als Kleinkind im Supermarkt an der Fleischtheke die in Deutschland so obligatorische Fleischwurstscheibe überreicht bekommen hatte. Mir ging es ohne tierische Produkte einfach besser, meine Entzündungen wurden weniger und ich fühlte mich wohler, und mehr brauchte ich gar nicht zu wissen, um bei meiner Entscheidung zu bleiben.

Wir Menschen haben weitestgehend das große Privileg, für uns selbst entscheiden zu können, was wir konsumieren wollen, und jeder Einzelne kann und sollte sich, meiner Meinung nach, dazu zumindest einmal im Leben seine Gedanken machen. Ich bin auf keinerlei Mission unterwegs und jedem steht es zu, frei zu entscheiden, wie er oder sie mit dem Thema umgeht.

Für mich persönlich ist es jedoch mittlerweile undenkbar geworden, tierische Produkte in meine Nahrung zu integrieren, wenn ich auf das unsagbare Leid der Tiere und die Umwelt schaue. Es ist mir seit langem schon unverständlich, wie man ein Haustier haben, lieben und umsorgen kann, und gleichzeitig andere Tiere tötet und isst.

Ich versuche niemanden von irgendetwas zu überzeugen, und dennoch bereitet es mir immer wieder eine große Freude, wenn ich Menschen mit meinen Koch- und Backkünsten beweisen kann, wie lecker doch vegane Speisen sein können.

Rückblickend hat sich die Palette der Lebensmittel, die ich esse, im Laufe der Jahre sogar noch erweitert, und so beinhalten mein Kühl- und Vorratsschrank heute Dinge, von deren Existenz ich vorher noch nicht einmal etwas geahnt habe. Und das Beste daran ist, dass ich weitestgehend meine *Medizin* in Form von vernünftiger Nahrung aufnehme. Wenn man sich einmal näher damit beschäftigt, welche Lebensmittel in anderen Ländern zum Teil als natürliche Antibiotika, Entzündungshemmer etc. eingesetzt werden, kann man durch eine gesunde und ausgewogene Ernährung so viel erreichen, dass man plötzlich viele herkömmliche Medikamente nicht mehr braucht.

Dies war für mich ein weiterer großer Schritt, wie ich meine Autoimmunerkrankung besser handhaben und positiv beeinflussen konnte. Anstatt ständig Tabletten zu schlucken und immer nur von Arzt zu Arzt zu laufen, hatte ich meine Gesundheit selbst in die Hand genommen. Der klimatische Wechsel, eine gesunde Ernährung, ausreichend Schlaf, sportliche Betätigung und nicht zuletzt meine psychische Verfassung waren die Grundpfeiler und wichtigsten Stützen für mich geworden.

Homeoffice Days

Same same but different

Noch vor dem Flughafen-Fiasko war ich ein weiteres Mal umgezogen, dieses Mal in eine Doppelhaushälfte. Leider war auch hier wieder der eigene Seelenfrieden sehr vom Nachbarn abhängig, und es stellte sich heraus, dass ich damit weiterhin kein gutes Händchen bewies.

Dieses Haus war außerdem eine weitere architektonische Meisterleistung der kanarischen Bauweise – nicht nur die Schlafzimmer, sondern auch die Badezimmer lagen Wand an Wand. Es lebte zwar nur eine einzelne Person nebenan, jedoch reichte das auch schon völlig. Ich wurde vom morgendlichen Abhusten geweckt und bekam jeden einzelnen Toilettengang live mit. Da dies natürlich auch andersherum galt, führte es schnell dazu, dass ich mir ein Radio im Bade-zimmer aufstellte. Mein Nachbar war zudem nicht gerade ein Workaholic und die meiste Zeit zu Hause. Er trank sehr gerne Bier ab dem späten Vormittag, und so hörte ich immer das zischende Geräusch sich öffnender Bierdosen, gefolgt von einer Einlage auf der Gitarre. Leider konnte er nur ein einzi-ges Lied spielen und das auch nicht wirklich gut. Da ich bis 14 Uhr meist zu Hause vor meinem PC saß, bekam ich das alles in einer *Und täglich grüßt das Murmeltier*-Manier mit.

Zudem hielt mein Nachbar nicht viel davon, seine Zeit irgendwo draußen zu verbringen, und so zog es mich umso mehr raus, sobald ich den Arbeitsrechner zugeklappt hatte.

Derweil stand bei meinem Auto mal wieder der jährliche ITV-Termin an, das ist der spanische TÜV. Um bösen Über-raschungen vorzubeugen, gab ich den Wagen eine Woche vor-her zur Durchsicht in eine Werkstatt. Kurz zuvor geschah es, dass jemand anscheinend nach Gehör einparkte und dabei leider meine Rücklichter demolierte. Das Plastik war zum großen Teil abgeplatzt, aber die Lichter funktionierten noch tadellos. Trotzdem war es nicht schön, als mich diese Über-raschung nach dem Einkaufen auf dem Supermarktparkplatz erwartete.

Aber wie so vieles hier auf der Insel wurde auch mit solchen Sachen sehr lapidar umgegangen. Häufig wurden andere Au-tos leicht angefahren und niemanden scherte es – es gehörte schon fast zum Alltag.

Mein Automechaniker versuchte es bei allen Schrottplätzen auf den kanarischen Inseln, aber er blieb erfolglos. Für mei-nen Wagentypus waren einfach keine Ersatzrücklichter zu bekommen.

Mir graute schon vor dem ITV-Termin, als mich einen Tag vorher mein Automechaniker anrief und mir mitteilte, dass er jemanden gefunden hätte, der dasselbe Auto fuhr und der bereit wäre, mir für den ITV-Termin seine Rücklichter zu leihen. Gesagt, getan. Also tauschten wir morgens die Rücklichter aus, ich fuhr zum ITV und anschließend tauschten wir wieder zurück. Diese nette Geste verschaffte mir wieder ein ganzes Jahr Luft, in dem ich in Deutschland neue Rücklichter besorgen und mir vom nächsten Besucher mitbringen lassen konnte. Einerseits sind die Kanaren ziemlich chaotisch und verpeilt, aber andererseits wiegen genau solche Momente, wie das Tauschen der Rücklichter, das Ganze wieder auf und beweisen ein Miteinander, das man heutzutage nur noch selten findet.

Mein neuer Job brachte die Annehmlichkeit mit sich, dass ich ortsungebunden arbeiten konnte und somit zu einer digitalen Nomadin wurde, noch bevor mir der Begriff überhaupt das erste Mal zu Ohren kam. Eine Freundin arbeitete auch von zu Hause aus und so arbeiteten wir zwei, drei Tage die Woche zusammen, mal in ihrem Haus, mal in meinem. Obwohl wir in total unterschiedlichen Bereichen tätig waren und unsere Jobs rein gar nichts miteinander zu tun hatten, war es dennoch irgendwie schön, ab und an jemanden beim Arbeiten neben sich sitzen zu haben. Außerdem reiste ich mit meinem Laptop in der Tasche nach ewigen Zeiten mal wieder nach Deutschland, quartierte mich bei meinen Eltern oder meinem Bruder ein und arbeitete einfach eine Woche von dort aus. Dadurch hatte ich keinen Verdienstausfall oder finanzielle Einbußen und konnte trotzdem mal wieder auf

Heimatbesuch sein. Die paar freien Stunden nachmittags nach dem Arbeiten konnte ich mit meiner Familie oder mit Einkaufen verbringen. So sehr ich das Inselleben auch liebte und wertschätzte, es ging doch nichts über die lang vermissten Lieblingssüßigkeiten oder einen Besuch in einem Buchladen. Meist reiste ich nur mit Handgepäck nach Deutschland und kam mit zwanzig Kilo extra in einem Seesack zurück.

Es dauerte allerdings noch etwas, bis ich meinen ersten richtigen Urlaub von der Insel weg unternahm. In den ersten sechs Jahren gönnte ich mir maximal eine Woche Deutschland pro Jahr. Als Selbstständige bezahlt dir nun mal niemand deine Urlaubstage und zudem musste ich ja auch nur für eine kurze Woche Deutschland die Flüge und einen Hundesitter bezahlen und konnte in der Zeit keine Patienten behandeln. Also hatte ich trotz allem per se schon finanzielle Einbußen. Und der Patientenandrang war nicht so gewaltig, als dass ich damit und dem Homeoffice-Lohn viel beiseitelegen konnte.

Ich lernte außerdem sehr schnell, meine Kurztrips nach Deutschland besser für mich zu behalten und nicht an die große Glocke zu hängen. So sehr es mich ehrte, dass Familie und Freunde alle fragten, wann sie mich denn endlich mal wiedersehen würden, so sehr artete so ein Heimatbesuch dann auch schnell in den übelsten Stress aus.

War ich in Deutschland, gingen alle davon aus, dass ich frei hatte und mich komplett nach ihnen richten konnte, um sie zu sehen. Dass ich an diesen Tagen arbeitete und mein Körper zudem schon nach sehr kurzer Zeit mit dem deutschen Klima zu kämpfen hatte, traf auf keinerlei Verständnis.

Um alle Freunde und Bekannten zu sehen, ritt ich mich in diesen Tagen schon in ein ziemliches Terminchaos rein und irgendwer blieb trotzdem immer beleidigt auf der Strecke. Ich lernte schnell dazu und lud alle zu einem gemeinsamen Nachmittag oder Abend zu mir ein, sodass ich alle zur gleichen Zeit sehen konnte, und das, ohne wie eine Irre hin und her fahren zu müssen. So hatte zumindest jeder die Chance auf ein Wiedersehen, alles andere war von mir über die Jahre hinweg durchgetestet und als nicht praktikabel befunden worden.

Außerdem konnten so die immer wieder gleichen Fragen in einem Rutsch beantwortet werden.

Nein, ich bin nicht den ganzen lieben langen Tag am Strand. Schon mal was von Arbeiten gehört?

Ja, wir hören dort auch die Nachrichten und bekommen was vom Weltgeschehen mit.

Nein, ich kenne nicht jeden einzelnen Deutschen auf der Insel, also hört bitte auf, mich zu fragen, ob ich Klaus aus dem Süden kenne.

Ja, auch bei uns scheint nicht ständig die Sonne, und kühle Temperaturen und Regen sind nicht unbekannt.

Nein, ich habe nicht vor, nach Deutschland zurückzukehren. Ja, ich bin dort glücklich, auch ohne Partner.

Nein, ich spreche nicht den ganzen Tag Deutsch. Ganz im Gegenteil, ich habe sogar angefangen, auf Spanisch zu denken und zu träumen.

Nein, das alles ist nicht nur eine Phase, in der ich mich austobe und anschließend zum normalen Leben zurückkehre.

Ja, dort muss man härter für weniger Geld arbeiten und trotzdem gefällt es mir dort besser als in Deutschland.

Diese und andere Fragen hört man ständig, wenn man ein Leben außerhalb der Norm führt. Dabei wird schnell vergessen, dass woanders auch nur mit Wasser gekocht wird und sich eigentlich gar nicht so viel ändert, was die normalen Dinge des Alltags angeht. Auch hier gehst du einkaufen, putzt dein Haus, erledigst Behördengänge und arbeitest für deinen Lohn. Statt der Bahn nimmst du hier die Fähre oder fliegst irgendwo hin, aber die grundlegenden Dinge bleiben dann doch gleich.

Manches läuft hier vielleicht nicht so strukturiert, wie wir es in Deutschland gewohnt sind, aber wir waren ja hier auch nicht in Deutschland, sondern in Spanien.

Wobei mir auch da eine gute spanische Freundin vom Festland widersprechen und sagen würde, wir lebten eher in Afrika als in Spanien. Dies bezieht sich vor allem auf die Behörden, das Gesundheitssystem und vieles andere hier auf den Inseln, was doch alles noch sehr rückständig ist. Und ich muss immer daran denken, wie sie stets betont, dass das auf dem Festland viel geregelter sei.

Na gut, dann halt Afrika.

So kam es nämlich häufiger vor, dass die Telefonmasten für ein paar Tage streikten und man somit weder ein Mobilfunksignal noch Internet hatte. Dies passierte besonders häufig an Tagen mit *Calima*, wenn der Ostwind meist heiße und sehr staubreiche Luft von der Sahara herüber wehte und die Sicht stark eintrübte. Nicht selten fuhr ich dann mit meinem Arbeitsrechner im Gepäck umher und suchte eine Stelle, an der das Internet funktionierte. Ich arbeitete dann teils in Cafés oder traf mich mit anderen Freunden, die dasselbe Problem hatten, und wir fanden meist doch irgendjemanden, bei dem es zu Hause bereits Kabelinternet gab, und fielen zusammen dort ein.

Aber auch andere Dinge des Alltags funktionierten hier nicht immer so wie auf dem Festland gewohnt. Die Wasserversorgung fiel hier gerne mal aus, und wenn das der Fall war, dann meist direkt für mehrere Tage. Auch hier wurde dann selbstverständlich jeder zum Duschen eingeladen, wo auch immer gerade Wasser war. Und gab es kein fließendes Wasser, wurden einfach Poolpartys in einem der hier zahlreich vertretenen Swimmingpools veranstaltet. Zudem besorgte ich mir ein kleines Wasserreservoir, das in solchen Fällen für eine kleine Katzenwäsche, zum Geschirr abspülen und als Klospülung herhalten konnte.

Dies alles waren Dinge, die man auf der Insel bereitwillig in Kauf nehmen musste. Und die meisten von uns nahmen es auch dementsprechend locker.

Wer Lebensbedingungen wie auf dem Festland suchte, war hier fehl am Platz und sollte sich ernsthaft überlegen, ob ihn das Inselleben auf Dauer glücklich machen würde.

Kiten am Risco del Paso, Fuerteventura

Männer und andere Katastrophen

Da ich wieder mehr in mein Gleichgewicht kam, fühlte ich mich auch seit langer Zeit wieder bereit, mich auf eine neue Beziehung einzulassen. Ich hatte zwar schon vorher Männer auf der Insel kennengelernt, aber diese Begegnungen verliefen meist relativ schnell im Sande. Mit dem Typus Surflehrer konnte ich so gar nichts anfangen. Die waren zwar immer recht nett anzusehen, relaxt und easy-going, aber das war es dann meist auch schon. Zu ihnen passte mein neues spanisches Lieblingswort *básico*.

Ich wollte jemanden, mit dem ich auch noch über etwas anderes reden konnte als über Wellen und dessen Lebensziele etwas weiter reichten, als nur den nächsten Surftrip zu planen.

Leider erwies sich das als schwierig, und meine Freunde rieten mir, nicht so wählerisch zu sein und lieber einen Kompromiss einzugehen, als allein zu bleiben. Das fand ich wiederum komisch und brachte mich ernsthaft zum Nachdenken. Wenn ich mir allerdings die Paare hier auf der Insel näher betrachtete, fiel mir auf, dass wohl viele diese Art von Deal eingegangen waren. Das fand ich sehr schade, aber letzten Endes musste dies auch jeder für sich selbst entscheiden. Für mich stand fest, dass so ein fauler Kompromiss nichts für mich war.

Der hiesige Singlemarkt war sehr ernüchternd und in gewisser Weise vergleichbar mit der Resterampe, die einen um 2 Uhr morgens in den Discos erwartete, wenn die »Guten« schon vergeben waren. Häufig waren die einzigen Singles schon extrem vorbelastet, hatten im besten Falle nur ein schrottreifes Auto im Gepäck, in dem sie dann meist auch wohnten, waren stark verschuldet und hier gefühlt schon etwas zu lange gestrandet. Der Ball wurde mit Absicht flach gehalten und zu intensives Nachdenken gern und häufig mit Alkohol und Kiffen im Zaum gehalten. Und dies galt übrigens für beide Geschlechter. Was für traumhafte Aussichten!

Ich verurteile hier niemanden, da es jedem zusteht, sein Leben so zu leben, wie er oder sie meint, es leben zu wollen. Ich freue mich ehrlich für jeden, der auf seine ganz eigene Art und Weise glücklich ist. Jedoch heißt das nicht automatisch, dass ich mein Leben auch so führen will.

Aber unverhofft kommt oft, heißt es ja. Und so traf ich ganz zufällig auf einen netten Österreicher, der drei Monate über den Winter zum Kiten und Triathlon trainieren auf der Insel verweilte. Neben den sportlichen Aspekten besaß er allerdings auch die Fähigkeit zu echten Gesprächen, und seine Interessen waren in der Tat vielfältig. Zuerst wollte ich mich darauf gar nicht einlassen, weil es mir von vornherein mit einem Verfallsdatum versehen schien, aber letztlich kamen wir doch zusammen und verbrachten eine schöne und glückliche Zeit miteinander. Er war auch derjenige, der mir eine neue Wassersportart näherbrachte, das Kitesurfen.

So kam es, dass ich meine erste Einführung mit einem Trainer-Kite bekam, der so in etwa die Größe eines Lenkdrachens hatte. Anschließend ließ ich mich mit ihm zusammen von seinem großen Kite durchs Wasser ziehen.

Wir machten außerdem Pläne, dass ich ihn bald schon in Österreich besuchen würde, und auch er wollte schnell wieder auf die Insel zu mir zurück. So war der Plan. Doch dann kam leider die Realität mit ins Spiel und aus den anfangs noch täglichen Telefonaten und Nachrichten wurden bald nur noch wöchentliche, und so beschlossen wir, es freundschaftlich zu beenden.

Ich war danach sehr abgeklärt, was Distanzbeziehungen anging, und es dauerte eine ganze Weile und bedurfte einer besonderen Person, bis ich mich auf so etwas wieder einlassen würde.

Um mich von meinem Liebeskummer abzulenken, fokussierte ich mich wieder mehr auf mein Physio-Business, das ich ja noch neben dem Homeoffice-Job weiterführte. Ich nahm einige neue Langzeit-Patienten an und fing an, Geld für ein Projekt beiseitezulegen. Ein eigenes Studio sollte es werden. Dafür wollte ich gerne ein größeres Haus zum Wohnen finden, von dem ich einen Teilbereich als Studio nutzen könnte. Ich wollte einen Behandlungsraum und einen Kursraum

haben, wo ich Rückbildungskurse, Rückenkurse und Einzel-
trainings geben würde. Die Nachfrage war da und momentan gab ich in einem Zentrum in der Stadt an zwei Abenden
die Woche solche Kurse. Ich hatte derweil auch schon meine
erste Personal-Training-Kundin, mit der ich teils in meinem
Wohnzimmer und teils draußen trainierte. Dafür hatte ich
mir Gewichte, Matten, Bälle und andere Trainingsgeräte
bestellt, die ich auch ohne richtigen Kursraum benutzen
konnte.

Außerdem wollte ich aus dem Haus raus. Nicht nur die
erwähnte Problematik mit dem Nachbarn störte mich, es gab
auch noch andere Schwachstellen. Bei Regen lief das Wasser
unter der Tür hindurch nach drinnen, und wir sprechen hier
nicht von einer kleinen Pfütze. Gleichzeitig tropfte es fleißig
von der Wohnzimmerdecke an diversen Stellen auf den Boden. Nach einiger Zeit ging auch der Strom aus und blieb
dann so lange weg, bis die Leitungen wieder trocken waren.
Wenn es regnete, musste ich jedes Mal Eimer und Töpfe zum
Wasser auffangen hinstellen, so wie man es sonst nur aus alten Filmen kennt. Und regelmäßig mussten die Handtücher
vor der Tür ausgetauscht werden.

Alles in allem war es ein dunkles Zuhause, das in den
Wintermonaten somit auch noch kalt und feucht innen war.
Nicht so ganz das, was ich mir für längere Zeit vorstellen
konnte. Und auch meine Erkrankung meldete sich hier nach
längerer Ruhephase mal wieder deutlicher, denn Kälte und
Nässe mochte mein Körper gar nicht. Begleiteten mich zwar
das ganze Jahr hindurch eine latente Schwäche und kleinere
Wehwehchen, konnte ich diese doch meist mit ausreichen-
den Pausen und einer gehörigen Portion Selbstfürsorge gut

managen. Was hier aber nun geschah, geriet allmählich außer Kontrolle.

In solchen Situationen durfte ich jedoch nicht den Fehler begehen und »zu deutsch« denken. Hier auf der Insel interessierte es die Vermieter, oder gar Vermietungsagenturen wie in diesem Fall, herzlich wenig, wenn etwas an den Mietobjekten nicht in Ordnung war. Nach dem Motto »Friss oder stirb« warst du dir meist selbst überlassen, da die Wohnungsnot so groß war, dass mindestens zwanzig andere mit Kusshand diese Mankos in Kauf genommen hätten. Also sahen die Vermieter nicht wirklich Handlungsbedarf und sparten sich im Regelfall den Aufwand und die Kosten, um irgendwas zu reparieren. So hielt ich also mal wieder Ausschau nach einer neuen Bleibe.

Neben all dem war mein Interesse am Kitesurfen geweckt worden. Der Kerl war zwar weg, aber der neue sportliche Anreiz geblieben. Ein guter Freund und Stammpatient von mir, der zudem professioneller Kitesurfer war, machte es sich zur Aufgabe, mir die Basics beizubringen. Ich kaufte mir gebrauchte Kite-Sachen und lernte zunächst Kite-Kontrolle, Landen und Starten am Strand. Doch schon nach kurzer Zeit ging es ins Wasser. Ich ließ mich von dem Kite ziehen, was sich *Bodydragging* nennt, und alles war schön und lustig. Bis der Kite natürlich irgendwann ins Wasser fiel. Ich wurde nervös, da es tief war, ich den Kite nicht mehr in die Luft hochbekam und die Strömung mich immer mehr Richtung Felsen zog. Vom Strand her rief mein Freund mir zu, dass ich nicht so an den Leinen reißen sollte, sondern mit mehr Gefühl, und ich brüllte zurück, dass ich die kack Leinen ja fast gar nicht angerührt hätte. Nach zwei weiteren gescheiterten

Versuchen hatte ich die Nase voll, klinkte mich aus und schwamm zurück zum Strand, während jemand anderes netterweise meine Sachen einsammelte. Am Strand angekommen verkündete ich lautstark, dass wohl nicht jeder Talent zum Kiten hätte und ich in dieser Hinsicht definitiv leer ausgegangen sei. Somit hängte ich meine Kite-Karriere an den Nagel, noch bevor sie überhaupt richtig angefangen hatte, und mein Freund verwahrte für die kommenden Jahre netterweise das Kite-Material für mich.

Die Haussuche für mein Projekt gestaltete sich währenddessen weiter schwierig. Seit ich auf die Insel gekommen war, war die Einwohnerzahl deutlich gestiegen, was zur Folge hatte, dass Wohnraum knapp und zudem teuer war. Innerhalb eines halben Jahres kam nur ein einziges brauchbares Haus in Frage und das sollte sich leider schon bald als professioneller Mietbetrug herausstellen. Die Ernüchterung war groß, mein Konto durch den Betrug mal wieder blank und ich hatte die Nase gestrichen voll. Wieso nur musste mir so etwas passieren? Ich tat doch alles und bemühte mich so sehr, um voranzukommen, und dann so was!

Mir ging es danach einige Zeit sehr schlecht und mir kamen Zweifel, ob ich all das auch wirklich schaffen würde. Ich hatte das Gefühl, ständig gegen Windmühlen zu kämpfen, und mir wurde wieder und wieder der Boden unter den Füßen weggezogen. Sah ich hier wirklich langfristig eine Zukunft für mich?

Auch hier lag eine Lektion verborgen, die ich aber in dem Moment noch nicht bereit war zu erkennen, zu frisch befand ich mich noch in meiner selbst auferlegten Opferrolle. Ich hatte versucht, alles in eine Form zu pressen, zu kontrollieren und schnell zu machen, weil ich mir das halt so in meinem Kopf ausgemalt hatte. Aber das Leben hatte einen anderen Plan für mich. Darüber hinaus hatte ich meine Intuition und meinen Instinkt komplett ausgeschaltet und somit so einige Warnsignale auf dem Weg dorthin übersehen. Ich hatte mit dem Kopf durch die Wand gewollt und mir dabei sozusagen eine ordentliche Beule abgeholt. Wie so vieles im Leben hing es meist vom richtigen Timing ab, etwas zu tun. Und dieses Mietbetrugsdesaster hatte mich vor einem Schritt in eine Richtung bewahrt, die einfach nicht meine war. Trotzdem war ich ziemlich down. Ich hatte dabei viel Geld verloren und bereits noch mehr Geld für Equipment ausgegeben, das ich ohne diesen Plan so nicht nutzen könnte. Also verkaufte ich vieles davon wieder, auch wenn ich nicht annähernd das Geld dafür wiederbekam, das ich ursprünglich investiert hatte. Aber ich freute mich über jeden Cent, der in die Kasse kam. Es ging mehr darum, mich von diesen Dingen zu lösen und mich von dem Ballast, der nicht mehr zu mir gehörte, zu befreien. Mal wieder.

Um all das zu verdauen und wieder etwas mehr zu mir zu finden, meldete ich mich kurzerhand zu einem Ausbildungskurs für Reiki an. Und allein dieser Entschluss zeigte mir, wie viel ich doch bereits gelernt hatte. Wenn im Außen etwas nicht so läuft wie gewünscht, versuchen wir doch alle ganz gern, auf Biegen und Brechen diese Umstände zu ändern. Mein Learning der letzten Jahre zeigte mir aber mal wieder auf, dass es gar nicht so sehr um die äußeren Umstände ging als um meine Einstellung dazu. Man muss nicht hoch spirituell sein, um bei genauerem Hinschauen zu erkennen, dass wir mit unserer Denk- und Sichtweise zu einem großen Prozentsatz unsere Lebensgestaltung beeinflussen. Somit durchlief ich also in den kommenden Monaten und Jahren die kompletten Reiki-Kurse, auf Spanisch wohlgemerkt. Und gerade weil die Ausbildung auf Spanisch war, empfand ich das sogar als gewissen Vorteil. So fühlte ich umso mehr, wo andere hingegen vielleicht eher nur auf die Worte hörten oder den Text lasen, der in unserem Skript niedergeschrieben stand. Diese Möglichkeit entzog sich mir, da Reiki nun mal nichts mit dem Basis-Spanisch zu tun hatte, das mich den Alltag sonst immer ganz gut bewältigen ließ. Hier konnte und musste ich mich komplett auf mein Fühlen verlassen, und das schulte mich in der Hinsicht enorm.

Ich ging viele persönliche Vergangenheitsthemen während der Ausbildung nochmal an und fand mit den meisten davon auch meinen inneren Frieden.

Reiki half mir sehr, wieder mit mir ins Reine zu kommen, und ich kann nicht leugnen, dass seitdem auch ab und an einige Techniken davon mit in meine Patientenbehandlungen mit einfließen. Das, was ich eh schon immer als häufig intuitives Therapieren angesehen hatte, bekam durch diese Ausbildung eine solide Basis, die mir noch mehr half, all das zu verfeinern und zu lenken.

Das Studioprojekt hatte es einfach nicht sein sollen, so viel verstand ich mittlerweile. Und so blieb ich dabei, ausgewählte Patienten auf Hausbesuchsbasis zu betreuen. Dass mir das eine viel flexiblere Handhabe fürs zukünftige Reisen geben würde, da ich auf keinen festen Arbeitsort angewiesen war, so weit war ich damals noch nicht.

Kaum war das Projekt vom Tisch, tauchte wie durch Zauberhand eine neue Wohnmöglichkeit für mich auf.

Ein kleines Apartment sollte es werden, etwas weiter draußen und ruhig gelegen, helle und lichtdurchflutete Zimmer, ohne direkte Nachbarn, und sogar das Badezimmer hatte ein Fenster. Ein Traum wurde wahr. Hier galt es, noch etwas darauf zu warten, aber das war vollkommen okay für mich.

Während sich im Außen so einiges tat, blieb auch mein Innerstes nicht still. Ich lernte mal wieder jemanden kennen und dieses Mal lebte er selbst auch auf der Insel, und das allein schien mir schon sehr verheißungsvoll zu sein.

Er war passionierter Kitesurfer und konnte es gar nicht fassen, dass ich Kite-Material besaß, nun schon fast sechs Jahre hier auf der Insel war, aber nicht kiten konnte. Da er für diesen Sport lebte und alles in seinem Leben dem Wind nach richtete, wollte er diesen Zustand bei mir schnellstmöglich ändern. Und so begann er schon bald, mir Unterricht zu geben.

Wir tauschten Kite-Unterricht gegen Physio-Behandlungen, da er diese für seinen Rücken gut gebrauchen konnte. Außerdem war ich schon immer ein Freund davon gewesen, bei so etwas von vornherein für einen gesunden Ausgleich zu sorgen. Viel zu häufig gab es nämlich einen rein gebenden und einen rein nehmenden Part. So etwas geht, zumindest gefühlt, eine gewisse Zeit gut, aber irgendwann kippt das Ganze dann plötzlich und kann schnell hässlich werden. Lieber nicht bei jemandem in der Schuld stehen, bei dem man vielleicht von einem auf den anderen Moment eine Rechnung mit Zinsen und Zinseszinsen auf den Tisch geknallt bekommt. Das war schon immer meine Devise gewesen.

Also verbrachten wir in den nächsten Wochen viel Zeit gemeinsam am Strand beim Kite-Unterricht und bei seinen Behandlungen. Wir freundeten uns an und sahen uns auch bald abseits von diesen Terminen immer häufiger, bis wir uns schließlich fast täglich trafen. Irgendwie schien es, als hätte ich nach einigen Jahren hier auf der Insel endlich mal jemanden getroffen, der mich wirklich verstand, meine Werte teilte und mit dem ich auch sonst viel gemeinsam hatte. Er gab mir das gute Gefühl, gesehen zu werden, wertgeschätzt und erwünscht zu sein, war an meiner Person interessiert und hatte immer viele Fragen. Andererseits war er aber in vielerlei Hinsicht auch etwas *too much*. So stellte er sich für meinen Geschmack etwas zu gern selbst dar, stand überaus gern im Mittelpunkt, kannte Gott und die Welt, hatte für jeden immer ein Schulterklopfen und einen Ratschlag übrig und war insgesamt schon sehr von sich selbst überzeugt. Aber die Nettigkeit und Aufmerksamkeit von seiner Seite ließen mich über diese Dinge wohlwollend lächelnd hinwegschauen.

Für eine kurze Zeit waren wir auch mehr als nur platonische Freunde, aber es stellte sich schnell heraus, dass das nicht so gut passte. Auf der einen Seite suchte er ständig meine Nähe und betitelte mich als einen Diamanten, den er in mir gefunden hätte, aber auf der anderen Seite war er ein Beziehungsängstler par excellence. So beließen wir es bei einer Freundschaft.

Irgendetwas an ihm zog mich an, aber meine Gefühle ihm gegenüber waren eher freundschaftlicher, fast schon familiärer Natur.

Kurze Zeit später verreisten wir mit einer weiteren Freundin, die auch gerade Kiten lernte, für ein paar Tage zu einer Kite-Lagune, um uns dem ganzen Kite-Thema endlich einmal richtig anzunehmen, ohne Arbeit oder andere Ablenkungen. Er zeigte uns den Wasserstart, und nachdem wir die ersten Meter gefahren waren, wurden wir uns selbst überlassen und er widmete sich seinen eigenen Kite-Künsten.

Zurück zu Hause begann ich, allein an den Strand zu fahren und für mich selbst weiter zu üben. Neben dem Arbeiten, Hund, Surfen, Yoga und anderen Dingen in meinem Leben kam nun also auch noch Kiten dazu. Manchmal war es mir aber einfach zu viel, zwischen Patiententerminen mal eben schnell für eine kleine Kite-Session an den Strand zu fahren, nur weil gerade Wind war und ich eine halbe Stunde auf dem Wasser hätte sein können. Schon beim Surfen hatte ich meine Tagesgestaltung nie komplett nach den Wellen gerichtet und mir mein Leben von einem Sport diktieren lassen. Und jetzt beim Kiten würde ich auch nicht damit anfangen. An solchen vollgepackten Tagen pausierte ich dann lieber und ging an einem weniger verplanten Tag mit mehr Zeit, und auch mehr Energie, zum Kiten. Denn obwohl es mir auf der Insel wesentlich besser ging als noch zu Deutschlandzeiten, symptomfrei war ich auch hier nicht. Meine »guten« Tage ließen sich mit dem Zustand nach einer starken Erkältung mit Fieber und Schnupfen vergleichen. Es geht einem eigentlich schon wieder ganz gut, aber man spürt trotzdem noch deutlich die Nachwehen und wie sehr man noch schwächelt. Man kann nicht so, wie man gerne möchte, und bekommt relativ schnell einen Dämpfer verpasst, wenn man sich übernimmt. Und das wirkte sich natürlich auch auf meine Fortschritte beim Kiten aus, die nicht in einem so rasanten Tempo voranschritten, wie es vielleicht bei anderen war. Was für mich keinerlei Problem darstellte, war meinem Kiter-Freund jedoch ein Dorn im Auge. Schon bald fing er an, mir aufzuzählen, welche Tricks ich mittlerweile alle schon können sollte und wer alles schon viel weiter war als ich. Ich tat es in dem Moment noch mit einem Lächeln ab und sagte, dass für mich der Spaß an vorderster Stelle stünde, nichtsahnend, dass dies bei ihm auf absolutes Unverständnis traf. Für ihn war alles im Leben ein Wettbewerb und es ging immer nur darum, der Beste, Tollste und Schnellste in allem zu sein. Aufmerksamkeit und Wertschätzung von außen waren ihm mehr als nur wichtig, wobei er bei anderen mit Lob und Anerkennung stets sehr sparsam umging und man sich das erst mal verdienen musste. Und war er selbst mal nicht der Beste, lag das auch nie an ihm, sondern daran, dass die anderen natürlich von vornherein viel bessere und einfachere Voraussetzungen gehabt hatten. In seiner Welt lag die Schuld für alles per se immer bei anderen und niemals bei ihm.

Bisher hatte er sich damit rühmen können, dass er mir das Kiten beigebracht hatte, aber als jetzt die gewünschten Lernerfolge nicht so ausfielen, wie er sie sich vorstellte, brachte das sein Ego enorm ins Wanken. Es passte so gar nicht zu dem makellosen Bild, das er sich anfangs von mir kreiert hatte und dem ich nun anscheinend nicht mehr gerecht wurde.

Und somit kippte etwas in unserer Freundschaft, aus unseren beinahe täglichen Treffen wurden nur noch sporadische Begegnungen, ich wurde ab sofort permanent abgewertet und hatte das Gefühl, dass er am liebsten gar nicht mehr mit mir beim Kiten oder sonst wo gesehen werden wollte. Auf Nachfrage, ob alles in Ordnung sei, lachte er mich nur aus und meinte, ich sei zu sensibel und paranoid.

Als wir dennoch zufällig mal zur gleichen Zeit auf dem Wasser unterwegs waren, wurde ich kritisch beäugt, und tatsächlich sagte er mir danach am Strand sehr deutlich, dass ich den echten Kitern nicht den Platz wegnehmen und ich mich mit meinen kleinen Möchtegern-Sprüngen woanders hin verziehen solle.

Das verletzte mich, und noch schlimmer, das nahm mir meine Freude am Kiten. Von da an war ich seltener auf dem Wasser anzutreffen.

Trotz all dieser Vorkommnisse blieben wir noch längere Zeit befreundet, denn es gab ja auch gute Momente. Ich hatte jedoch das Gefühl, dass, je besser ich ihn kennenlernte und somit auch seine Schwächen sehen konnte, umso extremer von seiner Seite her gemauert und ich weggestoßen wurde.

Zudem lernte ich mehr und mehr, dass er schlichtweg nicht in der Lage oder willens war, sich wirklich in andere hineinzuversetzen. Und alles, womit er selbst haderte und das somit sein fehlerloses Selbstbild bedrohte, wurde nun auf mir abgeladen und auf mich projiziert. Er definierte seinen Selbstwert nur über Leistung, und war er nicht der Beste, war er anscheinend nichts wert.

Es bedurfte aber noch einige Zeit, bis ich verstehen sollte, dass all das nicht wirklich was mit mir zu tun hatte, sondern nur sein eigenes Innerstes widerspiegelte. Und so zog ich mir diesen Schuh zunächst leider häufig genug an und zermarterte mir das Hirn, was ich denn mal wieder alles falsch gemacht hatte.

Ich fand es sehr traurig, dass er sich selbst so im Weg stand, und er tat mir sogar leid. Dadurch entschuldigte ich vieles von seinem Verhalten.

Jedes Mal, wenn ich mich etwas zurückzog, kam er nach kurzer Zeit wieder an. Ich wünschte mir sehr die Anfangszeit zurück und gab unserer Freundschaft wieder und wieder eine neue Chance. Dabei bemerkte ich lange Zeit nicht, wie sehr wir uns in einer Abwärtsspirale nach unten bewegten.

Anni goes Amazone

Klappe und Action

Noch während dieser menschlich doch sehr enttäuschenden und unschönen Zeit fand auch etwas anderes in meinem Leben statt.

Auf dieser Insel werden ständig und überall Filme, Werbespots und Musikvideos gedreht. Die traumhaften Naturkulissen und zudem finanziell sehr günstigen Konditionen lockten jedes Jahr viele Produzenten auf die Kanaren, und man sah fast im Wochenrhythmus irgendwo Filmsets stehen. Und bei großen Kinoproduktionen wurden natürlich auch immer massenhaft Arbeiter, Fahrer und Statisten gesucht. Fast jeder hier hatte schon mal irgendwo mitgespielt, und ich erinnere mich noch sehr genau daran, als ein großes Bibelepos gedreht wurde und hier alle dunkelhaarigen Männer der In-sel sich monatelang nicht den Bart rasieren oder die Haare schneiden durften, da sie als Israeliten von Moses durchs rote Meer geführt wurden.

Als ich eines Tages einen Casting-Aufruf sah, in dem junge, sportliche und große Frauen ab ein Meter achtzig gesucht wurden, lag der Verdacht nahe, dass man nach Amazonen für den neuesten Wonder-Woman-Film Ausschau hielt.

Das Profil passte auf mich und ich sah es als eine Art Mut-probe, zum Casting zu gehen. Da ich eher ein introvertierter Mensch bin und auch nicht so wirklich gern im Rampenlicht stehe, war das Casting nämlich genau das für mich: eine ner-venaufreibende Mutprobe.

Aber solche Situationen lassen einen ja bekanntlich auch wachsen, und so wollte ich es als Learning auf jeden Fall mit-nehmen. Im Nachhinein würde ich mich sicherlich darüber freuen, dass ich mich getraut hatte und mal aus meiner Kom-fortzone herausgetreten war, dachte ich mir.

Mit diesem Mindset fuhr ich am Tag des Castings in die Hauptstadt und ging nervös in das Gebäude, in dem das Cas-ting stattfand.

Ich kam in einen Raum, in dem mehrere Personen saßen, die mich nach meinen Personalien fragten und mich anschlie-ßend genaustens vermaßen. Das war ja ganz easy, dachte ich und wollte wieder gehen. Aber nichts da. Ich solle dann jetzt doch bitte rüber in den nächsten Raum gehen, wo der Foto-graf Bilder von mir machen würde. Das war dann schon eher beängstigend für mich. Todesmutig ging ich also in das Nach-barzimmer, wo mich ein netter Fotograf begrüßte. Ich solle mich frontal vor die Kamera genau auf die Bodenmarkierung stellen, meinte er. Gesagt, getan. Da stand ich also, mitten im grellen und heißen Scheinwerferlicht. Dann bitte einmal um neunzig Grad drehen, wurde ich angewiesen, damit er auch mein Profil fotografieren konnte. Auch das tat ich, zwar etwas zittrig, aber ich drehte mich. Er schaute immer wieder auf sein Display und dann zu mir rüber, bis er schließlich meinte, ich solle mal kurz warten und er käme gleich wieder. Okay, ich blieb also dort stehen und schwitzte so vor mich hin, während ich weiter angestrahlt wurde. Er kam kurz darauf zurück und hatte noch eine Frau mitgebracht. Beide schauten immer wieder abwechselnd aufs Display und dann auf mich, was mich wiederum total nervös machte.

Habe ich irgendwas falsch gemacht?, fragte ich sie irgendwann, als ich es nicht mehr aushielt. Die beiden schauten mich an und die Frau erklärte mir dann, was Sache war. Ich würde wohl einer der Schauspielerinnen, der Amazonenkönigin, sehr ähnlich sehen und hätte auch noch exakt dieselben Maße wie sie. Ob ich Interesse hätte, für sie das Stand-in zu machen, fragte sie mich.

Stand-what? Ich hatte keine Ahnung, was das bedeuten sollte. *Vielleicht. Aber ich wüsste erst mal gerne, was überhaupt ein Stand-in ist,* antwortete ich.

Sie erklärte mir kurz, dass das der Begriff für ein Double wäre, das beim Set-Aufbau, den Kameraeinstellungen, Ausleuchten und Probedurchläufen anstelle des echten Schauspielers in der Szene wäre. Und der eigentliche Schauspieler würde dann erst zur richtigen Aufnahme ans Set geholt. Zudem bräuchten sie mich als Double für Szenen, in denen die Schauspielerin nur etwas weiter weg zu sehen wäre, das wäre dann auch ich. Ich verstand gefühlt nur die Hälfte, aber es hörte sich irgendwie mal nach einer gelungenen Abwechslung zu meinem monotonen Inselleben an, und so sagte ich spontan zu.

Nebenher könnten sie mich aber auch zusätzlich noch als Statistin gebrauchen, weswegen ich ja auch eigentlich erst zum Casting gekommen war.

So wurde ich also sowohl das Double der Amazonenkönigin als auch eine ihrer Leibwächterinnen.

Als ich meinem Kiter-Freund später vom Casting erzählte, fragte er mich nur, ob sie nicht auch Männer suchen würden, denn er würde ja wahrlich gut in so einen Film reinpassen. Ich verdrehte innerlich die Augen und sparte mir die Frage, ob er eigentlich wisse, dass die Amazonen ein reines Frauenvolk waren.

Wurde ich in der kommenden Zeit in seinem Beisein von Freunden nach dem Filmdreh ausgefragt, wurden diese Gespräche von seiner Seite her immer sehr schnell abgewürgt und er äußerte Sätze wie *Ja, ja, wir wissen mittlerweile alle, dass du da mitmachst. Das interessiert aber hier niemanden.*

Ich lenkte mit meiner kurzzeitigen Filmkarriere von seiner Großartigkeit ab, und das war etwas, das er nicht duldete.

Zeitgleich zu den Dreharbeiten hatten sich meine Eltern mal wieder angekündigt, und der Umzug ins neue Apartment stand auch noch an. Die Kisten waren fertig gepackt und ich freute mich schon riesig auf mein neues Zuhause.

In den letzten Wochen hatte ich meine Habseligkeiten nochmals reduziert, um den Schritt von einem Haus in ein Apartment einfach zu gestalten.

Und wieder einmal merkte ich, wie befreiend es doch war, sich von Dingen zu lösen, die man gar nicht mehr brauchte.

Wir neigen ja doch meist dazu, viel zu viel an Altem festzuhalten. Brauchte ich wirklich mehr als sechs Teller, Tassen und Gläser für den Fall, dass mal mehr Leute zeitgleich bei mir zum Essen wären? Nicht wirklich. Und wenn, dann könnten die Gäste ja noch Geschirr mitbringen.

Ich brauchte auch keine zwanzig Shirts und Pullis, die wegen Löchern oder Flecken bereits aussortiert worden waren und nur deshalb noch in meinem Kleiderschrank residierten, falls ich sie mal für Malerarbeiten oder anderes Heimwerken benötigte – was sehr unwahrscheinlich war. Bücher, in die ich jahrelang nicht mehr hineingeschaut hatte, kamen auch auf die Abschussliste.

Wie immer bot ich zuerst alles Freunden und Bekannten an und gab dann die noch restlichen Sachen als Spenden an die Kirche oder ähnliche Sammelstellen weiter.

Sich von Dingen zu lösen, die nicht mehr zu einem gehören, ist meiner Meinung nach eine sehr gesunde Einstellung, die sich auch auf das restliche Leben bezieht. Seien es nun Wertgegenstände, Freunde oder auch Gewohnheiten, es lohnt sich, immer zu evaluieren, ob diese noch in den jeweiligen Lebensabschnitt hineinpassen. Und löst man sich von etwas, so schafft man auch gleichzeitig Platz für Neues.

Ein paar alte Möbel hatte ich bei Freunden, die selbst Möbel aus Holz herstellten, in Arbeit gegeben, und sie betrieben sozusagen ein Upcycling damit. *Aus alt mach neu* war das Motto und ich war schon sehr gespannt, was sie mit meinem kleinen Budget aus den Möbeln noch herausholen könnten. Ansonsten gab es nichts Sperriges zum Transportieren, da es auch hier mal wieder so war, dass die Häuser, wie fast überall in Spanien, meist komplett möbliert bezogen wurden.

Am Umzugstag fuhr ich somit nur ein paar Mal schnell zwischen dem alten und neuen Heim hin und her und schon war alles im Apartment angekommen.

Bei all meinen Umzügen war ich immer dem Norden der Insel treu geblieben. Hier fühlte ich mich wohl und hier wollte ich bleiben. Zwar hatte der Süden auch sehr schöne Plätze zu bieten, aber er war für mich zu touristisch angelegt. Zu viele große Hotelkomplexe und außerdem viel zu viele Deutsche für meinen Geschmack. Dort kam ich mir immer vor wie in einem Mini-Deutschland. Nicht selten traf man dort auf Menschen, die kein Wort Spanisch sprachen, und das, obwohl sie schon seit vielen Jahren hier lebten. Im Supermarkt gab es gefühlt mehr deutschsprachige Zeitschriften als spanische, nicht ganz so meins.

Im Norden herrschte noch eine richtige Dorfkultur, wo man mit dem Fahrrad zum Bäcker fahren und sich auch sonst ganz einfach zu Fuß fortbewegen konnte. Das hatte ich schon immer gemocht und das wollte ich auch nicht mehr missen. Hier gab es einen bunten Mix aus verschiedenen Nationalitäten – Spanier, Franzosen, Italiener, Holländer, Belgier, Engländer, Deutsche und viele mehr fanden sich hier ein, und genau das begrüßte ich sehr.

Die Umzugskisten blieben erst mal weitestgehend unberührt mitten im Apartment stehen, und auch alles andere musste etwas warten. Meine Eltern hatten sich wieder in der Nähe eingemietet, so machten wir das schon seit einiger Zeit, wenn sie zu Besuch kamen. Da ich in der Regel ganz normal weiterarbeitete und sie nur in den freien Momenten zwischen Patienten oder abends zum gemeinsamen Gassi gehen und

Essen sah, passte das ganz gut. So konnten sie sich frei bewegen und ihre Tage ganz nach ihrem Geschmack gestalten, ohne dass wir ständig aufeinander Rücksicht nehmen mussten. An meinen freien Tagen unternahmen wir dann meist etwas gemeinsam, und jedes Mal, wenn sie auf die Insel kamen, suchten wir uns etwas aus, wo sie noch nie gewesen waren, und nahmen dies in Angriff. Dieses Mal war die Zeit durch den Filmdreh noch knapper bemessen, aber wir machten das Beste draus.

So kamen meine Eltern in den Genuss, dass ich manchmal sofort nach Drehschluss zu ihnen kam und sie mich noch komplett geschminkt und mit den skurrilsten Frisuren vom jeweiligen Drehtag zu Gesicht bekamen, bevor ich mich dann meist früh verabschiedete und ins Bett warf, da ich am nächsten Morgen schon wieder um 4 Uhr früh zum Set musste.

Generell hatte sich unser Verhältnis seit meinem Wegzug aus Deutschland gebessert. Etwa einmal im Jahr besuchten sie mich hier auf der Insel, und das allein rechnete ich ihnen hoch an. Es funktionierte, da wir uns nur ganz bewusst zu bestimmten Momenten sahen. Verbrachten wir zu viel Zeit auf engem Raum miteinander, drohten wir nämlich schnell wieder in alte Gewohnheiten abzurutschen, und das tat niemandem gut. Über die Vergangenheit sprachen wir generell nicht viel, da ich einfach keinen Sinn darin sah. Sie würden meine Sichtweise der Dinge wohl kaum verstehen und mir nur wieder lang und breit erklären, dass sie alles immer nur gut und zudem auch anders gemeint hatten, als ich es wohl verstanden hätte. Es war für mich mittlerweile okay, ich hatte es akzeptiert und nicht das Bedürfnis, sie von meiner Sicht der Dinge zu überzeugen oder gar ändern zu wollen.

Ich bemerkte zudem jedes Mal mehr, wie gut ihnen die Insel doch tat. Es war schön, ihnen mal außerhalb ihres gewohnten Habitats zu begegnen. So trafen wir hier immer sehr viel ungezwungener und entspannter aufeinander, als es jemals zuvor in Deutschland der Fall gewesen war. Unser Verhältnis zueinander ist bis heute nicht ganz einfach, aber seien wir mal ehrlich, bei wem läuft es auch komplett glatt?

Ich finde, wir kriegen das mittlerweile ganz gut hin, und ich freue mich sehr, dass wir diesen Modus im Umgang miteinander gefunden haben.

Die Zeit des Filmdrehs verging schnell und irgendwann sehnte ich mir auch wieder etwas mehr Normalität herbei. So interessant es auch war, mal in die Filmindustrie hineinzuschnuppern, so sehr vermisste ich mein ganz normales Inselleben. Morgens im Sonnenaufgang mit Manolo spazieren zu gehen, nach meinem Homeoffice-Tag ein paar Patienten zu sehen oder aber surfen oder kiten zu gehen und dann noch in Ruhe abends zu kochen. Das, was manch anderem vielleicht langweilig erschien, war eine Routine, die mich glücklich machte.

Ich richtete mich in meiner neuen Bleibe ein und fühlte mich dort sehr bald schon zu Hause. Das Apartment lag etwas abseits und ruhig und dennoch war man schnell zu Fuß oder mit dem Fahrrad im Ortszentrum.

Von nun an hörte ich auf, mir den Wecker zu stellen, da sich mein Körper durch die himmlische Ruhe und aufgehende Sonne, die frühmorgens in mein Schlafzimmer schien, auf seinen eigenen Rhythmus einstellte. Manchmal wachte ich auch von den Hühnern in der Nachbarschaft auf, aber das war ein schönes Aufwachen im Gegensatz zu den vorbeifahrenden Autos oder anderen Geräuschen, die ich in meiner alten Wohngegend immer gehört hatte.

Morgens meinen Kaffee auf der Terrasse zu trinken und draußen an der frischen Luft meine Gedanken kreisen zu lassen, das war ganz nach meinem Geschmack.

Nach nun bereits sechs Jahren und unzähligen Umzügen auf der Insel hatte ich endlich einen Platz gefunden, an dem ich mich so richtig wohlfühlte.

Kerala, Indien 2019

Namaste

Meine erste größere Reise stand an und ich war voller Vorfreude. Nachdem ich in den letzten Jahren immer nur für
kurze Aufenthalte nach Deutschland geflogen war, die für
mich eigentlich keine richtigen Urlaube waren, und ich nebenher nur einen kurzen Kite-Trip gemacht hatte, war ich
nun mehr als urlaubsreif. Ich gierte förmlich danach, mal
wieder etwas komplett Neues zu sehen und zu erleben.

Was meine Gesundheit betraf, waren die ersten Monate
im Jahr immer die schwierigsten. Dies war die Zeit, in der es
auch auf der Insel verhältnismäßig kühl war und häufiger
regnete. Alles Dinge, auf die mein Körper nicht sonderlich
gut zu sprechen war. So waren diese Monate meist auch die

schwächste Zeit für mich im ganzen Jahr, da mein Körper fast ständig mit Entzündungen zu kämpfen hatte. Ich fiel dann gerne mal hin, weil mir die Beine plötzlich versagten oder meine Sicht so verschwommen war, dass mir schwindelig wurde. Hinzu kamen noch zahlreiche schlaflose Nächte, da mich die reißenden, brennenden und stechenden Nerven- und Muskelschmerzen nicht zur Ruhe kommen ließen. Wenn also Reisen, dann zu dieser Jahreszeit.

Mein Budget war sehr überschaubar und ich recherchierte, bis wohin ich damit kommen würde, wenn ich die günstigsten Flüge nahm und zudem nur mit Handgepäck reiste. Ich wollte in die Wärme und am liebsten auch noch was für meinen Körper und Geist tun.

Also entschied ich, dass ich nach Indien gehen würde, um dort Yoga zu praktizieren. Nicht in so ein hippes und schickes Retreat, sondern in ein sehr bodenständiges Ashram, wo ich von morgens bis abends nichts anderes machen würde als einfach nur Yoga.

Also machte ich mich an die Vorbereitungen, besorgte mir ein Visum, klärte ab, ob und welche Impfungen ich brauchte und begann, die Reise nach meinem Budget zu planen.

Kurz darauf war ich auch schon von Fuerteventura nach Madrid geflogen, übernachtete dort in einem Airbnb-Apartment und flog am nächsten Morgen los in Richtung Indien.

In Saudi-Arabien hatte ich einen achtstündigen Zwischenstopp in Jeddah und verbrachte diese Zeit auf einem Flughafen, wie ich ihn noch nie gesehen hatte. Ich kam mir vor wie auf einem überfüllten Bahnhof – Menschenmassen überall. Mit etwas Glück hatte ich einen Sitzplatz ergattern können und mir war klar, dass ich hier nicht mehr aufstehen würde, bis ich zum Boarden zu meinem Anschlussflug konnte. Also hieß es möglichst wenig trinken und schön Beckenbodentraining betreiben, damit ich ja nicht auf die Toilette gehen müsste. Überall um mich herum saßen, standen und lagen Menschen auf dem Boden. Alle waren so eng zusammengepfercht, dass ich aufpassen musste, niemanden versehentlich zu treten, wenn ich meine Beine etwas ausstrecken wollte. Ich setzte meine Kopfhörer auf und entzog mich so der lauten Geräuschkulisse um mich herum. Selten habe ich mich so sehr gefreut wie in diesem Moment, als endlich mein Flug aufgerufen wurde und ich in den Flieger steigen konnte.

Zuallererst musste ich ganz dringend aufs Klo und danach kuschelte ich mich in meinen Holzklassesitz hinein, als wäre er ein First-Class-Sessel. Zum Glück konnte ich auf dem Flug etwas schlafen und kam nicht ganz so gerädert in Indien an.

Ich fuhr mit dem Zug ein paar Stunden Richtung Süden, um zu dem Ashram zu gelangen, das ich gebucht hatte. Wer noch nie in Indien Zug gefahren ist, hat wirklich was verpasst. Es ist ein Erlebnis, das man so schnell nicht wieder vergisst. Die Züge sind so lang, dass man schon vorher auf dem Bahnsteig gefühlte Kilometer bis zu seinem Abschnitt gehen muss. Einfach so ein Ticket kaufen, das gibt es dort nicht. Die Züge sind in Indien so überfüllt, dass ich schon vor dem Reiseantritt Zugtickets online gekauft hatte, um überhaupt einen Platz zu bekommen. Und trotzdem war mein Abteil so arg voll, dass ich erst gar nicht reinkam. Letzten Endes blieb ich in der Tür stehen, die während der Fahrt offen stand. Das wäre noch einigermaßen in Ordnung gewesen, jedoch strömten ständig massenhaft Leute von einem

Abteil ins nächste und drückten mich beim Vorbeigehen immer wieder Richtung offene Tür. Ich hielt mich fest, so gut es ging, aber lustig war es nicht. Hinzu kam, dass ich stark schwitzte, weil es elendig heiß war. Ich, mit meinem Rucksack bepackt, hatte lange Kleidung an, um nicht unnötig Aufmerksamkeit auf mich zu ziehen, und merkte, dass mir allmählich schwindelig wurde. So stand ich also in der offenen Tür, mit dem Rücken zum Abteil und jede Person, die an mir vorbeiging, drückte mich immer wieder ungewollt nach draußen. Mir stand kalter Schweiß auf der Stirn und mir war schwindelig und übel zugleich. Gleich würde ich umkippen, das war mir klar. Mit der letzten Restkontrolle versuchte ich mein Gewicht nach hinten zu verlagern, sodass ich rückwärts nach innen und auf meinen Rucksack fallen würde und nicht nach draußen auf die Gleise.

Das Nächste, an das ich mich erinnerte, war, dass ich meine Augen öffnete und für einen Moment absolut orientierungslos war. Das Zweite, was ich realisierte, war, dass jede Menge Inder um mich herumstanden, wild durcheinander auf mich einredeten und mich zwei Personen auf einen Sitzplatz verfrachteten. Mein Kreislauf war mir also tatsächlich abgeschmiert, na super!

Mir war die ganze Situation total unangenehm und ich verstand kein Wort von dem, was da um mich herum geredet wurde. Eine etwas ältere Inderin fragte mich auf Englisch, wo ich denn hinwolle, und ich nannte ihr die Haltestelle. Das sei der nächste Stopp und sie müsse dort auch raus, meinte sie. Also nahm sie mich am Arm und beim nächsten Stopp stiegen wir gemeinsam aus dem Zug. Sie steuerte direkt auf einen Trinkbrunnen zu und wollte, dass ich etwas trank.

Aber meine innere Stimme schrie nur *Von Leitungswasser bekommst du hier Durchfall!* und ich versuchte sie davon zu überzeugen, dass in meiner mittlerweile leeren Trinkflasche noch etwas Wasser wäre. Als wir den Bahnhof verließen, bedankte ich mich nochmals herzlich bei ihr und verabschiedete mich. Ich ging zu den Tuktuks, die dort überall rumstanden, und fragte, wer mich zum Ashram bringen könnte. Alle schrien hier und wollten mich fahren. Nach dem Erlebnis vorhin im Zug wollte ich eigentlich nur auf schnellstem Wege hier weg und endlich ankommen, aber ich müsste mich wohl noch einmal zusammenreißen und einen guten Preis aushandeln, damit ich nicht total über den Tisch gezogen wurde.

So nahm ich all meine Kraft noch einmal zusammen, feilschte, was das Zeug hielt, und wurde anschließend für einen einigermaßen akzeptablen Preis gefahren.

Im Ashram angekommen, wurde mir direkt mein Zimmer gezeigt, in dem nur eine einfache Holzpritsche stand. Dazu bekam ich noch ein Metalltablett mit einer Schale und einem Löffel für die kommende Zeit ausgehändigt, das ich zu den Mahlzeiten immer mitbringen und anschließend spülen müsste. Ich könne mich nun etwas ausruhen und dann abends noch am Yogaunterricht teilnehmen, teilte man mir außerdem noch mit.

Es herrschten strikte Zeiten für Yoga, Meditation und die Essensausgaben, und der vollbepackte Stundenplan mit Terminen über den Tag verteilt ließ kaum Raum für eigene Pläne. Aber genau deswegen war ich ja auch hier. Nach so vielen Jahren, in denen ich nun Yogaklassen besuchte, hatte ich bereits festgestellt, dass es bei den Lehrern und Klassen erhebliche Unterschiede gab. Ich war hierhergekommen, um die Basics des ursprünglichen Yoga zu erlernen, und das tat ich nun auch.

Frühmorgens, noch vor dem Sonnenaufgang, startete ich mit Meditation in den Tag, gefolgt von einer zweistündigen Yogaeinheit. Danach gab es erst Frühstück. Dafür stellte ich mich mit meinem Metalltablett in die Schlange bei der Essenausgabe und bekam dann etwas undefinierbar Matschiges und Breiiges mit einer Kelle auf das Tablett geklatscht. Nicht gerade haute cuisine, aber satt machte es. Nach dem Essen konnte ich mein Tablett und Besteck in einer Wassertonne abwaschen und wieder mit auf mein Zimmer nehmen. Es folgten mehr Yoga, Meditation und Mantra-Singen über den Tag verteilt, nur unterbrochen von den Essenspausen. Dann gab es noch das Karma Yoga, womit Böden schrubben, Müll wegbringen und andere Hilfsarbeiten gemeint waren, die unter den Titel »Selbstlosigkeit« fielen.

Mir fiel schnell auf, dass das Essen, das abends übrig blieb, weggeschmissen wurde. Dies hatte mit der ayurvedischen Ernährungsweise zu tun. Einmal zubereitete Speisen wurden weder über Nacht verwahrt noch ein weiteres Mal aufgewärmt, da dem Essen keinerlei Energie mehr beigemessen wurde. Ich hielt das für eine riesige Verschwendung und fing ab sofort an, jeden Abend so viel Essen wie möglich heimlich beiseitezuschaffen. Anschließend ging ich eine große Runde spazieren und fütterte damit alle Straßenhunde, die ich hier in der näheren Umgebung finden konnte. Schon bald hatte ich so viele neue vierbeinige Freunde, die mich abends immer schon freudestrahlend erwarteten.

Da ich das unbemerkt tat, hoffte ich, damit niemandem

auf die Füße zu treten oder gar Traditionen zu verletzen. Und selbst wenn ich dadurch schlechte Karmapunkte sammeln sollte, die Blicke in die Augen dieser treuen Seelen waren es mir wert.

Schon bald bemerkte ich, dass so viele Stunden Yoga und Meditation am Tag sowohl körperlich als auch seelisch wahrlich anstrengend waren. Das hier hatte so gar nichts mit dem Yoga zu tun, das einem in der westlichen Welt als Hausfrauenbeschäftigungskurs oder gar Sport verkauft wurde.

Am schwersten fiel mir das Meditieren. Je mehr ich versuchte, in mein Inneres zu gehen, desto schlechter klappte es. Ich konnte mich hinsetzen, meine Augen schließen und versuchen, mich nur auf meine Atmung zu konzentrieren. So weit, so gut. Je mehr ich jedoch versuchte, mich zu fokussieren, desto mehr nahm ich die Umgebung um mich herum wahr. Die kleinsten Geräusche drangen in meinen Kopf wie ein Vorschlaghammer, und jeder noch so kleinste Geruch kam mir vor wie ein penetrantes Parfüm. Versuchte ich meinen Geist zu leeren, strömten alle Gedanken auf einmal auf mich ein.

Meditation war mein rosa Elefant. Versuche einmal an alles zu denken, nur nicht an einen rosa Elefanten. Und ich verspreche dir, auch wenn du vorher noch nie an einen rosa Elefanten gedacht hast, jetzt tust du es.

Erst nach unzähligen Versuchen durfte ich es mit einem Mantra versuchen. Und siehe da, durch das ständige Wiederholen eines Mantras im Geiste konnte ich mein Bewusstsein so weit beschäftigen, dass ich alles andere um mich herum ausblenden und somit wirklich in mein Innerstes horchen konnte.

Bis heute bin ich nicht wirklich gut im Meditieren, aber es fällt mir zumindest schon etwas leichter.

Einen Tag vor meiner erneuten Zugfahrt hoch in den Norden und zurück zum Flughafen hatte ich mir sozusagen frei genommen, da ich etwas die Gegend erkunden wollte. Ich hatte mir einen Fahrer besorgt, der mich zu den Backwaters, dem riesigen Wassernetz, das aus zig Kanälen besteht, bringen würde. Und auch dort würde schon ein Kanufahrer auf mich warten. Es war ein absolut traumhafter Ausflug und ich genoss jede Sekunde. Als ich von meiner Kanufahrt zurückkehrte, erwartete mich dort schon mein Fahrer, der sichtlich nervös war. Wir müssten schnellstmöglich los, meinte er nur und drängte mich in Richtung Auto. Was denn los sei, wollte ich wissen. Er erklärte mir, dass es im Laufe der letzten Stunden zu politischen Unruhen gekommen war und viele Menschen auf den Straßen randalierten. Es hätte auch schon Tote gegeben, und unser Weg zurück würde uns genau durch so ein Gebiet mit Randalen führen. Taxifahrer wie er sollten heute eigentlich streiken und gar nicht arbeiten, damit bringe er uns noch zusätzlich in Gefahr.

Diese Information stimmte mich dann in der Tat etwas unruhig.

Während der Fahrt beobachtete ich meinen Fahrer, die Anspannung war ihm ins Gesicht geschrieben und er fuhr sehr konzentriert und schnell. Mit einem mulmigen Gefühl fuhren wir in die Stadt hinein, in der es wohl schon zu Eskalationen gekommen war. Auf den ersten Blick sah man das bunte und hektische Treiben, das man eigentlich immer hier sah. Schaute man aber genauer hin, entdeckte man demolierte Autos, eingeschlagene Schaufensterscheiben und Menschengruppen, die teils mit Stöcken und teils auch mit anderen Dingen bewaffnet umherliefen.

An einer Kreuzung mussten wir wegen des dichten Gedränges anhalten und mit einem Mal kam eine Gruppe von etwa zehn Männern direkt auf unser Auto zumarschiert. Sie schlugen mit Eisenstangen auf die Motorhaube, öffneten die Fahrertür, zogen meinen Fahrer aus dem Wagen, drückten ihn grob gegen das Auto und schrien ihn an. Er wedelte mit hocherhobenen Armen umher und schrie zurück. Ich verstand kein Wort, jedoch war mir klar, dass diese Situation nicht gut war.

Die Männer draußen zeigten auf mich, diskutierten lautstark weiter und einer riss meine Beifahrertür auf. Ich blickte in ein Gesicht, das rot vor Wut war, und roch den sauren Atem des Mannes, der mich mit einem nicht gerade freundlich gesonnenen Blick anstarrte.

Irgendetwas in mir schaltete auf Autopilot, und ich hielt mir plötzlich, mit einem vermeintlich schmerzverzerrten Gesichtsausdruck, den Bauch und rief *Hospital, Hospital!* Das riss den Mann aus seiner momentanen Situation komplett heraus und sein gerade noch wütender Gesichtsausdruck wechselte zu einem fragenden Blick. Er schrie die anderen Männer und auch meinen Fahrer an. Ich verstand zwar nichts von alldem, jedoch konnte ich mir denken, dass er fragte, was da los sei. Mein Fahrer nickte nur, zeigte auf mich und sprach mit den Männern, die plötzlich etwas ruhiger geworden waren. Ein anderer Mann kam zu mir und fragte mich auf Englisch, ob wir gerade auf dem Weg zum Krankenhaus seien, und ich hielt mir weiter den Bauch und bejahte dies. Sie ließen von meinem Fahrer ab und er konnte wieder ins Auto einsteigen. Ohne zu zögern, fuhr er los.

Wir starrten beide nach vorne und sprachen kein Wort, bis wir die Stadtgrenze hinter uns gelassen hatten. Als es ruhiger wurde, fuhren wir auch nicht mehr so schnell und mein Fahrer blickte zu mir rüber. *Danke*, sagte er und ich nickte ihm zu.

Es gab nichts weiter zu bereden, wir waren einfach nur froh, dass wir beide unbeschadet aus dieser Situation herausgekommen waren.

Am Folgetag fuhr ich mit dem Zug Richtung Norden und zum Flughafen. Wegen der weiter andauernden Unruhen wurde niemand so ohne weiteres in den Flughafen hineingelassen und so hatte sich eine große Menschenmenge vor dem Flughafengebäude versammelt. Ich war so ziemlich die einzige Touristin dort und zog somit ungewollt Aufmerksamkeit auf mich. Einige Einheimische kamen zu mir rüber und fragten, ob sie ein Selfie mit mir machen könnten. Das hatte ich schon in den letzten Wochen häufiger erlebt, dass die Inder auf Selfies mit alles und jedem standen. Ich hatte damit kein Problem und so machten wir ein paar Selfies. Was mit drei bis vier Personen angefangen hatte, verselbstständigte sich jedoch innerhalb von ein paar Minuten und es kamen immer mehr Leute, die sich alle dicht an mich drängten und mir ihr Handy ins Gesicht hielten. Ich sah plötzlich nur noch Menschen um mich herum und bekam Platzangst. Krampfhaft hielt ich meinen Rucksack an mich gepresst und versuchte irgendwie dort wegzukommen, aber es ging keinen Zentimeter vorwärts. Mit einem Mal kam die Flughafen-Security zu mir durch, nahm mich in ihre Mitte und führte mich in das Flughafengebäude hinein, vorbei an allen Sicherheitskontrollen und durch den Check-in, und brachte mich direkt zur Lounge von meinem Gate. Hier könne ich warten, sagten sie mir, und händigten mir meinen Boardingpass aus.

Ich war noch total verdutzt und wusste gar nicht, was ich sagen sollte. So ließ ich mich in einen dieser gemütlichen Sessel fallen und atmete erst mal tief durch.

Als mein Flug aufgerufen wurde und ich auf meinem Platz saß, dachte ich an die vergangene Zeit hier zurück und schloss meine Augen. *Intensiv* beschrieb sehr treffend die vielen neuen Eindrücke und Erlebnisse, die mich weiter geprägt und wieder einiges gelehrt hatten. Denn so sehr ich meine Routine auf der Insel auch liebte, so wichtig war es doch, sich ab und an mal aus dieser Komfortzone herauszuwagen. Wenn man immer nur alte und bekannte Schemata bedient, kann man nichts Neues lernen. Und ich merkte, dass es da noch so einiges gab, das von mir entdeckt werden wollte.

Müde, aber glücklich flog ich zurück nach Fuerteventura und kehrte heim in mein beschauliches Inselleben.

Italien, 2019

Einmal innerlich aufräumen, bitte

Indien hatte etwas in mir geweckt, was viel zu lange unter der Oberfläche in einer Art Winterstarre vor sich hingeschlummert hatte. Ich wollte mehr erleben, fremde Orte erkunden und neue Menschen und Kulturen kennenlernen. Vor allem aber wollte ich meinen eigenen Horizont erweitern. Viel zu lange war ich immer nur auf der Insel geblieben und hatte nun das Verlangen, mal etwas anderes auf mich wirken zu lassen.

So wie Menschen aus der Großstadt reif für die Insel sind, kann man hier sehr leicht nach einer gewissen Zeit auch eine Art Inselkoller entwickeln. Das war bei mir zwar nicht der Fall, aber ich hatte schon das Gefühl, dass es ganz gut wäre, zwischendurch mal temporär aus dieser Bubble herauszukommen.

Dieses Jahr sollten demnach noch einige Reisen stattfinden, von ganz unterschiedlicher Natur. Neben meinem Homeoffice-Job und meinen Patienten hatte sich unlängst noch eine dritte Verdienstmöglichkeit aufgetan, bei der ich mich um Ferienvermietungen kümmerte. Dieser Extraverdienst floss direkt in meine Urlaubskasse, sodass ich es mir leisten konnte, kleinere Trips zu planen.

Zuerst würde ich mit Freunden nach Italien fahren und dort eine Rundreise mit dem Auto machen. Kurz danach würde ich allein nach Sizilien fliegen, um dort eine Woche kiten zu gehen. Und im Herbst würde ich dann nach Palästina fliegen und mit dem Rucksack die Westbank bereisen.

Die Italien-Rundreise war ein sehr desillusionierender Urlaub für mich. Wir waren zu dritt, mein Kiter-Freund, eine gemeinsame Freundin aus Deutschland und ich. Was ich mir als einen schönen Urlaub unter Freunden vorgestellt hatte, entpuppte sich sehr bald schon als ziemliche One-Man-Show, und ich empfand die Reise als sehr anstrengend.

Selbst die ganze Schönheit dieser bezaubernden Landschaft konnte nicht darüber hinwegtäuschen, dass das keine gute Idee gewesen war.

Das sowieso schon angeknackste Verhältnis zwischen meinem Kiter-Freund und mir wurde mit jedem Tag schlechter, und nur dank der liebevollen und vermittelnden Art unserer gemeinsamen Freundin blickten wir nicht auf ein totales Urlaubsfiasko zurück. Die ständigen Degradierungen nahmen extrem zu, ich bekam immer wieder Seitenhiebe verpasst, wurde ignoriert, fühlte mich mehr als nur unerwünscht und wäre am liebsten mittendrin abgereist.

Wir erlebten zwar auch schöne Momente und lachten viel, aber all das konnte die negativen Seiten bei weitem nicht mehr aufwiegen. Mir wurde mit einem Mal bewusst, dass sich das alles in eine sehr ungesunde Richtung entwickelt hatte. Ich erkannte die Person von damals, als wir uns kennengelernt hatten, nicht mehr in ihm wieder. Dies hier war ein emotionsloser und selbstgefälliger Mensch, dem es nur um seinen Vorteil ging. So machte ich gute Miene zum bösen Spiel und war froh, als der Urlaub zu Ende ging.

Meine anschließende Reise nach Sizilien kam da genau richtig und tat mir gut. Ich lernte dort neue, nette Menschen kennen und verbrachte eine schöne Zeit beim Kiten auf dem Wasser. Hier gab es keine Verurteilungen oder Bewertungen, und in dieser ungezwungenen und schönen Umgebung lernte ich sogar ein paar neue Tricks. Spielerisch und mit Spaß auf dem Wasser, das war von da an meine Form des Kitens. Und damit kam ein kleines, aber wichtiges Detail zu dem Sport hinzu, das bis dato gefehlt hatte. Von nun an war ich auch hier in meinem Element, fuhr fröhlich übers Wasser, erfreute mich über alles um mich herum und lachte immer als Erste über mich selbst, wenn ich mal hinfiel. Kein Druck, keine kritischen Blicke oder fiesen Kommentare. Dieses Erlebnis hat den Kite-Sport für mich quasi gerettet, da ich ihn in letzter Zeit nur noch mit negativen Gefühlen verbunden hatte.

Während dieser befreienden Tage machte ich mir so meine Gedanken und suchte noch ein letztes Mal das Gespräch mit meinem Kiter-Freund, nachdem ich wieder zurück auf der Insel war. Obwohl ich mir im Grunde meines Herzens schon ziemlich sicher war, wie dieses Gespräch enden würde, wollte ich nichts unversucht lassen, denn ich wollte unsere Freundschaft und ihn nicht so einfach aufgeben. Ich sah so viel Potenzial hinter seinen hohen Selbstschutzmauern und dachte weiterhin, dass ich ihm helfen könnte, sich davon zu befreien. Hinter dieser mühsam aufgebauten Fassade verbarg sich ein zutiefst verunsicherter und verletzter Mensch, der schon früh in seinem Leben erfahren hatte, dass ihn am Ende doch jeder im Stich lassen würde und er sich auf niemanden verlassen könnte außer auf sich selbst. Und so hatte er sich antrainiert, Menschen nur oberflächlich an sich heranzulassen. Anfangs idealisierte er seine Mitmenschen, aber irgendwann konnte einfach niemand mehr seinen hohen Ansprüchen gerecht werden, und ab da kippte das Ganze dann rasant.

Wir trafen uns also und ich sprach die gesamte Thematik noch einmal an. Wie sehr ich unsere Freundschaft von der Anfangszeit vermisste und wie weh es mir tat, wie er mittlerweile mit mir umging. Mir wurde allerdings bald klar, dass wir hier nicht auf einen gemeinsamen Nenner kommen würden und er sich einfach zu viel herausnahm. Zudem kam erneut ein Schwall an Anschuldigungen und Vorwürfen auf mich eingeprasselt, bei denen ich nur ungläubig den Kopf schütteln konnte.

So war es meine Schuld, dass er ständig an mich denken musste und seine Gedanken häufiger um mich kreisten, als ihm lieb war. Außerdem verfolgte ich ihn anscheinend, da ich dort, wo er zum Kiten hinkam, bereits auf dem Wasser war.

Und um das Ganze zu krönen, sagte er mir, dass er mittlerweile stark daran zweifle, ob ich wirklich schon vor unserem

Kennenlernen hier auf der Insel gelebt hätte, da er mich früher nie hier gesehen hätte.

All das traf mich wie eine schallende Ohrfeige und öffnete mir auf sehr schmerzvolle Weise endlich die Augen.

An diesem Abend wurden mir zwei Dinge klar. Erstens, ich würde nie die Antworten kriegen, die ich mir erhofft hatte. Und zweitens, wir würden auch nie zu dem zurückkehren können, wie es anfangs gewesen war. Denn es war nicht echt.

So nahm ich mir nach diesem Gespräch eine Auszeit von dieser Freundschaft und genau hier in diesem Moment lernte ich, Grenzen zu setzen und selbst zu entscheiden, was ich tolerieren konnte und wollte. Ohne es zu merken, hatte ich mich in den letzten zwei Jahren in dieser Freundschaft sehr verloren. Sie hatte nicht auf Augenhöhe stattgefunden. Komm her – geh weg, alles nur so, wie es ihm passte.

Mit jedem Tag ohne Kontakt zu ihm kam ich meinem eigenen Ich wieder näher und konnte nach so langer Zeit endlich wieder klar denken. Während der letzten Jahre hatte ich schon viele seiner Freunde in Ungnade fallen sehen und natürlich war es immer die Schuld der anderen gewesen, warum diese Freundschaften in die Brüche gingen. Nicht selten hatten sich da mittelgroße Dramen abgespielt, denn war man nicht für ihn, war man ganz klar gegen ihn, und einem wurde quasi der Krieg erklärt. Eine Erkenntnis, die ich hieraus zog, war, dass Menschen dir meist von vornherein sehr klar zeigen, wer sie sind, man muss nur genau hinsehen, anstatt sich immer alles schönzureden.

Ich sah es so: Wir ziehen bestimmte Personen oder Ereignisse in unser Leben, weil wir in diesen Bereichen noch Lernoder Klärungsbedarf haben. Hier ging es darum, herauszufinden, welchen Anteil ich an dem Ganzen hatte. So setzte ich mich mal wieder hin und machte mich daran, bei mir selbst nochmal gründlich auszumisten und so einiges in meiner Denk- und Sichtweise bezüglich meines Selbstwertes anzugehen.

Dabei wurde mir klar, dass ich mir von klein auf immer wieder denselben Menschentypus in mein Leben gezogen hatte. Wahrscheinlich sucht man unbewusst nach bekannten Mustern, da diese einem vertraut und sicher erscheinen. Freunde, Partner, Kollegen, Arbeitgeber, ich war wie ein verdammter Magnet für Menschen, die mich kleinmachten und mir das Gefühl gaben, ich müsse meinen Wert stetig beweisen. Liebe und Zuneigung musste man sich erst mal verdienen, es gab nur leistungsbezogene Anerkennung. Ich musste mich immer anpassen und bloß nicht aus der Reihe tanzen. Meine Antennen waren ständig nur nach Außen gerichtet, um mich der Stimmung von allen anderen anzupassen, sodass ich mich selbst kaum bis gar nicht hörte oder fühlte. Das zog sich wie ein roter Faden durch, zurück bis zu meiner Familie. Hatte ich mich bereits in meinem Leben, und nicht zuletzt durch meine Auswanderung, schon von sehr vielen alten Mustern gelöst, waren da anscheinend immer noch einige Baustellen vorhanden. Hier half nur radikale Akzeptanz. Verhaltensmuster und Glaubenssätze, die mich von frühster Kindheit an geprägt hatten, wurden aufgelöst und durch ein positiveres Selbstbild ersetzt. Das hört sich jetzt vielleicht sehr einfach an, aber all das war ein langwieriger Prozess, der nicht selten auch sehr schmerzhaft war. Alte Wunden wurden nochmal aufgerissen und aufgearbeitet, damit sie dann im Anschluss endlich vernünftig heilen konnten. Denn was ich im Zuge dieser Aufarbeitung auch lernen durfte, war eine sehr interessante Erkenntnis für mich. So bedient man häufig unbewusst alte Verhaltensmuster, da man so das Gefühl hat, die Vergangenheit doch noch umschreiben und für sich ein Happy End herbeiführen zu können. Sprich, das, was man in der Familie oder früheren Beziehung nicht geschafft hatte, versuchte man nun in der Gegenwart in anderer Personenkonstellation zu ändern. Sich das einmal klar vor Augen zu führen und nicht nur kopfmäßig, sondern vor allem gefühlsmäßig zu verstehen, war ein großer Schritt nach vorne für mich.

Zurückblickend bin ich für all diese Begegnungen dankbar, da auch sie mich in meinem Leben weiter und näher zu mir gebracht haben.

Das Leben an sich ist der beste Lehrer, den man haben kann, und bietet einem unendlich viel Wissen. Jedoch hängt es von jedem Einzelnen ab, ob oder wie viel man sich davon aneignet.

Man muss lernen, mit dem Kopf, dem Bauch und dem Herzen zu sehen, zu hören, zu fühlen und letztlich zu verstehen. Hat man dieses Prinzip erst einmal erkannt, liest sich das Leben wie ein Buch. Überspringt man jedoch einige Lektionen, wird man sich immer wieder in derselben Lehrstunde wiederfinden, bis man es verstanden hat und umsetzen kann.

So bleibt manch einer wegen mangelnder Selbstreflexion für immer in der Vorschule hängen und wundert sich, dass er bei stets gleichbleibendem Verhalten keine neuen Ergebnisse erzielt.

Es gibt hier kein Abgucken oder Nachmachen, denn jeder trägt ganz persönliche Themen mit sich herum. Und ist man nicht gewillt, sich hinzusetzen, seinen Rucksack zu öffnen und mal ganz genau hinzusehen, was es da zu tun gibt, lasten einem diese Aufgaben ein Leben lang an, denn niemand anders kann das für einen erledigen.

Bethlehem, Palästina, 2019

Bittere Realität

Der Herbst rückte allmählich näher und mit ihm mein nächster Trip, Palästina.

Schon länger beschäftigte ich mich mit der fürchterlichen Menschenrechtssituation dort vor Ort und fand es seit jeher fragwürdig, wieso diese in den westlichen Medien immer nur sehr einseitig dargestellt wurde. Weil ich ernsthaftes Interesse daran hegte und mir am liebsten immer selbst ein Bild von allem mache, wollte ich diese Reise dafür nutzen, mir beide Seiten anzuschauen.

Dass diese Reise mich verändern würde, war mir schon vorher klar. Und bereits im Vorfeld bekam ich auch mal wieder ungefragt die volle Breitseite aus meinem Umfeld dazu zu hören. *Warum tust du dir das an? Behalte deine politischen Ansichten lieber für dich und halte dich da raus. Willst du wirklich freiwillig so viel Leid sehen? Warum willst du dich in Gefahr bringen? Die gehören doch eh alle zur Hamas!*

Mit Leichtigkeit hätte ich mich ärgern können über so viel Ignoranz, aber auch hier lernte ich, zwischen den Zeilen zu lesen.

Für viele war es bei solchen Themen einfacher, wegzuschauen und so zu tun, als ob sie gar nicht existierten, andere interessierte es schlichtweg nicht. Manche wollten aber auch partout nichts von all dem wissen, denn wenn sie es wüssten, wie könnten sie jemals wieder behaupten, die Welt wäre ein glücklicher und fairer Ort?

Und Angst war natürlich auch bei einigen herauszuhören.

Ich war jedoch noch nie jemand gewesen, die sich einfach wegdrehen und alles verdrängen konnte, wenn vor meiner Nase so eine Ungerechtigkeit stattfand. Gerade ich als Deutsche hatte anfangs meine Haltung dazu ständig mehr als nur kritisch hinterfragt und tue dies immer noch, da wir nun mal bezüglich des Judentums arg vorbelastet sind. So wusste ich, dass ich schnell in eine Ecke gedrängt werden könnte, die so absolut gar nicht meinem Gedankengut entsprach.

Gaza war für mich nichts anderes als ein gigantisches Open-Air-Gefängnis, in dem den Menschen dort ein kontinuierlicher Zugang zu Wasser und Elektrizität verwehrt wurde. Und es wurde alles getan, um ihnen dort systematisch jegliche Existenzmöglichkeit zu nehmen. Aber auch in anderen Bereichen, wie der Westbank, ging scheinbar so einiges nicht mit rechten Dingen zu.

Hier gab es für mich kein *dafür* oder *dagegen*, oder dass

ich mich auf eine Seite stellte. Das, wofür ich stand, war einzig und allein Menschlichkeit.

Gewalt und Krieg konnten meiner Meinung nach nie zum Frieden führen und ich verurteilte schon immer jeglichen Angriff gegen Zivilisten, ganz egal aus welchen Reihen dieser kam und welchen Hintergrund es zu geben schien. Blinder Hass gegeneinander, der auf dem Rücken unschuldiger Menschen ausgetragen wurde, konnte niemals die Lösung sein. Die Leidtragenden waren überall auf der Welt doch immer die Schwächsten und zudem die, die meist am allerwenigsten damit zu tun hatten, allen voran Kinder, Frauen, alte und kranke Menschen.

So machte ich mich also auf.

Da ich in der nächsten Zeit fast täglich woanders schlafen würde, reiste ich leicht und hatte nur meinen Rucksack dabei. Mein erster Stopp führte mich nach Jerusalem, wo ich die erste Nacht in einem Airbnb verbrachte. Ich schaute mir die Stadt an und musste mich erst mal daran gewöhnen, überall Polizisten und Soldaten zu sehen, die alle stets schwer bewaffnet waren. Was mich aber viel mehr bewegte, war, dass selbst viele Kinder mit Plastikwaffen herumliefen. Aber schaute ich mich um, war das für alle anderen wohl ein ganz normales, alltägliches Bild.

Am zweiten Tag ging es weiter nach Bethlehem in die Westbank. Auf dem einen Kilometer langen Weg bis zum Busbahnhof zählte ich mehr als dreißig bewaffnete israelische Polizisten. Ich passierte meinen ersten Checkpoint von vielen auf dieser Reise, und beim Kontrollieren meiner Papiere berührte mich der Soldat immer mal wieder »zufällig« mit seiner Waffe. Kein schönes Gefühl, aber ich verzog keine Miene.

An meiner Haltestelle stieg ich aus und wartete auf meine Gastgeberin, die mich netterweise von dort abholte. Das war auch gut so, denn seitdem ich in der Westbank angekommen war, hatte ich so gut wie keinen Internetservice mehr über mein Handy und konnte somit auch keinen Online-Kartendienst mehr nutzen. Sie erklärte mir, dass dies nur eine von vielen Maßnahmen war, um für die Menschen hier das Leben kompliziert zu machen.

Im Haus angekommen, lernte ich die Kinder und den Ehemann kennen. Er war Direktor einer palästinensischen Nachrichtenzentrale und wollte mir später seine Redaktion zeigen und mich außerdem in das nahe gelegene Refugee Camp begleiten. Bis dahin schaute ich mir etwas die Umgebung an und besuchte die Geburtskirche in Bethlehem. Auf dem Rückweg kam ich außerdem nicht umhin, mir die Mauer anzuschauen, die hier überall präsent hochragte. Sie symbolisierte die Grenze vom 4. Juni 1967, auch bekannt als grüne Linie, und war die international anerkannte Grenze zwischen den besetzten palästinensischen Gebieten (dem Westjordanland, einschließlich Ost-Jerusalem und dem Gazastreifen) und dem Staat Israel. Das besetzte israelische Gebiet stellte eine Fläche dar, die 22 Prozent des historischen Palästinas entsprach. Die Israelis hatten im Jahr 2002 entlang dieser grünen Linie eine teils neun Meter hohe Mauer errichtet und betrachteten sie seit jeher als Sicherheitsmauer gegen den Terrorismus, während die Palästinenser sie als Rassentrennungs- oder Apartheidsmauer bezeichneten. 2004 entschied der internationale Gerichtshof, die israelische Trennmauer im besetzten palästinensischen Gebiet für völkerrechtswidrig zu erklären. Und trotzdem stand sie noch immer da und in den Wachtürmen befanden sich weiterhin bewaffnete israelische Soldaten. Heutzutage sind die Mauer und ihre Umgebung eine wahre Touristenattraktion und viele Künstler, unter ihnen Banksy, hatten ihre mal mehr, mal weniger politischen Statements darauf hinterlassen. Da die Mauer illegal war, beschloss auch ich ein Graffiti darauf zu sprühen. Ich hinterließ das Bild einer Surferin auf einer Welle und schrieb darunter die Worte *MAKE WAVES NOT WAR*. Nachdem mein Werk vollendet war, machte ich mich auf den Heimweg.

Nach einer kurzen Verschnaufpause und etwas zu essen ging es auch schon weiter. Mein Gastgeber nahm mich mit und zeigte mir das nahe gelegene Refugee Camp, in dem er geboren und aufgewachsen war. In diesem Camp lebten etwa 6.000 Flüchtlinge und er arbeitete dort als Mediator in Streitfällen. Am Eingang des Lagers war ein großer Schlüssel zu sehen, der hier als Symbol der Hoffnung galt. Denn fast alle Flüchtlinge hatten noch die Schlüssel zu ihren Häusern, die ihnen von den Israelis genommen worden waren. Sie hofften, eines Tages dorthin zurückkehren zu können.

Nach dem Besuch des Camps fuhren wir in die Nachrichtenredaktion. Hier erklärte er mir, wie hart die Zeiten waren, da sowohl ihre Social-Media-Kanäle als auch die Webseite regelmäßig gesperrt, zensiert, kontrolliert und blockiert würden, damit keine unerwünschten Informationen aus Palästina an den Rest der Welt weitergegeben werden konnten. Dies erklärte für mich einmal mehr den doch sehr einseitigen Informationsfluss bezüglich der Israel-Palästina-Thematik.

Am nächsten Tag ging es zu einem weiteren Kontakt von mir in ein anderes Refugee Camp, das mit seinen 16.000 Flüchtlingen enorm groß war. Ich traf auf einen netten jungen

Mann, der dort aufgewachsen war und im Camp lebte. Er arbeitete in einem Zentrum für Gemeindeentwicklung speziell für Jugendliche, und genau dort würde ich heute im Office übernachten. Er erklärte mir, dass ich heute Nacht allein dort wäre, ich mir aber keine Sorgen machen müsse, denn die israelischen Soldaten wären gerade erst wieder mal da gewesen und es würde sicherlich keinen erneuten Übergriff geben. Etwas mulmig war mir aber trotzdem und es wurde nicht wirklich besser, als er mir erzählte, dass das schon fast Routine sei und die israelischen Soldaten etwa zweimal die Woche ins Camp einfielen. Als ich ihn fragte, warum sie das täten, erklärte er mir, dass sie es einfach als Training für das Militär nutzten, besonders für die jungen Soldaten, die gerade erst mit der Ausbildung fertig waren. Es war dazu gedacht, Hemmungen abzubauen, und zudem war es ein gutes Schießtraining. Ich war fassungslos, und mir lief ein kalter Schauer über den Rücken.

Er führte mich im Camp herum und wir stiegen die verwinkelten Straßen nach oben, bis wir den höchsten Punkt erreichten. Hier stand eine Ruine, von der aus man fast das ganze Camp und noch viel weiter sehen konnte. Wir kletterten vorsichtig in die ehemals erste Etage hoch und setzten uns dort auf den halb durchgebrochenen Boden. Von hier aus sah man die ganzen Wassertanks auf den Dächern der umliegenden Häuser, viele von ihnen waren mit unzähligen Schüssen durchlöchert worden und leer. Die Wassertanks waren wichtig, da es regelmäßig zu Wasserknappheit durch zerstörte Leitungen kam, den Menschen der Strom abgeschaltet und Weiteres getan wurde, um ihnen zu schaden. Er erzählte mir von seinen Kindheitserlebnissen, wie an seinem ersten Schultag die Schule von den israelischen Soldaten gestürmt worden war, Tränengasbomben geworfen wurden und er vor lauter Panik und Angst losgerannt war und sich verlaufen hatte. So kauerte er stundenlang in einer dunklen Ecke eines fremden Hauses, bis es allmählich dämmerte und die Soldaten draußen verschwanden. Als seine Mutter ihn schließlich fand, waren beide einfach nur glücklich und erleichtert, dass ihm nichts passiert war und die Soldaten ihn nicht gefunden und mitgenommen hatten. Seitdem litt er unter extremen Schlafproblemen und anderen psychischen Folgen des Traumas. Ich empfand einen Mix aus Wut, Trauer und Mitgefühl bei seinen Schilderungen und musste schwer schlucken.

Während wir dort saßen, bekam ich mehr und mehr eine allergische Reaktion. Ich hatte keine Ahnung, woher das kam, aber meine Augen waren auf eine seltsame Art irritiert, seit ich im Camp angekommen war. Sie juckten, wurden rot, tränten, meine Augenlider schwollen an und meine Nase fing an zu laufen. Ich weinte buchstäblich die ganze Zeit und konnte kaum mehr was sehen, hörte aber weiterhin mit geschlossenen Augen gebannt seinen Schilderungen zu, weil ich mehr über all das erfahren wollte.

Und da erfuhr ich auch des Rätsels Lösung.

Schulkinder bekamen von ihren Müttern meist ein sehr spezielles Care-Paket mit in die Schule, nämlich in Form einer Zwiebel. Wenn die israelischen Soldaten mal wieder die Klassen stürmten und Tränengasbomben warfen, konnten die Kinder ihre Zwiebel schälen und dicht unter die Augen halten. Das brachte die Augen zum Tränen und half gegen das Tränengas.

Mir fiel es plötzlich wie Schuppen von den Augen, na klar!

Wann genau nochmal waren die Soldaten das letzte Mal hier,
sagtest du?, fragte ich ihn und er sagte mir erneut, dass es
gestern gewesen sei. Die leeren Tränengasbomben lagen hier
überall herum und meine diesbezüglich doch sehr jungfräulichen Augen reagierten anscheinend auf das Tränengas, das
noch von letzter Nacht leicht in der Luft hing. Zurück im
Office spülte ich meine Augen sofort mit klarem Wasser aus.
Das linderte die Symptome und allmählich wurde es besser.

In dieser Nacht schlief ich wenig und schreckte bei jedem
lauten Geräusch auf, war ich doch ganz allein in dem Office.
Was für ein Leben musste das nur sein, wenn man sich von
klein auf nicht frei bewegen durfte und ständig von plötzli-
chen Angriffen überrascht werden konnte. Niemand sollte so
etwas erleben müssen, und schon gar nicht Kinder!

Am nächsten Tag nahm ich meinen neuen Freund zum
Abschied fest in den Arm und verließ Bethlehem.

Es folgten Jericho und das Tote Meer und danach Ramal-
lah, wo ich jeweils für eine Nacht blieb, bevor es dann auch
schon wieder weiterging. Bil'in war mein nächster Stopp,
wo ich einen weiteren Kontakt von mir treffen würde, einen
Fotografen und Künstler. Ich wurde eingeladen, bei ihm und
seiner Familie über Nacht zu bleiben, und hatte diese herzliche Einladung dankbar angenommen. Es war gerade Oliven-
erntezeit und er nahm mich mit zu der Anlage, wo das
frische Olivenöl gepresst wurde. Fasziniert schaute ich mir
die einzelnen Verarbeitungsschritte an und merkte dabei
lange nicht, dass ich die einzige Frau dort war und von vielen
sehr kritisch beäugt wurde. Draußen saßen derweil einige
von den Männern im Kreis und rauchten Shisha. Ich fragte
meinen Freund und Gastgeber, ob es respektlos wäre, wenn

ich mitrauchen würde, und er lachte mich nur an und meinte, ich solle einfach fragen. Und so kam es, dass wir alsbald alle zusammen eine Shisha rauchten, lachten und uns unterhielten.

Zurück am Haus warteten mittlerweile schon viele Nachbarskinder auf uns, hatten sie doch gehört, dass hier eine große blonde Frau war, die ganz allein reiste. Vor allem die Mädchen waren begeistert von meiner Körpergröße und wollten, dass ich mich abwechselnd mal neben die hier anwesenden Männer stellte. Jedes Mal, wenn ich einen von ihnen überragte, kicherten sie. Dann nahmen sie mich bei der Hand und wir gingen ins Haus. Und keine fünf Minuten später saß ich eng zusammengedrängt mit ihnen auf dem Sofa und wir begannen aus einer Laune heraus eine Art Englischstunde zu veranstalten. Sie waren wie Schwämme, die jede noch so kleine Information aufsaugten und verinnerlichten, die ich ihnen erklärte. Es wurde viel gelacht an diesem Abend und wir hatten jede Menge Spaß. Denke ich an meine Reise zurück, ist diese Szene eine von vielen, die mich heute immer noch glücklich lächeln lässt.

Später gingen wir noch zu einem weiteren Freund und Filmemacher nach Hause. Seine Dokumentation über das Leben unter israelischer Besatzung hatte ich schon lange vor meinen Reiseplänen gesehen, und ich war gerührt, ihn und seine Familie nun kennenlernen zu dürfen.

Ich lernte noch viel mehr Personen dort in diesem Dorf kennen und lauschte ihren Erzählungen. Viele waren noch sehr jung, hatten aber bereits unzählige Male schlimme Erfahrungen mit den Soldaten gemacht. Die meisten waren bereits wiederholt angeschossen und manche als Kinder von den Soldaten mitgenommen und eingesperrt worden, um sie als Druckmittel gegen ihre Familien einzusetzen. Ich erfuhr so viel Leid und gleichzeitig solch eine Lebensfreude und Herzlichkeit, wie ich sie selten erlebt hatte.

Als es am nächsten Tag für mich weiterging, nahm ich zutiefst gerührt von diesem Dorf und seinen Bewohnern Abschied.

Von dort aus ging es nach Hebron, wo ich nach drei Stunden und unzähligen Checkpoints endlich ankam. Hier hatte ich im Vorfeld bereits mit einer friedlichen, politischen Gruppe aus Palästina Kontakt aufgenommen, die mir einen Schlafplatz bei einer Familie vermittelt hatte. Um dorthin zu gelangen, musste ich einen weiteren Checkpoint durchlaufen und machte mal wieder Bekanntschaft mit einem sehr unfreundlichen israelischen Soldaten. Wortlos hielt ich ihm meinen Pass hin und er stupste mich mit seinem Maschinengewehr an und fragte barsch, wo ich geboren sei. Ich schob den Lauf der Waffe mit einer Hand weg, schaute ihn ruhig an, sagte, dass er, wenn er des Lesens mächtig wäre, diese Information direkt unter meinem Geburtsdatum auf meinem Pass finden würde, und lächelte ihn an. Er grunzte etwas vor sich hin und ließ mich durch. Diese Einschüchterungsversuche waren mir mittlerweile sehr vertraut und ich hatte mir angewöhnt, solche Szenen immer mit meiner Handykamera zu dokumentieren. Das half in vielen Fällen, jedoch nicht immer hielt es die Soldaten von weiteren Handlungen ab.

Hinter dem Checkpoint wartete schon mein Kontakt auf mich und brachte mich zu der Familie, bei der ich heute Nacht bleiben würde. Die einzige Person, die dort Englisch sprach, war die fünfzehnjährige Tochter Nida. Bei ihr im Zimmer würde ich übernachten. Das Fenster nach draußen auf die Straße hatte ein Einschussloch und auch hier waren mal wieder die typischen Wassertanks auf den Häuserdächern zu sehen. Fließend Wasser hatte es seit Tagen schon nicht gegeben und somit bestand unsere Duschmöglichkeit aus einem Plastikstuhl und einem Wassereimer daneben. Einen schwachen Internetempfang hatten wir über die Nachbarn ganz unten im Haus. Ich nutzte die Möglichkeit und hinterließ bei ein paar Leuten Sprachnachrichten, die seit Tagen auf ein Lebenszeichen von mir warteten. Dass bei diesen Nachrichten Schüsse im Hintergrund zu hören waren, war mir zu dem Zeitpunkt gar nicht so bewusst, da ich mich mittlerweile daran gewöhnt hatte, dass es hier immer irgendwo knallte. Erst, als mich einer meiner Freunde per Nachricht fragte, ob auch alles in Ordnung sei und ich in Sicherheit, wurden mir die Hintergrundgeräusche bewusst.

Nida war ein sehr aufgewecktes und intelligentes Mädchen, und gemeinsam mit ihr ging ich raus auf die Straße, damit sie mir etwas die nähere Umgebung zeigen konnte. Direkt unten am Hauseingang stand ein Militärfahrzeug und zwei bewaffnete israelische Soldaten standen davor. Das sei ganz normal, erklärte sie mir. Da hier in dem Bereich sowohl palästinensische Familien als auch israelische Siedler wohnten, kam es wohl häufiger mal zu gewaltsamen Auseinandersetzungen. Wie denn so etwas typischerweise aussehe, fragte ich sie, und sie erzählte von ein paar Situationen, die sie bereits miterlebt hatte. Was mich an all dem stutzig machte, war folgende Aussage. So schritten die Soldaten anscheinend immer unverzüglich ein, wenn es darum ging, Israelis vor Palästinensern zu beschützen, da sie zu deren Schutz hier abbestellt waren. Wenn aber ein Israeli einen Palästinenser körperlich anging, durfte das israelische Militär angeblich nicht eingreifen, lediglich die Polizei verständigen und stand somit einfach nur dabei. Das erschien mir wahnsinnig unfair und genau so ein Beispiel erlebten wir keine zehn Minuten später live. So kamen wir an eine Wiese, auf der Olivenbäume standen. Diese Wiese, erklärte mir Nida, gehöre zu einem palästinensischen Grundstück. Hier ereignete sich jedoch gerade ein ziemlicher Tumult, da einige israelische Siedler beschlossen hatten, sich kiloweise Oliven von den Bäumen zu holen. Das traf natürlich nicht gerade auf Verständnis der Besitzer, jedoch waren sie machtlos, da die Siedler von mehreren israelischen Soldaten umringt und beschützt wurden. Die Palästinenser waren aufgebracht und schrien sie an, konnten allerdings nichts weiter tun.

Ich empfand Mitleid für die Besitzer dieses Landes und verstand ihre Ohnmacht angesichts dieser Situation nun umso besser. Das war absolut nicht okay.

Wir gingen langsam wieder zurück zum Wohnhaus, als uns ein weiterer Siedler auf einem Esel reitend entgegenkam. Nida nahm ängstlich meine Hand und wollte mich von der Straße wegziehen. Ich sah sie fragend an und sie erklärte mir, dass das ein besonders fieser Siedler sei, der gerne mal die Kinder hier anspuckte und wüst beschimpfte, wenn sie draußen spielten. *Nicht heute*, sagte ich ihr und positionierte mich in die Mitte der Straße und somit zwischen sie und den Siedler. Dieser kam allmählich, auf seinem Esel reitend, immer näher und schaute uns wütend an. Er war es wohl gewohnt, dass ihm alle Platz machten, aber ich behielt meine Linie bei und lief festen Schrittes weiter und ihm entgegen. Dabei schaute ich ihm in die Augen und verzog keinerlei Miene. Kurz bevor wir aufeinandertrafen, schnaubte er laut und lenkte seinen Esel etwas zur Seite, sodass wir aneinander vorbeikamen.

Wie viel Hass und Wut hier doch überall in der Luft lag!

Wir waren keine fünfzig Meter mehr vom Haus entfernt und einer der beiden Soldaten von vorhin stand immer noch am Fahrzeug, mittlerweile allerdings allein, und beobachtete das Geschehen interessiert. Als sich unsere Blicke trafen, schaute er verschämt auf den Boden. Er war noch sehr jung, ich schätzte ihn auf höchstens Anfang zwanzig. Als wir am Hauseingang ankamen, drehte ich mich noch einmal um zu ihm und sah, wie er wieder schnell wegschaute. Ich lächelte und ging daraufhin auf ihn zu. *Hi, ich bin Anni und gerade zu Besuch bei meiner Freundin hier, und ich glaube, wir kennen uns noch nicht. Da wir uns jetzt wohl aber häufiger sehen, wollte ich mich nur mal eben vorstellen. Wie heißt denn du?*, fragte ich ihn und streckte ihm meine Hand hin. Er schaute mich leicht verlegen an, nahm dann meine Hand in die seine und nannte mir seinen Namen. *Samuel*, stellte er sich vor. *Freut mich sehr, dich kennenzulernen, Samuel*, entgegnete ich und stellte ihm daraufhin noch meine junge Freundin neben mir vor. *Hi*, sagte er und blickte sie lächelnd an. Sie erwiderte seinen Blick und sagte schließlich auch leise *Hallo*. Wir wandten uns bereits wieder ab und wollten zum Hauseingang rübergehen, als sich der junge Soldat nochmal zu uns umdrehte und etwas sagte. Nicht sonderlich laut, aber unüberhörbar kamen ein paar Worte über seine Lippen. *Der Typ vorhin auf dem Esel ist ein Arsch, ich mag ihn nicht.* Kaum hatte er es ausgesprochen, drehte er sich auch schon wieder um und innerhalb einer halben Sekunde schien es so, als wäre all das gerade nie geschehen. Nida schaute mich verblüfft an, ich nahm lächelnd ihre Hand und wir gingen ins Haus.

Diese kurze Szene hatte etwas Wunderschönes an sich. Für einen klitzekleinen Moment schien es so, als ob ein schwacher Lichtstrahl sich in die Dunkelheit gekämpft hätte. Und obwohl er schon längst wieder verschwunden war, erhellte er noch immer diese eine Stelle, an der er gerade eben erschienen war.

Später am Tag verließ ich das Viertel nochmal, um mich mit einem Fotografen und Journalisten zu treffen, und wurde in die Nachrichtenzentrale mitgenommen. Wieder einmal hörte ich Geschichten und sah erschreckende Bilder von dem Leben hier und der anherrschenden Gewalt durch die israelischen Soldaten. Während unseres Treffens bekam er einen Anruf und sagte mir daraufhin, dass ich jetzt schnell wieder gehen müsste, da hier gerade Unruhen losgingen und es gefährlich werden könnte. Also verabschiedete ich mich rasch und machte mich auf zum Checkpoint. Auf dem Weg dorthin konnte ich schon Schüsse und Schallgranaten hören, die in unmittelbarer Nähe zu sein schienen. Kurz vor dem Checkpoint und auch danach waren plötzlich viele Soldaten auf den Straßen unterwegs und liefen mit gezogenen Waffen umher. Ich musste mich durch sie durchquetschen und wurde von rechts und links angerempelt und geschubst, so viel war plötzlich los. Ich ging stetig weiter Richtung Haus und versuchte einfach so schnell es ging, dorthin zu gelangen. Neben mir fielen Schüsse und keine dreißig Meter entfernt explodierte etwas. Als ich endlich den Hauseingang erreichte und im Treppenhaus stand, lehnte ich mich mit dem Rücken an die kühle Hauswand und atmete tief durch. Oben in der

Wohnung hielten wir uns etwas fern von den Fenstern, aber ansonsten lief der ganz normale Alltag weiter, und wir aßen zu Abend.

Eigentlich hatte ich noch vorgehabt, mich mit jemandem von *Breaking the Silence* zu treffen, einer Organisation, die aus ehemaligen Soldaten, die dem israelischen Militär gedient hatten, besteht. Diese hatten es sich zur Aufgabe gemacht, der Öffentlichkeit zu zeigen, wie die Realität in den besetzten Gebieten aussah. Sie waren Zeugen und Mitwirkende von militärischen Aktionen gewesen, bei denen es häufig um Übergriffe gegenüber Palästinensern ging und auch nicht selten um Plünderungen und Zerstörungen von Eigentum. All diese Einsätze wurden vom Staat im Namen der Sicherheit Israels gerechtfertigt. Die Organisation brach mit ihren Aussagen und Erlebnisberichten das Schweigen und somit auch die weiterhin bestehende Leugnung dieser Tatsachen und betrieb dadurch Aufklärung, um das öffentliche Bewusstsein zu stärken.

Leider war es mir aufgrund von äußeren Umständen nicht mehr möglich, an diesem Treffen festzuhalten.

Am nächsten Tag verabschiedete ich mich mal wieder und machte mich auf nach Tel Aviv, wo ich die letzte Nacht vor meinem Heimflug verbringen würde.

Das hippe Tel Aviv kam mir nach den letzten Tagen wie der reinste Kulturschock vor und ich fühlte mich plötzlich wie in einer anderen Welt.

Am Flughafen wurde ich dann noch mal zur Seite genommen und befragt. Warum ich bestimmte Stempel in meinem Pass hätte und mit wem ich da gereist wäre. *Reisen bildet bekanntermaßen und trägt zu einer toleranten Einstellung gegenüber anderen Kulturen bei. Sollte jeder mal ausprobieren.*

Besonders das Alleine-Reisen, war meine Antwort darauf. Ähnlich stumpf ging die Vernehmung weiter voran und meine Antworten blieben daraufhin auch weiterhin nur semi-nett. Als sie mich endlich gehen ließen, bekam ich noch einen Sticker auf meinen Reisepass. Die Nummer, die darauf gedruckt war, zeigte den Sicherheitsbeamten bei der Gepäckdurchsicht meinen Gefahrengrad an. Die Kollegen bei der Befragung hatten mir tatsächlich einen mittleren Gefahrengrad verpasst. Also wurde mein Rucksack von vier Personen bis ins kleinste Detail auseinandergenommen. Ich war dezent genervt, ließ es aber einfach geschehen, ich hatte ja nichts zu verbergen. Als mir jedoch einer meine Packung Tampons unter die Nase hielt und mich fragte, was das wäre, kam ich nicht umhin, ihm zu sagen, dass seine nette Kollegin neben ihm sicherlich bereit wäre, ihm zu erklären, wohin er sich diese stecken könnte. Der Vierertrupp kam dann alsbald zu einem Ende der Durchsuchung, und ich durfte endlich gehen und in meinen Flieger steigen.

Was hatte ich doch an Eindrücken und Erfahrungen gesammelt in den letzten Tagen. Und es macht mich sehr traurig zu wissen, dass nicht jeder, den ich auf dieser Reise kennenlernen durfte, heute noch am Leben ist.

Nach all dem war es für mich nur noch unverständlicher, wie die Massenmedien weiterhin diese anhaltende Gewalt so gern als komplexes Thema und Konflikt bezeichneten, jedoch nicht als jahrzehntelange Besatzung. Meiner Meinung nach ging es hier nicht um Religion oder Hass, sondern um die Vertreibung von Menschen aus ihrem Zuhause, eine ungerechte Siedlungspolitik und die systematische Benachteiligung einer Volksgruppe.

Reisen prägt einen nachhaltig und man kehrt nie als die Person zurück, die man vorher war. Es sind nicht immer nur die Bilderbuchmomente, die einem in Erinnerung bleiben. Häufig ist das Gegenteil der Fall. Man erlebt das Leid von anderen Menschen mit und fühlt sich plötzlich so privilegiert mit seinem Leben und seinen Luxusproblemen, die daneben ganz klein und unwichtig erscheinen. Wenn man die Chance hat, solche Erfahrungen zu machen und Menschen kennenzulernen, wie ich es tat, kann man sich wirklich glücklich schätzen. Diese Menschen haben mir gezeigt, wie wenig es doch braucht, um zufrieden zu sein. Und wie selbstlos Menschen auch angesichts solcher Lebensumstände sein können. Das sind die wahren Helden, die selbst nichts haben und dennoch das letzte bisschen Hab und Gut mit dir teilen und dir eine Herzlichkeit und Gastfreundschaft entgegenbringen, die ich zuvor selten erlebt hatte.

Ich brauchte eine Weile nach dieser Reise, um für mich einen Weg zu finden, mit all dem umzugehen. Am liebsten hätte ich von den Dächern dieser Welt heruntergebrüllt, wie unfair das doch alles ist. Aber auch das würde nichts ändern, und mir würde es nicht besser gehen dadurch.

Ich erinnerte mich an einen Satz, den ich als Physiotherapie-Schülerin von unserer Schulleiterin mit auf den Weg bekommen hatte.

Mitfühlen ja, Mitleiden nein.

Dass dieser Satz nicht nur für den Umgang mit Patienten galt, sondern auch für fast alle anderen Situationen im Leben passte, ging mir erst jetzt so richtig auf.

Ich konnte die Welt nun mal nicht von Grund auf ändern, sondern nur mich selbst und meinen Umgang mit all dem.

Und trotzdem, nie würde ich jemand sein, die angesichts von Ungerechtigkeiten ihren Mund hielt und somit alles stillschweigend tolerierte. Jedoch half es auch nichts, wenn ich nur noch wütend war und meine ganze Energie auf das Schlechte dieser Welt richtete.

Im Zuge dieser Verarbeitung kam ich zum wiederholten Male auf das hawaiianische Vergebungsritual Ho'oponopono zurück, und mit einem Mal wusste ich, wo ich als Nächstes hinreisen würde.

Sonnenuntergang auf dem Haleakala, Maui, Februar 2020

Meine Reise zu mir

Wie ich mir eine Reise nach Hawaii finanzieren sollte, war mir zu dem Zeitpunkt noch absolut unklar. Aber ich war es mittlerweile gewohnt, mit leichtem Gepäck zu reisen, und schreckte auch nicht vor Langstreckenflügen in der schäbigsten Holzklasse zurück. Wo ein Wille, da ein Weg. Und in der Tat fand ich kurze Zeit später einen Flug von Madrid nach Los Angeles für einen unschlagbaren Preis, nur mit Handgepäck, ohne Essen oder Sitzplatzreservierung. Hin- und Rückflug kosteten mich in etwa so viel wie Flüge nach Deutschland, also schnappte ich bei dieser einmaligen Gelegenheit sofort zu und fing an, alles weitere drumherum zu organisieren.

Ich würde nur eine einzige Insel bereisen können und, von einer inneren Stimme geleitet, entschied ich mich für Maui. Airbnb-Übernachtung in Madrid, dann eine Nacht in einem Sechsbettzimmer in einem Surfhostel in Los Angeles und auch einen bezahlbaren Mietwagen auf Maui fand ich bei meinen Recherchen. Blieb nur noch ein winziges Detail übrig: Wo würde ich auf der Insel unterkommen?

Nach kurzer Durchsicht der typischen Seiten im Internet traf mich die Wahrheit sehr ernüchternd, selbst für ein Zelt in einem Garten zahlte man auf Hawaii so richtig viel Kohle. Wenn ich nicht im Auto schlafen wollte, musste schleunigst eine Lösung her. Ich fragte überall in meinem Freundeskreis nach, ob irgendwer einen Kontakt auf Maui hätte, und wurde schließlich bei guten Freunden hier auf der Insel fündig. Sie waren selbst dort untergekommen bei ihrer letzten Hawaii-Reise, es war der Exfreund einer weiteren ehemaligen Inselbewohnerin von Fuerteventura, die ich sogar kannte.

Also schrieb ich ihn an und fragte nach, ob er mir für meine Zeit auf Maui ein Zimmer vermieten könnte, und er sagte tatsächlich zu. Mir fiel ein Stein vom Herzen und ich bin noch heute unendlich dankbar für diese Möglichkeit, die sich mir da auftat.

Somit stand fest, ich würde Anfang des Jahres 2020 wirklich nach Hawaii reisen.

Währenddessen hatte ich mich auch wieder häufiger und intensiver mit dem hawaiianischen Vergebungsritual Ho'oponopono beschäftigt, da ich merkte, wie sehr es mir doch immer wieder half, in mein inneres Gleichgewicht zu kommen.

In diesem Kontext bekommt das Wort Vergebung allerdings eine etwas andere Bedeutung zugesprochen als die sonst so übliche Assoziation. Hier geht es nicht darum, eine Tat zu entschuldigen, zu rechtfertigen oder gar zu vergessen. Man stelle sich nur mal vor, wie das bei Themen wie Menschenrechtsverletzungen, sexuellen Übergriffen oder anderer Art von Gewalt auf die Opfer wirken müsste! Nein, hier geht es in eine andere Richtung.

Das Vergebungsritual ist für beide Seiten gedacht, sowohl für die, denen etwas passiert ist, als auch für die, die es verursacht haben.

Übersetzt heißt Ho'oponopono so viel wie *Die Dinge wieder richtigstellen.* Man geht damit aus einer passiven Haltung heraus in eine aktive, oder einfacher gesagt: *Raus aus der Opferrolle und zurück in die Kontrolle.* Wir können zwar nicht immer beeinflussen, was uns im Leben geschieht, aber unseren Umgang damit können wir selbst bestimmen. Gefühle wie zum Beispiel Wut, die in bestimmten bedrohlichen Situationen überlebenswichtige Energie freisetzen kann, ist nicht dafür bestimmt, sie für immer mit sich herumzutragen. Aber manch einer hält an negativen Gedanken wie Ärger, Groll, Bitterkeit oder Hass sein Leben lang fest, und das ist nicht gut. Beim Praktizieren von Ho'oponopono befreit man sich von diesen negativen Gefühlen, lässt die Vergangenheit los und schenkt so dem Ganzen keine weitere Energie, sondern nutzt diese von da an wieder bewusst für sich selbst. Und damit mobilisiert man auch gleichzeitig die nötige Kraft für die Lösung vieler Probleme.

Dabei gibt es vier Sätze als Leitfaden:

Es tut mir leid. Bitte verzeih mir. Ich liebe dich. Danke.

Richtig praktiziert, lässt dieses Ritual alte Wunden heilen und einen vom Mangel in die Fülle kommen.

Ich sah mich bereits im Geiste auf der Spitze des Haleakala-Vulkans in Maui sitzen und diese Sätze für mich wiederholen, und allein die Vorstellung setzte wahnsinnig viel Kraft in mir frei.

Derweil liefen meine Reisevorbereitungen auf Hochtouren und ich war voller Vorfreude auf Maui. Die erlaubten acht Kilo Handgepäck waren bis auf das letzte Gramm in meinem Rucksack verteilt und ich würde die kommenden Wochen auf eine gut vorbereitete und sehr funktionelle Garderobe zurückgreifen.

Für die Reisetage hatte ich Bananenbrot gebacken und Müsliriegel vorbereitet, die mich bis in die Staaten vorm Verhungern retten müssten.

Die Flüge waren einigermaßen okay und ich konnte sogar etwas schlafen. In Los Angeles angekommen, dauerte es eine gefühlte Ewigkeit, bis ich durch die *Customs and Border Protection* durch war, so viele Menschen standen dort an, und es ging nur sehr langsam vorwärts. Hier fiel mir zum ersten Mal auf, wie viele Menschen mit Mundschutz rumliefen. Ein Zustand, der schon bald zur Normalität werden sollte.

Endlich raus aus dem Flughafen, wurde ich von einem Uber-Fahrer zum Surfhostel gebracht, wo ich die Nacht bleiben würde. Da es schon spät war und ich am nächsten Morgen wieder früh losmusste, blieb ich einfach im Hostel, duschte und ging schlafen. Hier würde ich auf dem Rückweg nochmal übernachten, hätte dann aber fast einen ganzen Tag vor Ort, um mir die Umgebung anzuschauen.

Am nächsten Morgen ging es also direkt weiter und ehe ich mich versah, saß ich auch schon in einer Hawaiian Airlines-Maschine und lauschte der Hula-Musik aus dem Lautsprecher.

Der Anflug auf die Insel war schon überwältigend und ich klebte förmlich am Fenster. Doch als ich durch den Flughafen schritt, war ich vollends verzaubert. Hier gehst du nicht durch ein geschlossenes Flughafengebäude, nein, es war alles offen, begrünt und bepflanzt, und du konntest den blauen Himmel sehen.

Aloha. Ich war schockverliebt.

Als ich aus dem Flughafen trat, atmete ich das erste Mal bewusst die für Hawaii so unvergleichliche Luft ein. Leicht süßlich, frisch, blumig und warm, so könnte ich es wohl am besten umschreiben. Ich blickte auf dieses grüne Paradies vor mir, einfach sagenhaft schön.

Mit einer kleinen Bahn ging es zum Autoverleih und ich konnte mir dort einfach so einen Wagen aus der Flotte aussuchen. Drin sitzend und ready to go meldete ich mich bei meinem Vermieter für die kommenden zwei Wochen. Wir machten als Treffpunkt den Parkplatz eines großen Supermarktes in der Nähe des Flughafens aus, und ich fuhr los. Als ich dort wartete und jemand Großes und Schlankes auf mich zukam, wusste ich sofort, dass er es war. Er nahm mich zur Begrüßung in seine Arme und hieß mich auf Maui willkommen. Ich mochte ihn auf Anhieb. Er hatte eine so klare und liebevolle Energie und ein ehrliches Lächeln, dass es mir unmöglich war, ihn nicht zu mögen. Ich fuhr hinter ihm her in die Inselmitte, wo er erhöht auf dem Anstieg des Haleakala-Vulkans wohnte. Beim Haus angekommen, zeigte er mir kurz alles, meinte, dass ich mich wie zu Hause fühlen sollte, und dann musste er auch schon wieder los zur Arbeit. Ich packte meine wenigen Sachen in meinem Zimmer aus, zog mich um und trat raus auf die Terrasse. Was für ein Ausblick mich dort erwartete! Von hier oben konnte man komplett hinunter auf die Westküste blicken, die Landschaft war einfach atemberaubend. Ich schlenderte barfuß durch den Garten, der das Haus umgab, und kam aus dem Staunen nicht mehr raus. Bananenpflanzen überall und dann noch ein riesengroßer Macadamianussbaum. Ich entdeckte viele Nüsse auf dem Boden und sammelte sie auf. Schnell hatte ich eine ganze Schüssel voll und brachte sie in die Küche. Im Haus war es angenehm kühl und ich schaute mich um. Küche und Wohnzimmer gingen ineinander über und bildeten den größten Raum. Nebenan war noch eine Art Wintergarten, der als Arbeitszimmer genutzt wurde. Von hier aus kam man auf die Terrasse in den Garten. Von der Küche aus gab es eine weitere Tür nach draußen, die nach hinten in den Garten führte, dorthin, wo der große Macadamianussbaum stand. An der Hauswand war ein Holzgestell angebracht, auf dem mehrere Surfboards und SUPs abgestellt waren.

Ich fühlte mich hier augenblicklich wohl und lief fröhlich und lächelnd wie ein kleines Kind barfuß auf dem Rasen umher.

Jetzt war ich doch tatsächlich auf Maui.

Später, als mein Vermieter nach Hause kam, bestellten wir uns etwas zu essen und saßen den ganzen Abend gemütlich zusammen auf dem Sofa und redeten.

Er erzählte von sich, dass er auch schon mal auf Fuerteventura gewesen war, gab mir jede Menge Infos und Tipps für meine Zeit hier, zeigte mir eine Abstellkammer, in der von Schwimmflossen über Schnorchelausrüstungen alles zu meiner Verfügung stand, und bot mir sogar an, dass ich für meine Zeit hier gerne sein Longboard zum Surfen haben könnte.

Mir fehlten die Worte, so glücklich und dankbar war ich, dass ich hier bei ihm gelandet war.

Er war, mal abgesehen vom Flughafenpersonal und den Autovermietungstypen, die erste Person, mit der ich auf Hawaii in Kontakt kam, und bis heute verkörpert er für mich die personifizierte Form des Aloha Spirits. Er war pure Herzlichkeit und strahlte eine Wärme und Liebe aus, die ich selten so erlebt hatte.

Am nächsten Morgen wachte ich früh auf. Ich war allein im Haus und machte mir erst mal einen Kaffee. Dann ging ich raus auf die Terrasse und blickte auf dieses Paradies, in dem ich mich gerade befand. Ich roch das Grün um mich herum und atmete die kühle, frische Morgenluft ein, während ich die Vögel in den Bäumen zwitschern hörte. Was für ein wunderschönes Fleckchen Erde das hier doch war.

Ich duschte, zog mich an, verstaute Surfboard, Schnorchelsachen und einiges andere im Wagen und fuhr los. Zuerst ging es in einen Supermarkt, wo ich mir ein paar Basics kaufte, die mich die nächste Zeit überall mit hin begleiten sollten: Toastbrot und Erdnussbutter. Eine günstige, wenn auch nicht sonderlich ausgewogene Ernährung stand somit für die kommenden Tage an. Morgen würde allerdings auch ein Farmers Market bei uns in der Nähe stattfinden, wo ich mich mit frischem Obst und Gemüse eindecken würde. Jetzt wollte ich aber erst mal aufs Wasser kommen, um zu surfen.

Das erste Mal in Hawaii wellenreiten zu gehen war ein unbeschreiblich tolles Gefühl. Das Wasser war warm genug, sodass ich nur mit einem Shorty rauspaddeln konnte, und die Szenerie war atemberaubend schön. Die anderen Surfer dort draußen blickten mir lächelnd entgegen und die meisten begrüßten mich mit einem *Aloha* oder *Shaka*.

Meine erste kleine Welle und das Tänzeln auf dem Board waren ein absolut großartiges Erlebnis. Ich fühlte mich eins mit der Natur und glitt mühelos auf dem Wasser vorwärts. Als ich nach vorn schaute, sah ich auf einmal eine Schildkröte vor mir auftauchen. Mein Herz war so voller Freude, ich war regelrecht verzaubert von dem Anblick.

Freudestrahlend verließ ich an diesem Tag das Meer und schlief in der folgenden Nacht tief und erholsam.

Am nächsten Morgen machte ich mich früh auf zum Farmers Market und fand mich in meinem persönlichen Schlaraffenland wieder. So viel lokales Obst und Gemüse, ich war hin und weg von der Vielfalt und Farbenpracht, die mich dort erwartete. Ich deckte mich ein mit allem, was ich für die kommende Zeit benötigen würde, und brachte meine Einkäufe danach direkt nach Hause. Dort frühstückte ich in Ruhe, füllte meine Wasserflasche auf und startete in einen neuen Tag.

Zwar hatte ich für meine Zeit hier eine grobe Vorstellung, was ich mir alles ansehen wollte, aber die meisten Tage fuhr ich einfach ohne Plan los und ließ mich treiben. Da ich immer genügend Essen und Wasser dabeihatte, zudem das Surfboard, die Schnorchelsachen und alles andere, was ich womöglich brauchen könnte, war ich absolut flexibel und konnte meinen Tag immer so gestalten, wie es mir gerade gefiel.

Der einzige feste Termin, den ich hatte, war ein Beach Clean-up, für das ich mich schon vor ein paar Wochen online eingetragen hatte. Solche Beach Clean-ups kannte ich schon von Fuerteventura und auch sonst hatte ich immer ein paar Mülltüten bei mir im Auto liegen für den Fall, dass ich sie brauchen könnte. Wenn man am Meer lebt, und als Wassersportler insbesondere, tut man doch gerne etwas, um dieses Paradies zu schützen.

Das Clean-up war sehr gut organisiert und wir wurden in Kleingruppen an verschiedene Strandabschnitte geschickt. In meiner Gruppe waren ein Pärchen und ein älterer Mann, mit dem ich sofort ins Gespräch kam. Er war schon vor längerer Zeit von Kalifornien nach Hawaii gezogen und lebte hier ein einfaches und bescheidenes Leben. Ob ich schon Wale gesehen hätte, fragte er mich, und ich verneinte. Ich wusste, dass gerade Buckelwal-Saison war, jedoch war ich kein großer Fan von Whalewatching-Touren auf großen Booten.

Er grinste und meinte, er würde das nur zu gut verstehen. Ich solle doch morgen früh um 9 Uhr mal zum Kanu-Club in den Süden der Insel kommen, dort würde er nebenbei arbeiten und ich könne dort für einen Schnupperkurs mit raus zum Paddeln kommen. Wir tauschten unsere Nummern aus und er schickte mir die Adresse.

Am nächsten Morgen um kurz vor neun fand ich mich beim Kanu-Club ein, und kurz darauf ging es mit einem Outrigger aufs Wasser. Wir paddelten alle zu einem speziellen Rhythmus, den einer auf dem Boot angab. Es waren noch keine zehn Minuten vergangen, da sahen wir die erste Wasserfontäne aus dem Wasser spritzen. Wir legten alle unsere Paddel weg und warteten. Wir sollten einen Mindestabstand einhalten, damit die Walmütter und Jungtiere nicht gestört würden. Da die Wale allerdings nichts von dieser Regelung wussten, sahen wir alsbald ein Wal-Junges ganz nah bei uns an der Wasseroberfläche auftauchen. Was für ein einzigartiger Moment das doch war, ich traute mich kaum zu atmen. Kurze Zeit danach näherte sich nun auch die Walmutter und tauchte auf – eine magische Begegnung, die sich in meinem Gedächtnis eingebrannt hat. Solch einen sanften Riesen so nah zu wissen und zu sehen, während man selbst in einer kleinen Nussschale daneben im Wasser trieb und seine Hände ins kühle Nass hielt, war schon tief beeindruckend.

Nachdem die Wale wieder weggeschwommen waren, paddelten auch wir weiter. Immer wieder tauchten Schildkröten neben uns auf, manchmal sogar ganz große Exemplare. Dann trafen wir auf die nächsten Wale. Insgesamt sahen wir fünf Wale an diesem Morgen und ich kann mir gar nicht vorstellen, wie viele von ihnen jedes Jahr zu dieser Zeit dorthin kommen und für eine Zeit in den Gewässern verweilen. Die Natur ist doch etwas ganz Einzigartiges und Wunderbares.

Als wir an den Strand zurückkamen, war ich ganz fasziniert von dem, was ich da gerade eben gesehen und erlebt hatte.

Mir wurde angeboten, dass ich in drei Tagen noch einmal mit rauspaddeln könnte, und ich nahm dieses Angebot dankbar an.

Mit einem tiefen Gefühl der Dankbarkeit für dieses atemberaubende Erlebnis fuhr ich abends noch hoch zum Gipfel des Haleakala-Vulkans, um mir von dort den Sonnenuntergang anzusehen. Es war eisig und ich war froh, meine leichte Winterjacke und eine Mütze dabeizuhaben. Ich atmete die klare und frische Luft ein und schaute von hier oben auf die Insel herunter. Es war ein wahnsinnig schöner Anblick, ich wusste gar nicht, wo ich meinen Blick als Erstes hinwenden sollte. Allmählich fing es an zu dämmern und so suchte ich mir einen Platz, wo ich mich mit einer Decke auf den Boden setzen konnte. Von hier aus blickte ich auf die langsam untergehende Sonne und zeitgleich auf die wunderschöne Küste

Mauis hinunter. Ich war voller Dankbarkeit dafür, dass ich hier sein durfte, und fühlte mich glücklich und beseelt. Während die Sonne immer weiter sank, wiederholte ich im Geiste immer wieder die vier Sätze des Ho'oponopono, fast schon wie ein Mantra. Und auch als die Sonne bereits untergegangen war, ich schließlich im Auto saß und vorsichtig im Dunkeln wieder nach unten fuhr, behielt ich diese Sätze ständig bei mir.

Ich fühlte mich ziemlich erschlagen von den ganzen Erlebnissen, spürte aber gleichzeitig eine tiefe Zufriedenheit in mir.

Diese Insel hatte eine ganz besondere Wirkung auf mich, die ich jeden Tag stärker spürte. In den vergangenen Monaten und Jahren hatte ich immer weiter an mir gearbeitet, alte Glaubenssätze aufgelöst, Wunden aus vergangener Zeit geheilt und Ballast abgelegt, der nicht mehr zu mir gehörte.

Etwas in mir veränderte sich und ich merkte, wie sich langsam, aber stetig ein wohliges und warmes Gefühl in meinem Brustkorb breitmachte und wie sich schließlich und endlich mein Herz öffnete.

All die Jahre, in denen ich mein Herz immer nur an andere verschenkt hatte, hatte ich stets das Wichtigste vergessen: mich selbst. Ich hatte zwar meine Liebe bereitwillig an andere vergeben, aber sie mir selbst immer verwehrt. Hier und jetzt spürte ich das erste Mal, wie es sich anfühlte, voller bedingungsloser Selbstliebe zu sein.

Da musste ich doch tatsächlich erst nach Hawaii reisen, bis ich es endlich verstand, und das nicht nur kopfmäßig, sondern gefühlsmäßig tief in mir drin.

Maui wird nicht ohne Grund das Herzchakra der Erde genannt, wo vor allem auf dem Haleakala-Vulkan eine sehr konzentrierte Energie voller purer Liebe herrscht.

Ich fand hier einen Teil von mir, der sich auf der einen Seite komplett neu anfühlte, aber dann wiederum auch altbekannt und irgendwie wohlig vertraut. Es war mir, als wäre ein lang vergessenes Puzzleteil zu mir hinzugefügt worden, und es war plötzlich alles stimmig und rund.

Und genau zu dieser Zeit geschah noch etwas, was mein Leben zukünftig sehr verändern sollte.

Während ich eines Morgens mit meinem Kaffee in der Hand im Garten stand, die frische Morgenluft einatmete und den Vögeln lauschte, hörte ich, wie zum ersten Mal die Stimme meines jetzigen Lebenspartners zu mir sprach.

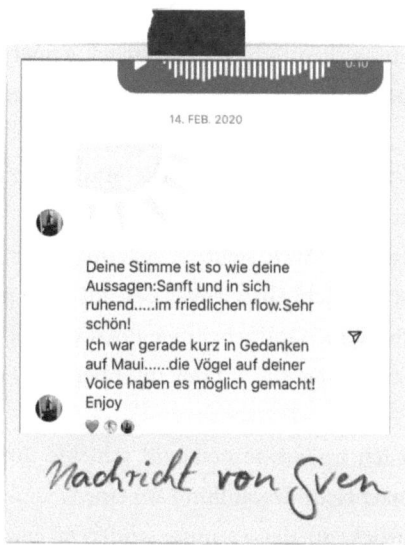

14. FEB. 2020

Deine Stimme ist so wie deine
Aussagen:Sanft und in sich
ruhend.....im friedlichen flow.Sehr
schön!
Ich war gerade kurz in Gedanken
auf Maui......die Vögel auf deiner
Voice haben es möglich gemacht!
Enjoy

Nachricht von Sven

Love is in the air

Hätte mir mal jemand gesagt, dass ich online meine große Liebe finden würde, hätte ich diese Person wahrscheinlich zuerst ausgelacht und ihr anschließend einen Vogel gezeigt.

Ich war nie ein Fan von Onlinedating-Portalen oder Ähnlichem gewesen und fand es schon sehr nervig, wenn manch einer meine regulären Social-Media-Kanäle mit Tinder verwechselte.

Hier war der Fall jedoch etwas anders. Wir folgten einander seit einiger Zeit bei Instagram, da wir durch das Kiten, Fuerteventura und bestimmte Reiseziele einige Gemeinsamkeiten hatten. Hier mal ein Like, dort mal ein kurzer Kommentar, mehr war da nie gewesen. Bis jetzt.

An diesem besagten Morgen schaute ich, zugegebenermaßen zuerst etwas skeptisch, aber gleichzeitig auch neugierig, auf mein Handy, das mir eine Sprachnachricht von ihm anzeigte.

Ich drückte also auf die Play-Taste und hörte, was er mir zu sagen hatte.

Hallo, ich bin der Sven, stellte er sich mir vor und erzählte, dass er selbst vor nicht allzu langer Zeit auf Maui gewesen sei und er durch meine Onlinebeiträge noch einmal diese ganz besondere Stimmung, die auf der Insel herrscht, miterleben durfte.

Das fand ich irgendwie nett und schickte ihm ebenfalls eine Sprachnachricht. Daraufhin kam eine weitere Nachricht von ihm zurück, in der er unter anderem erwähnte, wie schön es doch sei, die Vögel bei mir im Hintergrund zwitschern zu hören.

All das mag jetzt vielleicht sehr kitschig klingen, aber irgendwie berührte mich das, und seit diesem Morgen blieben wir in Kontakt.

Ich genoss jede einzelne Sekunde auf Maui und sog in einer Tour die guten Vibes in mich auf. An manchen Tagen zog es mich ins Meer zum Schnorcheln, an anderen zum Surfen und an noch anderen Tagen erkundete ich mir noch unbekannte Ecken der Insel. Und jedes Mal traf ich auf Menschen, die mir mit einer unbeschreiblich puren Herzlichkeit begegneten. Denke ich an Maui zurück, so denke ich daran als Erstes.

Das zweite Mal mit dem Outrigger aufs Meer zu paddeln toppte sogar noch die erste Fahrt, da ein Wal in einiger Entfernung komplett aus dem Wasser heraussprang. Das war schon sehr beeindruckend mitanzusehen, wie sich vierzig Tonnen Lebendgewicht so scheinbar mühelos in die Luft katapultierten.

In mir ruhend, ausgeglichen und glücklich ging es dann nach einer viel zu kurzen Zeit in diesem traumhaften Paradies wieder heimwärts. Ich bedankte mich nochmals von ganzem Herzen bei meinem Gastgeber und nahm ihn zum Abschied in den Arm. Hätte ich gewusst, dass ich ihn da das letzte Mal sehen sollte, hätte ich ihn wahrscheinlich noch etwas länger an mich gedrückt.

Im Flieger sitzend, ließ ich diese ereignisreichen letzten Tage auf Maui nochmal vor meinem geistigen Auge Revue passieren. What a ride! Ich fühlte mich seelisch so beflügelt und gestärkt, dass ich dies sogar körperlich spürte. Diese innere Klarheit spiegelte sich im Außen wider, indem ich plötzlich mehr Energie zur Verfügung hatte, die ich nutzen konnte. Ich war scheinbar in meiner Mitte und es fühlte sich verdammt gut an. Es war mal wieder eine Erinnerung daran, wie sehr unsere Psyche unsere Gesundheit beeinflussen kann, und wie eng beides zusammenhängt.

In meinem Kopf hatte es dazu stets zwei Parteien gegeben. Auf der einen Seite stand mein rationales Denken, das für alles immer gleich eine logische Erklärung fand und dies auch mit handfesten Fakten untermauern konnte. Aber dann gab es da noch einen anderen Part in mir, und dem waren die von uns Menschen gesetzten Grenzen der Logik ziemlich schnuppe. Da ging es rein ums Fühlen und In-sich-Spüren. Ich vergleiche es gern mit dem Instinkt von Tieren, die manchmal intuitiv wissen, ob Gefahr lauert oder nicht. Über die Zeit hatte ich mehr und mehr gelernt, auf beide innere Stimmen gleichwertig zu hören und meinem Gefühl zu vertrauen. Und dabei musste ich nicht exakt in Worte fassen können, warum oder wieso etwas so war. Wenn es sich gut anfühlte, dann war es auch so. Ich reagierte sogar körperlich auf meine nähere Umgebung und merkte relativ schnell, wenn diese meiner Seele nicht guttat. Aber missachtete ich die Zeichen, manifestierte es sich auf physischer Ebene immer mehr, bis ich es irgendwann nicht mehr ignorieren konnte. Auf einmal ergab alles einen Sinn.

Dankbaren Herzens für diese Erkenntnis ließ ich mich leise seufzend tiefer in meinen Sitz hineinsinken und schaute wehmütig ein letztes Mal aus dem Fenster auf Maui hinunter, bevor wir in den Wolken verschwanden.

Auf dem Rückweg hatte ich einen weiteren Zwischenstopp in Los Angeles und mir blieb nach der Nacht im Surfhostel noch fast der ganze Tag, bevor ich gegen 18 Uhr zum Flughafen musste.

Also vereinbarte ich mit den Jungs vom Hostel, dass ich meinen Rucksack tagsüber noch bei ihnen unterstellen konnte und lieh mir von ihnen ein Fahrrad.

Um mir die Küstengegend anzusehen und mich auch gleichzeitig etwas zu bewegen, bevor ich wieder ewig lang im Flieger sitzen würde, fuhr ich an dem Tag mehr als vierzig Kilometer die Küste hoch und runter. Und das wohlgemerkt mit einem Fahrrad ohne Gangschaltung. Ich war jedes Mal aufs Neue erstaunt, wie problemlos ich so etwas mittlerweile wieder körperlich hinbekam. Manchmal dachte ich dann flüchtig an Zeiten zurück, wo all das nicht möglich gewesen wäre. Aber ich verweilte nie lange in diesen Erinnerungen, gehörten sie doch meiner Vergangenheit an. Wichtiger war mir, was jetzt gerade in der Gegenwart stattfand. Was jedoch blieb, war stets eine aufrichtige Dankbarkeit für die vermeintlich kleinen Dinge des Lebens. Durch meine Krankheit hatte ich gelernt, dass diese nicht selbstverständlich waren, und wusste sie umso mehr wertzuschätzen.

Städte mit dem Fahrrad zu erkunden ist generell eine schöne Sache, wobei es natürlich auf die jeweilige Stadt ankommt. Die Küste von Los Angeles ist perfekt dafür geeignet. So fuhr ich am Muscle Beach vorbei, schaute mir Venice Beach und auch die Kanäle an, besuchte den Santa Monica Pier und kam erschöpft und ausgepowert wieder zurück zum Hostel, wo ich noch eine ganze Weile den Surfern draußen auf dem Meer zusah. Die Jungs vom Hostel waren so nett und ließen mich dort noch duschen, ehe ich mich auf den Weg zum Flughafen machte.

Etwa zu dem Zeitpunkt machten Sven und ich aus, dass wir uns bald mal auf Fuerteventura auf einen Kaffee treffen könnten. Er würde zur gleichen Zeit mit dem Van nach Fuerteventura kommen, wenn ich von Hawaii zurückkäme, und da wir uns gut verstanden, sprach absolut nichts dagegen.

Die weitere Heimreise verlief unspektakulär und schon bald kam ich auf meine Insel zurück und lebte mich dort schnell wieder ein.

Geprägt von den letzten Wochen fühlte ich mich absolut wohl und strahlte quasi von innen heraus. Hawaii hatte definitiv etwas in mir bewegt. Es war so, als wenn da ein Knoten geplatzt wäre, von dem ich vorher gar nichts gewusst hatte. Mir kam es vor, als wenn ich so viel tiefer Luft holen konnte als jemals zuvor und fühlte mich mit mir selbst und meiner Umwelt in einem wunderschönen Einklang.

Ich traf mich mit Freunden zum Surfen und fieberte dem Tag entgegen, an dem ich mein neues Longboard abholen könnte, was ich noch vor Hawaii bei meinem Shaper hier auf der Insel in Auftrag gegeben hatte.

Etwa zwei Wochen nach meiner Rückkehr war es dann so weit, ich kam vom Surfen und holte spät nachmittags das neue Board ab, ein wunderschönes 9,8er Single Fin Noserider.

Morgen würde ich damit das erste Mal aufs Wasser und surfen gehen – dachte ich zumindest.

Denn ab da kam alles anders. Was schon seit Wochen in den Medien kursierte und sich während meiner Zeit auf Maui noch verschlimmert hatte, traf uns dann trotz all dieser Warnsignale doch irgendwie plötzlich und unerwartet. Corona.

Spanien ging von einem auf den anderen Tag in einen sehr strikten Lockdown und wir standen ab nun unter Militärrecht.

Plötzlich durften wir uns draußen nicht mehr frei bewegen. Ein Wocheneinkauf von einer einzigen Person pro Haushalt im nächstgelegenen Supermarkt war gestattet, ansonsten hatte man zu Hause zu bleiben. Ich als Hundebesitzerin durfte zumindest noch mit dem Hund raus, aber auch hier nur in einem Umkreis von fünfzig Metern ums Haus.

Polizei und Militär waren ständig auf den Straßen unterwegs und sorgten mit strengen Kontrollen und Strafmandaten dafür, dass auch wirklich jeder zu Hause blieb.

Von heute auf morgen drehte sich das Leben für die meisten Menschen um 180 Grad, so auch für uns hier auf der Insel. Was anfangs noch von vielen für eine kurze und knappe

Nummer gehalten wurde, sollte sich im Laufe der Zeit als monatelanger Lockdown herausstellen.

Für mich änderte sich durch meinen Homeoffice-Job nicht ganz so viel, zumindest vormittags konnte ich an meiner altbekannten Routine festhalten und hatte somit auch ein Basiseinkommen sicher. Das war schon sehr viel mehr, als die meisten von sich behaupten konnten. Und zuerst fand ich diese Entschleunigung auch irgendwie ganz nett. Klar wäre ich auch gerne Kiten und Surfen gegangen oder hätte gerne nachmittags meine Patienten behandelt. Aber da das nun mal gerade nicht zur Debatte stand, konnte ich in aller Ruhe die Dinge machen, für die mir sonst immer gefühlt die Zeit fehlte.

Ich fing wieder an, ein Dankbarkeitstagebuch zu schreiben, meditierte früh morgens, nahm mir einige Nähprojekte vor und besuchte Online-Yogakurse, die unsere Yogalehrerin hier auf der Insel netterweise kostenlos anbot.

Mit Freunden aus aller Welt traf ich mich abends zum gemeinsamen Aperitif per Videocall, ich probierte endlich mal ein paar neue Back- und Kochrezepte aus und nachmittags machte ich es mir häufig mit einem Buch auf der Terrasse gemütlich. Alles in allem gar nicht so übel, wäre die Sehnsucht nach dem Meer nicht so groß gewesen.

Beginn des Lockdown in 2020

Real Talk

Das gemeinsame Kaffeetrinken mit Sven stand noch immer aus, da ich hier oben im Norden war und er im Süden der Insel mit seinem Van auf dem Grundstück von Freunden festhing. Dort hatte er temporär Zuflucht gefunden, denn mittlerweile waren alle Van-Reisenden von der Polizei von den Stränden vertrieben und auf die nächsten Fähren Richtung Heimat verfrachtet worden.

Begünstigt durch diesen unerwarteten Zugewinn an Zeit, den wir alle durch den Lockdown erlebten, fingen wir an, uns lange Sprachnachrichten zu schicken, die uns beide von nun an durch den Tag begleiteten. Wir erzählten uns viel über unser Leben und was uns sonst noch alles durch den Kopf ging.

Und so lernten wir uns auf eine ganz andere Art und Weise kennen, als es vielleicht sonst der Fall gewesen wäre. Es war ähnlich wie bei einer Brieffreundschaft, nur dass uns die gegenseitigen Nachrichten wesentlich schneller erreichten und man dazu noch eine Stimme hören konnte, die dem Ganzen eine noch persönlichere Note verlieh.

So erfuhr ich, dass er in jungen Jahren schon mit dem Windsurfen angefangen und ihn dies bis vor kurzem in seinem Leben ständig begleitet hatte. Aber er wollte nicht eines Tages einer dieser alternden Wassersportler werden, die nicht mehr aktiv surften, sondern nur noch mit stolzgeschwellter Brust am Strand spazieren gingen und jedem, der es hören will oder auch nicht, von ihren ruhmreichen Tagen erzählten. Deswegen hatte er kurzerhand aufs Kiten umgeschwenkt, das nun mal körperlich um Längen weniger fordernd ist als Windsurfen. Hier begann er als absoluter Anfänger noch einmal ganz von vorne. Es ging ihm da ähnlich wie mir, Kiten war etwas, das einfach nur Spaß machen sollte, und es ging nicht darum, besser zu sein als die anderen. Allein durch solche Äußerungen war er mir schon von Grund auf sympathisch.

Sven war viele Jahre verheiratet gewesen und hatte eine erwachsene Tochter, auf die er sehr stolz war. Letzten Endes hatten er und seine Frau sich jedoch getrennt, da sie sich auseinandergelebt hatten. Sie waren im Guten auseinandergegangen und standen seither in einem respektvollen und freundschaftlichen Verhältnis zueinander.

Aber auch nicht so schöne Themen wurden angesprochen, frei nach dem Motto »all in, wir lassen mal die Deckung fallen«, begegneten wir uns ganz offen und ehrlich, und somit auch verletzlich. Und so erfuhr ich von seiner jüngsten Vergangenheit, die sein Leben doch ziemlich abrupt auf den Kopf gestellt hatte.

Zunächst erzählte er nur Teilstücke, doch als unsere Freundschaft und damit unser Vertrauen zueinander wuchs, bekam ich die vollständige Geschichte zu hören.

Sven hatte seine frühere Partnerin in Norddeutschland am Strand kennengelernt. Auch sie war seit kurzem wassersportaffin und hatte gerade mit dem Kiten angefangen. Die beiden wurden ein Paar und ein knappes Jahr später zogen sie zusammen. Laut Sven hatte sie ein dominantes Erscheinungsbild – eine sportliche Person mit breitem Kreuz und einem übertrieben selbstbewussten Auftreten. Wirkte sie nach außen doch sehr extrovertiert, war sie in Wahrheit ein unsicherer und ängstlicher Mensch, erzählte Sven.

Zum Zeitpunkt ihres Kennenlernens war sie bereits hoch verschuldet und nach einer gewissen Zeit bot Sven an, ihr das Geld zu leihen, das sie benötigte, um ihre vielen Kredite zu tilgen. Dieses Angebot nahm sie bereitwillig an.

Die kommenden Jahre lebten sie wie auf einer Überholspur und reisten ständig in der Weltgeschichte umher.

Und auch daheim gab es kaum ein Wochenende, an dem sie nicht mit seinem Campervan zum Kiten an die See fuhren.

Fast drei Jahre waren sie nun schon ein Paar, als sie im letzten Herbst eine Van-Tour nach Italien unternahmen. Direkt nach dem Urlaub, noch morgens beim Kaffee im Bett, teilte sie Sven dann kühl mit, dass sie sich von ihm trennen würde. Ohne weitere Erklärung wurde er zunächst auf die Couch ins Wohnzimmer verbannt, drei Tage später setzte sie ihn nachts endgültig vor die Tür. Sven erzählte mir, dass

all das für ihn wie aus heiterem Himmel kam und er überhaupt nicht wusste, wie ihm da geschah. Und so fand er sich
auf einmal, nur mit ein paar wenigen Habseligkeiten im Arm,
mitten in der Nacht im Regen auf der Straße stehend vor.

Da er nicht wusste, wohin, ging er in den Van, der ja noch
immer halb bepackt vom letzten Urlaub an der Straßenecke
stand. Durchnässt und durchgefroren in dem kalten Van sitzend, realisierte er, dass hier gerade etwas passiert war, das
endgültig war. Er wusste nicht, wer diese harte und abwei-
sende Person war, die ihn da so herzlos abserviert und mit
der er die letzten drei Jahre seines Lebens verbracht hatte.
Es kam noch nicht mal Wut auf, sondern nur große Enttäuschung. Glücklicherweise schaltete er intuitiv in eine Art
Überlebensmodus. So zeigte er wahrlich Trennungskompe-
tenz und zog rigoros noch in dieser Nacht einen Schluss-
strich unter dieses Kapitel, meldete sich online beim Bürgeramt von dieser Adresse ab und befreite sich auch sonst von
jeder möglichen Schnittstelle.

In einem letzten Gespräch teilte sie ihm dann mit, dass er
von ihr keine Rückzahlung der Schulden zu erwarten habe.
Aber mehr noch als das Finanzielle schmerzte Sven der Ver-
trauensbruch. Er fühlte sich gedemütigt und hintergangen,
und so entschied er, dass er mit dieser Person nichts mehr zu
tun haben wollte.

Von da an blockierte er sie auf allen Ebenen, und trotzdem
fand sie immer wieder neue Wege, ihm Nachrichten zukommen zu lassen. Und je mehr sie merkte, dass er ihrer Kontrolle entschwand, umso mehr wollte sie ihn anscheinend
wieder zurück.

Nach relativ kurzer Zeit hakte Sven das Thema für sich als

kostspielige und schmerzhafte Erfahrung ab, richtete seinen Blick nach vorn und machte fleißig Zukunftspläne. Er suchte sich ein neues Gym zum Trainieren und konnte so zumindest einmal am Tag dort warm duschen. Denn bei eisigen Temperaturen im Winter in einer Großstadt in einem Van zu leben, das hatte nichts mit dem viel gehypten Bild vom easy Vanlife zu tun. Stück für Stück entließ Sven außerdem viele falsche Freunde aus seinem Leben. Danach suchte er sich ein schönes Haus mit Garten, das ab dem Sommer bezugsfrei war. Er kaufte dafür alles neu ein, da er nichts aus der gemeinsamen Wohnung mitgenommen hatte. Nachdem er den neuen Hausrat eingelagert hatte, beschloss er final, dass er den Winter nicht im kalten Deutschland im Van verbringen wollte, bis er ins neue Haus einziehen könnte.

So kam Sven also nach Fuerteventura, verbrachte dort die Weihnachtszeit, ging das allererste Mal allein Kiten und fand langsam wieder zu seiner alten Lebensfreude zurück.

Als wir uns dann im Frühjahr kennenlernten, hatte er in seinem Leben schon ordentlich aufgeräumt, seine Wunden geleckt, viel innere Arbeit geleistet und war auf dem besten Weg, dieses Kapitel ein für alle Mal hinter sich zu lassen. So dachte er zumindest.

Es war einige Wochen vor dem Lockdown, als er durch einen Bekannten auf der Insel erfuhr, dass seine Exfreundin nach Fuerteventura kommen würde. Und bald schon sah er sie dann auch an einem Kite-Spot auf dem Parkplatz stehen. Er ging zu ihr rüber, drückte ihr wortlos ihre restlichen Sachen aus dem Van in die Hand, die er noch beim Aufräumen gefunden hatte, drehte sich um und ging. Da sie zwangsläufig in den nächsten Tagen auf dieser kleinen Insel aufeinandergetroffen wären, hatte er dies nur hinter sich bringen wollen.

Kurioserweise bekam Sven kurz darauf mal wieder Mails von ihr, deren Titel er entnehmen konnte, dass sie ihn vermisse und liebe. Auch diese Nachrichten wanderten alle ungelesen in den Papierkorb seines Handys. Aber damit nicht genug, ein paar Tage später sah er sie dann auch noch um seinen Van herumschleichen. Da er zu dem Zeitpunkt jedoch in der Abdeckung einer Düne unweit entfernt am Strand lag, bemerkte sie ihn nicht und zog nach einigen Minuten missglückter Suche von dannen.

Etwas verschämt erzählte Sven mir, wie unglaublich dumm er sich vorkam, dass er auf sie hereingefallen war. Aber es stellte sich später noch heraus, dass er nicht der Erste gewesen war, der auf diese Art und Weise von ihr ausgenommen worden war. Dieselbe Nummer hatte sie bereits etliche Male mit vielen anderen Partnern als auch Freunden abgezogen. Geliehene Gelder und vorfinanzierte Reisen wurden nie zurückgezahlt und diverse teure Geschenke wie Designerhandtaschen wurden von ihr seit jeher wie Jagdtrophäen zur Schau gestellt.

Ich hakte etwas nach bei Sven und fragte ihn, was das Geschehene mit ihm gemacht hatte. Und seine Antwort stimmte mich nachdenklich und traurig zugleich. *Weißt du, Anni,* fing er an, *mir war so etwas bis dato total fremd. Ich konnte mir nicht vorstellen, dass es Menschen gibt, die so eiskalt berechnend die Gutmütigkeit und das Vertrauen anderer ausnutzen. Nenn mich naiv, aber vielleicht bin ich in einer viel zu heilen Welt für die heutige Zeit aufgewachsen.*

Innerlich nickte ich bei seinen Worten und empfand tiefes

Mitgefühl für ihn. Er fuhr fort. *Ich wollte aber nicht zulassen, dass diese Erfahrung mich beschädigt oder von Grund auf mein Wesen verändert. Dass ich auf so jemanden hereingefallen bin, war mir eine Lehre und hat mich in vielerlei Hinsicht wachsamer werden lassen. Und so habe ich für mich entschieden, dass ich Menschen weiterhin offen und ehrlich begegnen werde. Aber ich habe für mich eine Sicherung eingebaut. Werden bestimmte Grenzen überschritten, bin ich raus.*

Ich fand Svens Worte sehr einleuchtend und es sprach Erfahrung aus ihnen. Ich hatte ja selbst die ein oder andere Ehrenrunde gebraucht, bis ich für mich einen guten Umgang damit gefunden hatte.

Das Problem in der Welt war nun mal, dass die meisten Menschen Gutmütigkeit schnell mit Dummheit verwechselten.

Merkte ich dies bei einem Gegenüber, konnte ich mich da inzwischen schnell lösen. Mir ging es bei den Menschen in meinem Leben um Qualität und nicht um Quantität. Und deswegen verfolgte ich mittlerweile eine sehr klare Linie. Frei nach dem Motto »Love it, leave it or change it« sondierte ich, in welche Kategorie eine zwischenmenschliche Beziehung oder Gegebenheit für mich fallen würde. Manchmal war aber auch das größte Maß an Liebe und Veränderung nicht ausreichend, um eine Situation derartig zu verändern, dass sie in mein Leben passte. Und da war Loslassen mitunter das Befreiendste, was ich praktizieren konnte.

Nach diesem zugegebenermaßen doch etwas schweren Thema fanden Sven und ich auch rasch wieder zu schöneren Gesprächsinhalten zurück. Wir erzählten uns gegenseitig Anekdoten aus unseren Leben, welche Menschen uns positiv geprägt hatten, und fanden heraus, dass wir doch sehr ähnliche Werte hatten. Unsere Unterhaltungen waren geprägt von einer hohen Diversität, wir konnten mit Leichtigkeit über alles sprechen und von ernst zu lustig innerhalb einer Sekunde hin- und herwechseln. Ich genoss diesen Austausch sehr und freute mich schon darauf, ihn hoffentlich bald auch live und in Farbe treffen zu können.

Ankunft Sven

Hausarrest

Der Lockdown schritt voran und es war keine Besserung in Sicht. Die strikten Kontrollen hatten mittlerweile zu den ersten teuren Strafzetteln im Bekanntenkreis geführt. Nicht jedem fiel es leicht, sich mit sich selbst zu beschäftigen. Gerade die Menschen, die normalerweise tagsüber auf dem Wasser waren, jeden Abend irgendwo ihr Bierchen tranken oder etwas essen gingen, litten sehr unter dieser Isolation. Manch einer dachte, dass er besonders schlau wäre und nach dem Einkaufen draußen auf dem Parkplatz ja noch etwas länger mit einem Bekannten quatschen könnte. Aber auch hier war die Polizei rigoros. Kontrollierten sie dich dann später auf dem Heimweg, wurde geprüft, was du alles eingekauft hattest und ob das auch wirklich ein Wocheneinkauf war. Und sie sahen anhand des Kassenbons auch die genaue Uhrzeit deines Einkaufs. Stimmte die nicht in etwa mit deinem Rückweg und somit der Kontrolle überein, durftest du zahlen.

Kein Wassersport machen zu können auf einer Insel, die dafür bekannt ist, das war schon sehr merkwürdig. Es gab Tage mit top Wellen zum Surfen und Tage mit besten Windbedingungen zum Kiten, doch schaute man auf die Webcams, so waren die Spots einsam und verlassen. Einige wenige hatten es nicht lassen können und waren dennoch gegangen, mit dem Resultat, dass die Polizei dort erschien und die Höhe der Strafen genug Abschreckung für etwaige Nachahmungskünstler war.

Die Stimmung variierte von Person zu Person und es gab einige, die diese Isolation sogar schön fanden und die Zeit mit ihren Familien sehr genossen. Aber auch viele Alleinlebende mochten die Ruhe und Abgeschiedenheit und nutzten diese störungsfreie Zeit für sich selbst.

Sven und ich hegten derweil einen sehr intensiven Kontakt übers Handy, unsere gegenseitigen Nachrichten begleiteten uns mittlerweile durch den Alltag. Ich nahm ihn mit auf meine Spaziergänge mit Manolo und hatte ihn beim Kochen und Backen dabei. Und er teilte mit mir die Workouts, die er täglich mit seinen Freunden veranstaltete, nahm mich bei Reparaturarbeiten mit in den Van und erklärte mir, was er da genau tat. Es war abzusehen, dass der Spuk mit dem Lockdown hier nicht so schnell wieder enden würde, wie anfangs noch naiv gedacht, und so überlegten wir, dass es doch eigentlich ganz schön wäre, könnten wir die Zeit gemeinsam verbringen. Einen besseren Zeitpunkt zum Kennenlernen gab es im Prinzip nicht. Entweder wir fänden uns auch in Wirklichkeit toll, oder wir würden uns ziemlich schnell auf die Nerven gehen. So oder so, wir wüssten es dann sehr bald, und deswegen war ich eine Befürworterin dieser Idee. Also bot ich Sven an, dass er seinen Van in meinem Garten parken könnte, sollte er eine Möglichkeit finden, hoch in den Norden zu kommen. Wir schmiedeten A-Team-würdige Pläne und setzten diese bald darauf auch in die Tat um.

Bis zur Hauptstadt in der Inselmitte durfte er legal fahren, da es dort ein großes Elektrogeschäft gab, und das zählte zu den wenigen Ausnahmen, wo man in Notfällen hindurfte, von den Supermärkten und Apotheken mal abgesehen. Und da sein Handy in der Tat schwächelte und somit unser einziges Kommunikationsmittel in Gefahr war, würde er dorthin fahren und sich ein neues kaufen. Sollte er kontrolliert werden, hätte er zeitgleich die perfekte Ausrede für seine kleine Inselexpedition.

Von der Hauptstadt aus wollte er bei eventuellen Kontrollen behaupten, er würde bei seiner Freundin im Norden wohnen, wolle dorthin zurück und hatte meine Meldebescheinigung mit Adresse und Steuernummer/NIE griffbereit, als Screenshot auf seinem Handy. Sollte die Polizei mich doch einfach anrufen, ich würde die Geschichte bestätigen.

Ich verfolgte seine Fahrt über einen Live-Tracker und fieberte bei jeder Kontrolle mit ihm mit. Letzten Endes ging alles gut und er schaffte es hoch in den Norden.

So kam es, dass nach knapp zwei Wochen Lockdown sein Van auf mein Grundstück rollte und wir uns das erste Mal persönlich gegenüberstanden. Ich war weder aufgeregt noch nervös, sondern spürte eine innere Ruhe, sobald er in meiner Nähe war.

Wir hatten uns während der letzten Wochen so viel erzählt, sowohl von guten als auch schlechten Erfahrungen, von der Vergangenheit und Gegenwart, dass wir nie auch nur eine Sekunde lang das Gefühl hatten, wir träfen jetzt gerade auf eine fremde Person. Im Gegenteil, es war direkt etwas sehr Vertrautes zwischen uns. Und so verbrachten wir ab dem Zeitpunkt den weiteren Lockdown gemeinsam.

Und gerade weil wir unsere Kennenlernphase quasi unter verschärften Bedingungen verbrachten, lernten wir einander schneller und intensiver kennen als unter »normalen« Umständen. Hier gab es keine Ablenkungen, niemand musste oder durfte irgendwo hin. Freunde treffen, zum Sport gehen – jegliche Termine außerhalb der eigenen vier Wände fielen weg, und dadurch lag unser Fokus fast zu hundert Prozent nur auf uns. Wenn man so viel Zeit auf kleinstem Raum tagein, tagaus über mehrere Wochen hinweg verbringt, gibt es kaum eine Chance, sich auf Dauer zu verstellen oder sonst etwas zu verheimlichen. Man lernt sehr schnell die Eigenarten des anderen kennen, sowohl die positiven als auch die negativen. Wenn es kleinere Unstimmigkeiten gab, setzten wir uns damit direkt auseinander, anstatt dieser Situation zu entfliehen. Es war, als hätte jemand die Welt um uns herum auf Pause gestellt, es gab nur uns.

Wohingegen andere Paare und Familien während des Lockdowns und ewigen Aufeinanderhockens sichtlich an ihre Grenzen kamen, genossen wir die Zeit zusammen sehr und unsere Gefühle füreinander nahmen mit jedem Tag zu.

Hier geschah gerade etwas ganz Wunderbares, ganz bewusst und ehrlichen Herzens trafen wir aufeinander und es entwickelte sich etwas Einzigartiges, das ich so noch nie zuvor erlebt hatte. Ich denke nicht, dass das zufällig geschah, sondern sah es als das Resultat von zwei Menschen an, die hier ganz bewusst eine Entscheidung gefällt hatten. Wir hatten beide unsere Erfahrungen in der Vergangenheit gemacht, daraus gelernt und konnten so einander, innerlich gut aufgeräumt, begegnen.

Da wir wegen des Hausarrests nirgends hin durften, wurden wir kreativ. Wir veranstalteten unsere eigenen Kinonächte im Van, schauten uns alte Filme an, zu denen wir stilecht Popcorn und Eis aßen. Und auch Manolo stellte sich als sehr Van-liebender Hund heraus.

Wir fanden außerdem ein altes Reise-Backgammon-Spiel und spielten das schon fast täglich auf der Terrasse in der Sonne sitzend.

Ostern versteckten wir Kleinigkeiten füreinander und veranstalteten zusammen mit den Nachbarn sogar einen Osterbrunch. Da ihr Haus auf dem gleichen Grundstück stand wie unseres, waren wir sozusagen eine Hausgemeinschaft und brachen somit nicht mal die Regeln.

Wir unternahmen gemeinsame Spaziergänge mit Manolo und unserer Nachbarshündin, und zeigte sich irgendwo in der Ferne Militär oder Polizei, ging jeder von uns mit einem Hund in eine andere Richtung davon.

Auch den Gang zum Supermarkt unternahmen wir zusammen. Da uns niemand vorschreiben konnte, wie man zum Supermarkt hinkam, gingen wir zu Fuß, anstatt mit dem Auto zu fahren, damit wir uns einfach mal etwas bewegen konnten.

So liefen wir, jeder auf einer anderen Straßenseite und jeweils mit der Hälfte des Einkaufszettels bewaffnet, zum Wocheneinkauf. Dies ging auch einige Male gut, bis dann doch mal einer von uns im Supermarkt rausgeschmissen wurde, da sie merkten, dass wir zusammengehörten.

Ich machte fleißig weiter mein Yoga auf der Terrasse und Sven sein Krafttraining, unser gesamtes Kite- und Surfmaterial wurde mal endlich so richtig penibel gereinigt und gepflegt und auch sonst wussten wir uns immer zu beschäftigen.

Aus einer Laune heraus erstellte ich sogar einen weiteren Instagram-Account, auf dem ich meine veganen Back- und Kochexperimente publizierte.

Sowohl meine Eltern als auch seine Exfrau waren so lieb und schickten uns ein Care-Paket mit veganen Süßigkeiten aus Deutschland, was ich unglaublich herzlich fand.

In diesen Zeiten war der Kontakt zur Außenwelt durch Telefonieren, Videocalls und auch Social Media ein nicht zu unterschätzender Faktor und für viele wichtiger denn je geworden. Wir hielten unsere Freunde und Familien neben privaten Gesprächen natürlich auch durch Onlinebeiträge auf dem Laufenden. Dass man dabei auch schnell mal die Aufmerksamkeit von anderen auf sich ziehen kann, hatte mich bisher noch nie gestört, aber das sollte sich nun ändern. Sven hatte seine Social-Media-Aktivitäten schon seit längerem auf privat gestellt, um etwas zu neugierige Personen aus seinem Leben fernzuhalten. Meine Accounts waren jedoch weiterhin öffentlich, und eines Tages wurde Sven schließlich von den Eltern seiner Ex kontaktiert. Sie hätten gehört, dass er eine neue Freundin habe, und fragten, wie es ihm gehe und was er denn gerade so mache. Ganz unschuldig wirkende Fragen, die in diesem Kontext jedoch sehr auffällig klangen. Daraufhin wurden die Kontakte seinerseits nochmals reduziert und mir wurde zum ersten Mal bewusst, dass wir unter ständiger Beobachtung standen. Es war wahrlich kein schöner Gedanke, dass hier jemand wohl meine gesamte Social-Media-Aktivität unter die Lupe nahm, aber ich wollte mich dadurch in keiner Weise in meinem Tun und Handeln beeinflussen lassen und ignorierte es einfach.

Nach vielen langen Wochen des strikten Lockdowns kamen ganz langsam die ersten zaghaften Lockerungen. So durften sich als Erstes ältere Personen und Kinder zu bestimmten Zeiten am Tag draußen frei bewegen. Ich erinnere mich noch mit einem Lächeln auf den Lippen daran, wie ich die ersten Kinder mit ihren Rollern und Fahrrädern hier bei uns in der Nähe herumfahren sah und sie freudig lachen hörte. Das war ein ganz besonderes Gefühl.

In Minischritten ging es weiter vorwärts und nach exakt 45 Tagen war es dann so weit, dass auch für uns Wassersportler ein Licht am Ende des Tunnels sichtbar wurde.

Zu jeweils zwei festgelegten Stunden am frühen Morgen und am Abend war ab jetzt wieder Individualsport erlaubt. Wir alle freuten uns wie kleine Kinder an Weihnachten und Ostern zusammen und fingen an, unsere Kite- und Surfsachen zusammenzusuchen. Kurz vor dem Tag der Tage kam jedoch die ernüchternde Nachricht, dass man zwar Individualsport ausüben, jedoch keinerlei motorisiertes Vehikel dafür benutzen dürfe, um zum jeweiligen Spot zu gelangen. Wer jedoch echte Wassersportler und ihre Leidenschaft für ihren Sport kennt, kann sich denken, dass das für viele kein Hindernis war. So kam es, dass sich am besagten ersten Tag und zur gesetzten Uhrzeit eine Prozession an Surfern in Richtung Northshore in Bewegung setzte, die ihr Ziel klar vor Augen hatte und sich von dem etwa zehn Kilometer langen Weg nicht aufhalten ließ. Manche hatten sich Fahrräder organisiert und radelten mit dem Surfboard unter dem Arm Richtung Wasser, andere wiederum waren mit dem Skateboard unterwegs und wiederum andere zu Fuß. Manch einer ging, andere joggten ihrem Ziel entgegen. Für jeden von ihnen war das an diesem Tag ein wahrhaftiger Soulsurf.

In den gesetzten zwei Stunden jedoch zum Surfspot zu gelangen, zu surfen und dann auch wieder den Rückweg bewältigt zu bekommen, bevor die Zeit ablief, das war kaum zu schaffen. Und die Polizei wartete schon gierig wie ein Aasgeier auf alle Sportler, die zu spät dran waren und die demnach eine Strafe bekamen.

Glücklicherweise tat sich jedoch eine Gesetzeslücke auf, die es uns erlauben sollte, nun doch mit dem Auto zu fahren. War man einem Sportverband angeschlossen und somit auf dem Papier ein professioneller Sportler, durfte man das Auto benutzen.

Weder der Wellenreit- noch der Windsportverband hatten jemals zuvor einen so rasanten Anstieg an neuen Mitgliedschaften zu verbuchen gehabt wie zu dieser Zeit. Wir zahlten alle brav unseren Jahresbeitrag, bekamen einen Schrieb, dass wir Verbandssportler waren, und durften ab sofort mit dem Auto zum Surfen fahren. Zwar hatten wir uns weiterhin an die festgelegten Zeiten zu halten, aber das war uns egal. Wir genossen es so sehr, dass wir überhaupt wieder ins Wasser durften, dass selbst noch die schlechtesten Konditionen gefeiert wurden, als hätten wir absolut traumhafte und perfekte Bedingungen.

Es war schon etwas absurd, dass plötzlich im Line-up auf dem Wasser wieder alle dicht nebeneinander gedrängt auf ihren Surfboards saßen, wobei wir an Land trotz allem den vorgegebenen Mindestabstand zueinander einhalten sollten. Ich ging an Tagen zum Surfen, die ich mir sonst normalerweise ersparte, weil sie eigentlich zu kalt für mich waren. Aber mein Hunger nach Wellen war so groß, dass ich das in Kauf nahm.

Gute Freunde wussten darum und unterstützten mich, so gut sie konnten. So halfen sie mir aus dem nassen Neoprenanzug, wenn ich es nach dem Surfen nicht mehr selbst schaffte, mich mit steifen Fingern aus ihm herauszuschälen. Aber auch beim Hochhieven des Boards aufs Autodach und dem anschließenden Festzurren der Spanngurte hatte ich immer meine stillen und loyalen Helfer an der Seite. Sie taten es einfach, ohne dass ich überhaupt erst in die unangenehme Situation kam und nach Hilfe fragen musste. Und genau dafür war ich ihnen unendlich dankbar.

Kurze Zeit später durften die ersten Cafés wieder öffnen und eine kleine Anzahl an Gästen auf ihren Außenterrassen bewirtschaften. Sven und ich konnten nun endlich unseren ersten gemeinsamen Kaffee trinken gehen, etwas, das wir ja schon vor Monaten geplant hatten. Uns wurde ein Tisch zugewiesen, der in entsprechendem Abstand zu den anderen Tischen stand, um die neuen Regeln einzuhalten. An den anderen Tischen saßen viele Bekannte von mir, die ich nun seit Beginn des Lockdowns fast alle nicht mehr gesehen hatte.

Freudig standen wir von unseren Stühlen auf und gingen aufeinander zu, um uns zu umarmen, so wie wir es immer gemacht hatten. Aber dann kamen wir alle ins Zögern und wussten plötzlich nicht mehr, wie wir uns denn nun verhalten sollten. Hier herrschte normalerweise immer eine sehr kontaktreiche zwischenmenschliche Beziehung vor und man grüßte einander mit Umarmung und Küsschen. Dies änderte sich jetzt plötzlich. Wir standen uns mit unseren Masken gegenüber und schauten uns fragend an. Manch einer drückte mich zaghaft, andere blieben komplett kontaktlos und noch andere streckten mir die Corona-Faust hin. Irgendwie war das nicht mehr so wie früher und das spürten wir alle merklich. Etwas anderes, das mir auffiel, war, dass ich es einfach nicht mehr gewohnt war, unter Menschen zu sein. Es war gefühlt zu laut um mich herum, zu viele Menschen und einfach zu viel Durcheinander. Als wir nach unserem Kaffee wieder nach Hause gingen, fühlten wir uns beide irgendwie müde und ausgelaugt und sehnten uns nach ein paar Stunden absoluter Ruhe. Krass, wie sehr einen diese vergangenen Wochen doch geprägt hatten.

Risco del Paso einsam und verlassen

Freiheit schnuppern

Es folgten weitere kleinere Lockerungen und bald schon durften wir uns sogar wieder aus unseren Stadtkreisen entfernen. Wir schmiedeten eifrig Pläne und wollten als Allererstes runter in den Süden fahren, um dort ein Wochenende lang mit dem Van zu campen. Etwas Luftveränderung, Kiten, Sonne und endloser Strand, das hörte sich doch verlockend an und war ein willkommener Szenenwechsel nach so langer Zeit der Monotonie.

Total aufgeregt und nervös fuhren wir los. Nach so vielen Wochen nur zu Hause fühlte sich dieser kleine Trip ganz groß an, fast schon wie Urlaub. Auf dem Weg schauten wir uns die Umgebung ganz genau an, so als wenn wir sie das erste Mal sehen und durch unbekanntes Gebiet fahren würden. Jede Palme wurde bejubelt, jeder Kaktus bestaunt und jede Ziege mit großen Augen angeschaut.

Im Süden fuhren wir durch eine Stadt nahe der Kite-Lagune, die unser Ziel war, und waren ziemlich erstaunt über das Bild, was sich uns dort bot. Wir bekamen live vor Augen geführt, was mit einer Insel, die zum großen Teil von Touristen lebt, passiert, wenn diese ausbleiben. Oben bei uns im Norden waren noch viele Städtchen, wo die Einheimischen wohnten, dementsprechend war der Kontrast nicht ganz so extrem. Natürlich gab es auch dort menschenleere Strandhotels, in denen sich mittlerweile schon wilde Ziegenherden breit machten. Aber das war für uns bis dato eher die Ausnahme gewesen. Als wir nun hier durch die Straßen fuhren und an massenhaft leeren und geschlossenen Hotels vorbeikamen, kam uns nicht ein einziges Auto entgegen, es war keine Menschenseele zu sehen. Fast schon gruselig, wie in einem Zombie-Apokalypse-Film. Wir waren hier weit und breit die Einzigen. Die Läden waren alle zu und auch sonst fand hier kein Leben mehr statt.

Sehr ernüchtert von diesen Eindrücken fuhren wir weiter zur Kite-Lagune. Der riesengroße Parkplatz war ebenfalls komplett leer und auch hier sah es aus, als wenn seit Urzeiten niemand mehr da gewesen wäre. Normalerweise fand man hier immer ein paar Vans und Camper, aber nicht so an diesem Tag. Wir waren mutterseelenallein. Selbst Manolo durfte ausnahmsweise unangeleint aus dem Van hüpfen und schaute sich irritiert um, denn da gab es einfach keine anderen Autos, in die er reinspringen konnte.

Noch nie zuvor hatte ich den großen Strand von Sotavento

so einsam und verlassen gesehen. Es war gerade Ebbe und der Strand noch ein gutes Stück breiter als sowieso schon. Wir blickten kilometerweit in beide Richtungen und sahen nur Sand und Meer. Wunderschön und einmalig. An diesem Nachmittag, als Einzige im Wasser, fühlten wir uns sehr privilegiert und waren voller Demut, dass wir das so erleben durften.

Am nächsten Tag ging kaum Wind, dafür waren die Temperaturen umso höher. Da wir ja allein waren, sparten wir uns die Badesachen und gingen nackt ins Meer. Manolo hatten wir mitgenommen und wir warfen abwechselnd immer wieder einen Tennisball ins Wasser, den er dann wieder rausholte. Wir hatten eine schöne Zeit, bis sich am Horizont langsam ein Polizeiwagen abzeichnete. Ich ging aus dem Wasser, dem Wagen entgegen, der auf uns zufuhr, und nahm die abgelegte Leine von Manolo in die Hand. Diese hielt ich dem näherkommenden Auto entgegen, und als die Polizisten anhielten, sagte ich ihnen auf Spanisch, dass hier an der Leine eine kleine Tasche mit Kackbeuteln hänge und wir garantiert nichts liegen lassen würden. Die Polizisten schauten sich an, nickten und meinten nur, dass wir das nächste Mal aber einen Strafzettel bekommen würden, da Hunde am Strand verboten seien. Danach fuhren sie davon. Sven fragte mich, ob ich wüsste, dass ich gerade splitterfasernackt mit den Polizisten geredet hatte, und erst jetzt realisierte ich es. Weswegen auch immer wir also keine Strafe an diesem Tag zahlen mussten, ist bis heute ungeklärt geblieben.

In den kommenden Wochen unternahmen wir noch häufiger solche Ausflüge und genossen die Abgeschiedenheit und Einsamkeit sehr. Als dann sogar das Reisen zwischen den einzelnen Inseln wieder erlaubt wurde, noch lange bevor die ersten Festlandspanier wieder kommen durften, machten wir zuerst eine Tour mit dem Van nach Lanzarote und dann nach Teneriffa. Auch dort erlebten wir Ähnliches wie zuvor bei uns auf Fuerteventura, nämlich gähnende Leere. Wir fuhren nahezu allein über die Insel und machten uns eine schöne Zeit, fuhren rauf auf den Teide, besuchten die hiesigen Kite-Spots und erkundeten die Inseln ohne die sonst überall vorherrschenden Touristen.

Uns war klar, dass das so nicht nochmal passieren würde, und wir wussten auch diese Reisen als etwas Besonderes wertzuschätzen.

Der Sommer kam in großen Schritten und allmählich würden bald schon wieder die ersten Urlauber zu uns kommen dürfen.

Gleichzeitig stand aber auch unser erster Abschied an, da Svens Job in Deutschland auf ihn wartete und er nach mehreren Monaten hier auf der Insel dann doch mal wieder zurückmusste. Außerdem konnte er endlich ins Haus einziehen und dort alles Weitere regeln. Da es weiterhin sehr undurchsichtig und schwierig war, vorherzusehen, wie die einzelnen Länder die ersten zaghaften Lockerungen handhaben, entschieden wir, dass er zuerst mit dem Flugzeug zurückfliegen würde und dann vielleicht in ein, zwei Monaten wieder herkäme, um den Van zu holen. Dieser erste Abschied war nur einer von vielen, die noch folgen würden, aber es war auch der Abschied, der mir am schwersten fiel. Wir hatten noch kein genaues Datum, wann wir uns wiedersehen würden, ihn gehen zu lassen, fiel mir nicht leicht. Da begegnete ich endlich dem Menschen in meinem Leben, mit dem sich alles so mühelos, ruhig, vertraut und voller Liebe anfühlte, und dann sollten plötzlich über viertausend Kilometer zwischen uns liegen.

Der Tag des Abflugs kam, wir nahmen uns in die Arme und sagten *Bis gleich*.

Und das sind bis heute unsere Verabschiedungsworte, wann auch immer wir uns trennen. Es gleicht einem Wimpernschlag, so als wenn der andere nur kurz Besorgungen machen geht und dann schnell wieder da ist. Und genau so handhaben wir es jedes Mal. Dieses Mindset erlaubt es uns, Tage, Wochen oder auch mal Monate voneinander getrennt zu sein, ohne dass eine negativ behaftete Emotion aufkommt.

Ich erlebte das erste Mal in meinem Leben ein Gefühl des absoluten Vertrauens, etwas, das ich so nicht kannte und das somit komplett neu für mich war. Hier und jetzt ließ ich mich ins Unbekannte fallen, ohne zu wissen, was als Nächstes kommt. Wir waren einander auf Augenhöhe begegnet, uns in allen Bereichen offen und ehrlich entgegengetreten und hatten uns kennen- und lieben gelernt. Es gab kein Raum für Ängste oder Zweifel. Wir wussten beide, was wir aneinander gefunden hatten, und wussten dieses Geschenk dankbar anzunehmen. Was auch immer kommen würde, allein für diese letzten Monate hätte es sich gelohnt.

Fähre nach Cadiz

Liebe kann so einfach sein

Keine zwei Wochen waren vergangen, da hatte Sven bereits ein Rückflugticket nach Fuerteventura gebucht. Ich war überglücklich, hatten wir doch jetzt ein exaktes Datum, wann wir uns wiedersehen würden. Und obwohl bis dahin noch ein paar Wochen ins Land ziehen würden, gab es mir ein ruhiges und wohlig warmes Gefühl in der Herzgegend.

Während er sich auf die Hausrenovierung und den baldigen Einzug konzentrierte, arbeitete ich neben meinem Homeoffice-Job relativ viel mit Patienten und ging die restliche Zeit Kiten und Surfen. Hier war durch die wiederkommenden Touristen wieder so etwas wie eine kleine Normalität entstanden. Wobei jeder Einzelne mit den Regelungen zu kämpfen hatte. So bedeuteten kleinere Gruppen bei Surfschulen oder eine minimale Belegung in Restaurants und Cafés auch gleichzeitig weniger Einnahmen für die Menschen hier. Viele Hotels blieben weiterhin geschlossen und damit die Arbeitnehmer im ERTE, was dem deutschen Kurzarbeitergeld ähnlich ist. So waren laut Statistik nicht so viele Arbeitslose hier auf der Insel, aber dies würde sich bei Auslaufen der Kurzarbeit schnell ändern. Auf der einen Seite hatten wir alle Bedenken wegen des Tourismusansturms und der damit verbundenen steigenden Infektionszahlen, auf der anderen Seite brauchten wir aber auch dringend die Einnahmen.

Unsere Fernbeziehung nahm vertraute Formen an. Wir schafften uns unsere eigenen Routinen, waren täglich in Kontakt, tranken an den Wochenenden per Videocall gemeinsam unseren Morgenkaffee und hielten uns mit kleinen Nachrichten durch den Tag hindurch auf dem Laufenden.

So vergingen die Wochen relativ schnell und schon war Sven wieder bei mir auf der Insel.

Wir machten genau da weiter, wo wir aufgehört hatten, und brauchten keine erneute Aufwärmphase. Es fühlte sich direkt wieder alles so wie immer an, als wäre der andere nur gerade mal eben im Supermarkt gewesen.

Nach kurzer Zeit stand jedoch schon die Fährüberfahrt an und somit sein erneuter Abschied von mir.

Spontan entschied ich mich dazu, mir auch ein Fährticket zu kaufen und ihn für ein paar Tage zu begleiten. Wir brachten Manolo zum Hundesitter und gingen gemeinsam auf die Fähre. Auf dem Festland verbrachten wir zwei wunderschöne Tage in Tarifa und sammelten nochmal viele schöne gemeinsame Momente. Am Vorabend meines Fluges fuhren wir nach Sevilla in die Nähe des Flughafens, von wo aus ich am nächsten Morgen zurückfliegen würde. Wir fanden kein Restaurant, wo wir abends noch etwas essen konnten, da viele aufgrund der Corona-Restriktionen geschlossen waren. Und so landeten wir schließlich in einem Shoppingcenter, das auch einen McDonalds hatte. Als wir vom Parkplatz in das Center gingen, staunten wir nicht schlecht. Alle Läden waren dicht, die Neonbeleuchtung an den Decken flirrte und es herrschte eine gruselige Atmosphäre wie in einem Horrorfilm. Ganz am Ende eines langen Ganges befand sich der Fast-Food-Laden, der als einziges Geschäft hell erleuchtet und geöffnet war. Wir holten uns unsere Pommes und verschwanden so schnell wie möglich wieder. Hier war uns wirklich nicht nach essen zumute. Stattdessen dinierten wir dann stilecht im Van auf dem großen Parkplatz. Danach fuhren wir los und suchten uns eine ruhige Seitenstraße zum Übernachten. Und wir wurden nicht einfach nur fündig, sondern mit einer ganz besonders zauberhaften kleinen Straße belohnt, die auf beiden Seiten von Orangenbäumen umsäumt war. So schliefen wir, gebettet unter wohlduftenden Orangen, eine wunderschöne letzte Nacht zusammen im Van, bevor es am nächsten Morgen sehr früh zum Flughafen ging. Ich flog zurück auf die Insel und Sven fuhr mit dem Van weiter Richtung Deutschland.

Genau da machte mal wieder Svens Vergangenheit auf sich aufmerksam. In den letzten Monaten waren immer mal wieder sporadisch Nachrichten von ihr bei ihm angekommen, die er jedoch weiterhin ungelesen in den Papierkorb verschob. Obwohl er sie blockiert hatte, schaffte sie es immer wieder, ihm neue Mitteilungen zukommen zu lassen. Titel wie *Ich vermisse dich* ließen schon darauf schließen, worum es in diesen Nachrichten ging.

Auch fand Sven in Deutschland auf der Scheibe seines Autos ein in Raureif gemaltes Herz, und zwar ganz genau an der versteckten Stelle, wo sie sich früher immer diese Art von Botschaften hinterlassen hatten.

Was bisher durch reines Ignorieren von unserer Seite keinerlei Einfluss auf unser Leben gehabt hatte, änderte sich ab dem Zeitpunkt, als mir plötzlich etwas zu viel in *meinem* Leben herumgeschnüffelt wurde. Aus einem Gefühl heraus hatte ich mir mal näher angeschaut, wer mir da so alles im Internet folgte. Dabei fielen mir einige unbekannte Profile ins Auge. Ich zeigte sie Sven und er ließ mich, sichtlich betrübt, jedoch nicht sonderlich überrascht, wissen, dass darunter auch eine Freundin seiner Ex war, die schon immer gerne von ihr für solche Arbeiten eingespannt worden war. Wäre es dabei geblieben, hätte ich es noch unter normaler Neugier abgehakt. Bei meiner Rückkehr aus Tarifa wurde ich jedoch von einem Nachbarn angesprochen, dass sich eine fremde Person während meiner Abwesenheit auf meinem Grundstück umgesehen hätte. Ich reagierte darauf relativ verdutzt, denn mein Zuhause lag recht abgeschieden und war von den hiesigen Straßen nicht einsichtig, ein zufälliges Vorbeikommen war also ausgeschlossen. Er zeigte mir auf seinem Handy ein Foto von dieser Person. Daraufhin schaute ich mir das erste Mal bewusst ihren Social-Media-Account an, erkannte sie wieder und sah außerdem, dass sie wirklich zu der Zeit hier gewesen war. Ich war irritiert, was hatte diese Person hier zu suchen? Mir war so etwas absolut fremd und zudem ein Thema, mit dem ich mich nie zuvor hatte auseinandersetzen müssen. Verunsichert und gleichzeitig verärgert über solch ein Verhalten sprach ich mit Sven darüber.

Es tat ihm leid, dass ich nun all das am eigenen Leib erfuhr, von dem er mir vorher schon erzählt hatte, wozu sie fähig sei, und er fühlte sich unwohl, da er diese Person in mein Leben gebracht hatte.

Am besten wäre es wohl gewesen, gar nicht darauf zu reagieren. Aber in meinem Inneren wehrte sich etwas gegen diese »Vernunftentscheidung« und ich fasste den Entschluss, einmal deutlich meine Grenzen aufzuweisen.

So verfasste ich auf Social Media einen Beitrag über den kleinen, aber feinen Unterschied von gesundem und ungesundem Interesse an einer Person. Ich sprach darin niemanden persönlich an, ging nicht auf das Geschlecht der Person ein, noch erwähnte ich, dass es sich hier um eine persönliche Erfahrung handelte. Danach blockierte ich all ihre mir bekannten Accounts, und die ihrer Freunde gleich mit.

Ihre Reaktion darauf ließ nicht lange auf sich warten und sie kontaktierte ihre ehemals beste Freundin, um ihrer Wut Luft zu machen, da sie sich wohl doch sehr von dem Text angesprochen und ertappt fühlte und ernsthaft um ihren Ruf besorgt schien. Jedoch wurde von dieser Seite weder mit Verständnis noch mit Mitleid reagiert. Wir erfuhren von dieser Kontaktaufnahme und konnten nur peinlich berührt den Kopf schütteln. Doch hofften wir einfach, dass ihr Interesse im Laufe der Zeit abnehmen würde.

Damit war dann mehr als genug Zeit und Energie in dieses unschöne Thema investiert worden und wir wandten uns wieder uns als Paar zu.

Unterdessen stand mein erster Besuch bei Sven in Deutschland an, und ich freute mich schon riesig. Er hatte in den letzten Wochen so viel am Haus gearbeitet, und ich war schon ganz neugierig darauf, das Resultat seiner harten Arbeit zu sehen. Noch mehr aber freute ich mich darauf, ihn endlich wieder in die Arme schließen zu können.

Direkt nach der Landung müsste ich zunächst einen PCR-Test machen und bis zum negativen Testresultat in häuslicher Quarantäne bleiben. Ich kam spät abends in Hamburg an und holte zuerst den Hund ab, den ich als Flugpate mitgenommen hatte. Danach ging ich raus, traf auf Sven und umarmte ihn stürmisch zur Begrüßung. Wir übergaben den Hund an die Hundeorganisation und gingen rüber zum Testzentrum, wo uns bereits eine lange Schlange erwartete. Eine halbe Ewigkeit und ein Wattestäbchen gefühlt bis ins Hirn hochgeschoben später durften wir dann endlich los. Wir kamen erst weit nach Mitternacht am Haus an und fielen fast augenblicklich erschöpft ins Bett. Am nächsten Morgen wachte ich erst spät auf und blickte mich verschlafen um. Alles hier war neu für mich und trotzdem fühlte es sich durch Sven heimisch an. Ich war neugierig und wollte sofort das ganze Haus begutachten, jede Stelle, an der er gearbeitet hatte, und natürlich wollte ich unbedingt raus in den Garten. Mit nackten Füßen betrat ich den Rasen und spürte das feuchte Gras darunter, herrlich. Und wie schön grün hier alles war und wie wunderbar es nach Wiese, Bäumen und Blumen roch! So stand ich im Bademantel im Garten und sog förmlich all diese neuen Dinge in mich auf.

Da ich mich ja in Quarantäne befand, konnten wir weder in die Stadt noch uns mit Freunden treffen. Aber mein Schatz wäre nicht mein Schatz, wenn er sich nicht auch dafür etwas hätte einfallen lassen.

So bekam ich eine Stadtführung der etwas anderen Art geboten, nämlich vom Auto aus. Sven fuhr mit mir überall hin und zeigte mir alle möglichen Stellen, die sehenswert waren. Dabei blieben wir immer brav im Wagen sitzen. Nach zwei Tagen bekam ich die erlösende Nachricht, dass mein Test negativ sei, und von nun an durfte ich auch zu Fuß die Stadt erkunden.

Während Sven morgens zur Arbeit fuhr, machte ich es mir im Haus mit dem Computer gemütlich und arbeitete von dort aus. Nachmittags hatten wir immer ein paar Stunden für uns und einmal fuhren wir sogar spontan nach Fehmarn. An einem anderen Tag machten wir einen Abstecher nach Sankt Peter-Ording. Ich wollte einfach so viel wie möglich von dem sehen und erleben, wo es ihn noch bis vor kurzem immer hingezogen hatte und was somit einen Teil seines Lebens ausmachte.

Auch das Planetarium hatte vor kurzem wieder eröffnet und es gab ganz wenige Karten für ein kleines Publikum. Diese Chance ergriffen wir und genossen einen Nachmittag unter dem Sternenhimmel dieser Stadt. Anschließend gingen wir in seiner alten Wohngegend etwas essen und ich war baff, wie viele gute vegane Restaurants es hier doch gab.

Einen Tag kamen sogar meine Eltern hochgefahren und besuchten uns. So lernten sie den Mann kennen, der mich nach so langer Zeit mal wieder von der Insel heruntergelockt hatte. Zumindest temporär.

Wie immer machten wir das Beste aus allem und genossen die wenigen Tage zusammen. Doch schon bald würde es für mich wieder zurück nach Fuerteventura gehen.

Es gestaltete sich nicht gerade einfach, Pläne zu machen, da sich die Regelungen fürs Reisen ständig änderten und auch häufig kurz vor knapp Flüge annulliert wurden. Aber irgendwie schafften wir es, dass wir uns weiterhin relativ regelmäßig besuchen konnten.

Van bepackt, Weihnachtsbaum transportbereit, ready to go!

Zu Weihnachten quer durch Europa

Ich würde das erste Mal Weihnachten in Deutschland verbringen, seit ich vor acht Jahren ausgewandert war, und der
Gedanke daran fühlte sich verdammt gut an. Das erste Mal
fliegen mit Manolo, das fühlte sich dahingegen nicht ganz so
gut an. Ich lieh mir von der Hundehilfsorganisation hier im
Norden der Insel eine Transportbox und stellte sie direkt zu
Hause auf, damit Manolo sich daran gewöhnen konnte. Sie
gefiel ihm und er schlief von nun an jede Nacht darin. So
weit, so gut. Aber als ich ein paar Tage vor Abflug anfing zu
packen, wechselte er von der Box in meinen Koffer und ich
musste diesen dann abends schließen, damit er nicht darin
schlief und alle meine Klamotten vollhaarte. Allerdings be-

saß ich keine richtige wintertaugliche Kleidung mehr und so kaufte ich online für mich ein paar warme Sachen. Und auch für Manolo. Zuerst lachte ich noch, als meine Tierärztin – und zugleich gute Freundin – mir eröffnete, dass Manolo einen Mantel bräuchte, da er die Kälte ja überhaupt nicht gewohnt sei und außerdem kein Winterfell habe. Aber irgendwie erschien es mir dann doch logisch, und so nahm ich Maß und bestellte auch für meinen Vierbeiner etwas zum Anziehen.

Manolo bekam seinen Pass ausgestellt und durfte somit das erste Mal in seinem Leben eine richtige Reise antreten.

Ich hatte ein wenig Bammel vor dem Flug, und ich sollte recht behalten. Als Manolo am Flughafen in die Box sollte und merkte, dass ich ihn beim Sperrgepäck abgeben würde, fing er herzerweichend an zu heulen. Ich war runter mit den Nerven und schaffte es kaum, ihn wieder in die Box zu bekommen, nachdem diese durchleuchtet worden war. So kam es, dass mein Hund divamäßig heulend in der Transportbox auf dem Gepäckband wegfuhr und ich wie ein kleines Häufchen Elend dort stand und mit den Tränen rang. Noch nie in meinem Leben war mir ein Flug so lang vorgekommen. Kaum waren wir gelandet, eilte ich auch schon los, um Manolo zu erlösen. Lange suchen musste ich jedoch nicht, ich hörte ihn schon von weitem und brauchte nur seinem Geheule folgen.

Da die Türen der Box dazu neigten, ab und an mal von allein aufzugehen, hatte ich diese vorher mit Kabelbindern festzurren müssen. So war ich zwar bei meinem Hund, konnte ihn jedoch nicht rauslassen. Ich wuchtete die Box auf einen Wagen und fuhr Richtung Ausgang, wo Sven bereits mit einem Taschenmesser für die Kabelbinder auf uns wartete. Kaum war die Tür geöffnet, sprang Manolo raus, schüttelte sich einmal kräftig und gut war es. Dieser kleine Schauspieler!

Am Haus angekommen, ließen wir ihn erst mal in den Garten und schauten neugierig zu, wie dieser Inselhund, der bisher nur Sand, Gestrüpp und Kakteen gewohnt war, jetzt plötzlich Rasen, Büsche und Pflanzen beschnupperte. Wie ein Staubsauger schnüffelte er sich durch den Garten und entdeckte jeden Zentimeter etwas Neues.

Im Haus erwartete mich Tropenfeeling pur und ich kam mir ein bisschen vor wie in einer Sauna. Sven hatte es mehr als nur gut gemeint und schon ein paar Tage vor meiner Ankunft angefangen, das Haus hochzuheizen, auch der Kamin lief nonstop. Er hatte wahrlich sein Bestes gegeben, damit ich ja nicht die Kälte von draußen spüren und damit verbunden erneut mein labiles Immunsystem triggern würde. In diesem mediterranen Ambiente würde ich die nächsten Tage Home-office in Deutschland wohl gut überstehen können.

Total erledigt, aber glücklich machten wir es uns an dem Abend vor dem Kamin gemütlich, dessen Front Row direkt von Manolo eingenommen wurde.

Kamin und Heizungen sollten ab jetzt seine Lieblingsorte werden. Ich muss immer schmunzeln, wenn ich daran denke, dass mein Hund eine genauso schlimme Frostbeule ist wie ich.

Es war herrlich, mitzuerleben, wie Manolo das winterliche Norddeutschland erkundete. Nach kurzen Startschwierigkeiten mit dem Hundemantel, mit dem er sich plötzlich so bewegte, als würde er auf Stelzen laufen, ging es los. Auf gefrorenen Rasen wollte er zuerst partout nicht seine Pfoten setzen und auch sonst erschien ihm so einiges ziemlich suspekt. Aber dafür kristallisierte sich schnell seine Vorliebe für Gras heraus. Dieses mampfte er bei jeder Gelegenheit und brach sogar das Spielen ab, wenn er an einem besonders lecker aussehenden Grasbüschel vorbeikam. Ansonsten war er happy und es bewahrheitete sich mal wieder, dass es eigentlich doch ganz egal war, wo er war, solange er mit uns zusammen sein konnte.

Derweil mutierte ich jedes Mal zu einer wahren Modeexpertin im Zwiebel-Look, wenn es mal rausging. Ausgestattet mit meiner neuen Thermo-Winterjacke, extra warmen Fellstiefeln, Mütze bis tief ins Gesicht gezogen und den Schal bis hoch über die Nase hätte ich locker bei jeder Antarktis-Expedition mitmachen können. Klotzen, nicht kleckern, das war hier die Devise.

Da die Weihnachtsmärkte aufgrund der anhaltenden Restriktionen ausfielen, wurden wir selbst kreativ. Wir erwärmten Glühwein, füllten ihn in eine Thermoskanne, nahmen zwei Tassen und Spekulatiuskekse mit und fuhren raus aus der Stadt. Dort standen wir dann abends im Dunkeln, sahen uns die Weihnachtsbeleuchtung der Stadt an und schlürften eng aneinander gekuschelt unseren Glühwein. Der ein oder andere Keks fiel mit mehr oder weniger Absicht nach unten auf den Boden, sodass auch Manolo etwas von der Weihnachtsstimmung mitbekam. Mehr brauchten wir nicht, um glücklich zu sein.

Sogar einen richtigen Weihnachtsbaum hatten wir, wenn auch einen sehr kleinen. So klein, dass er in einen Blumentopf passte. Und das war auch gut so, denn er würde am zweiten

Weihnachtsfeiertag mit uns auf die Reise gehen, wenn wir mit dem Van in Richtung Südspanien aufbrächen. Wir hatten beide zwischen den Feiertagen und Neujahr frei, und so würden wir mit dem Van wieder rüber auf die Insel fahren und das neue Jahr dort gemeinsam begrüßen.

Vor Weihnachten lernte ich noch Svens Tochter und auch seine Exfrau kennen, beides sehr liebe und nette Menschen, und es bedeutete mir viel, dass er sie mir vorstellte. Außerdem lernte ich seinen besten Freund und dessen Freundin kennen, als sie zu uns nach Hause zum Trainieren kamen. Im Nebengebäude der Doppelgarage hinten im Garten hatte Sven ein kleines Homegym gebaut, mit allem, was man für ein ordentliches Workout benötigte. Das hatte er schon besorgt, bevor er nach Fuerteventura gekommen war, und hatte damit ein gutes Händchen fürs Timing besessen. Denn als die Pandemie losging, wollte sich plötzlich jeder ein Homegym einrichten, und demnach war bald alles ausverkauft. So kam es, dass Sven ein paar ausgewählten Freunden »in der Not« half und sie bei ihm trainieren durften. Dies ging komplett kontaktlos, da der Schlüssel einfach hinterlegt wurde und jeder nach dem Training alles sorgfältig aufräumte und desinfizierte.

So traf ich also auf seinen besten Freund mitsamt Freundin, als diese nach dem Training kurz noch ins Haus kamen. Wir saßen gemeinsam im Kaminzimmer im Hauseingangsbereich, ein Pärchen auf der einen Couch, das andere Pärchen zwei Meter entfernt auf der anderen Couch. Wir mussten vorsichtig sein, da wir, um auf die Fähre zu dürfen, einen aktuellen Corona-Test vorlegen mussten. Und das wollten und konnten wir unter keinen Umständen gefährden.

Heiligabend verbrachten wir gemütlich zu Hause, aßen etwas Leckeres und ich kuschelte mich danach bei einem Weihnachtsfilm auf dem Sofa in Svens Arme. So geborgen und wohl hatte ich mich schon lange nicht mehr gefühlt und ich genoss jeden einzelnen Moment, den wir zusammen verbringen konnten.

Am nächsten Tag wurde dann bereits gepackt, vorgekocht und unser Weihnachtsbaum im Van untergebracht. Manolo war anscheinend auch sichtlich erleichtert, dass wir das Auto nahmen und die Transportbox in den Untiefen des Wagens verstaut wurde.

Der Van war ziemlich voll beladen, denn neben einer neuen Windschutzscheibe für meinen Wagen auf der Insel hatten wir zudem noch so einiges an Wassersportequipment für Freunde im Gepäck.

Und so machten wir uns auf in Richtung Frankreich. Paris wollten wir heute zumindest noch hinter uns lassen, damit wir morgen nicht in den absoluten Verkehrsstau geraten würden.

Wir kamen gut durch und erreichten tatsächlich gegen halb zehn abends Paris. Die Strecke, die sich sonst schnell mal wegen diverser Staus auf mehrere Stunden ausweiten konnte, passierten wir in unter einer halben Stunde. Wir waren total erstaunt, dass auf den Straßen so gut wie gar nichts los war, und irgendwie waren auch die Straßenbeleuchtungen teilweise abgeschaltet. Nach kurzer Hochstimmung und Freude über die leeren Straßen folgte eine gewisse üble Vorahnung und ich schaute im Internet nach, wie es hier um die Ausgangssperre bestellt war. Nun ja, diese war bereits vor einigen Stunden gewesen und nun wussten wir auch, warum wir so problemlos durch Paris gekommen waren.

Frankreich ist nicht gerade für seine günstigen Strafzettel bekannt und so hatten wir es plötzlich sehr eilig, den nächsten Rastplatz anzufahren, um von der Straße runterzukommen. Glücklicherweise wurden wir nicht erwischt und konnten auf dem nächsten Parkplatz unser Nachtlager aufschlagen. Wir wärmten unser vorgekochtes Essen auf und aßen es im Schein der Lichterkette unseres kleinen Weihnachtsbaums. Unser Tagesziel Paris hatten wir somit definitiv hinter uns gelassen.

Am nächsten Tag fuhren wir stramm durch bis kurz vor Sevilla. Aus dem Beinahe-Malheur von gestern hatten wir gelernt und uns vorab informiert, wie es in Spanien um die Sperrstunde stand. Um 23 Uhr mussten wir von der Straße runter sein und so fuhren wir bis kurz vor elf so weit, wie wir eben kamen.

Anschließend ging es für uns mal wieder nach Tarifa, es war schön, dort zu sein. Hier konnten wir etwas relaxen, bevor es in zwei Tagen auf die Fähre ginge. Einen Termin für einen Coronatest hatten wir bereits von Deutschland aus in der Nähe ausgemacht. An der Klinik mussten wir dann draußen auf unsere Testergebnisse warten und waren doch sichtlich nervös. Zwar hatten wir uns von allen ferngehalten und noch nicht mal unsere Familien umarmt, aber in diesen Zeiten konnte man sich ja nie sicher sein. Umso mehr fiel uns beiden ein Stein vom Herzen und wir atmeten tief durch, als wir unsere Negativ-Bescheide überreicht bekamen.

Fuerteventura, here we come again!

Die Fährfahrt verlief ereignislos und nach einem kurzen Zwischenstopp auf Lanzarote kamen wir am 31. Dezember auf der Insel an. Wir luden direkt die ganzen Mitbringsel für unsere Freunde ab, machten einen kurzen Boxenstopp zu Hause, um Wasser aufzufüllen und ein paar Dinge zu entladen, und schon ging es weiter in den Süden. Wir wollten den Jahreswechsel an einem unserer Lieblingsplätze verbringen, fernab von allen anderen und etwas ruhig gelegen, damit Manolo nicht zu sehr leiden musste, wenn an Mitternacht die Knallerei losging.

Der Wind war uns gnädig und bescherte uns die Möglichkeit einer letzten Kite-Session im alten Jahr, und auch das neue Jahr konnten wir im Wasser begrüßen.

Einfach nur glücklich, dass wir hier gemeinsam waren, und unendlich dankbar dafür, dass wir uns gefunden hatten, begannen wir das neue Jahr.

Autoschlüssel mit selfmade Gehäuse aus Solarez und Panzertape

Time for a new chapter

Ich war noch nie jemand, die ständig mit ihren Gedanken in der Vergangenheit festhängt, jedoch war ich in einem Elternhaus aufgewachsen, in dem dies rege praktiziert wurde. Vor allem Negatives oder beinahe Schiefgegangenes wurde gern immer und immer wieder zur Sprache gebracht und regelrecht zelebriert. Und nicht nur das, es wurde auch das allseits beliebte Spiel von »Überleg nur mal, was alles hätte passieren können« mit all seinen möglichen darauffolgenden Szenarien durchgespielt. Dass damit dem Ereignis selbst auch zum wiederholten Male Kraft verliehen wurde, war dabei anscheinend niemandem so richtig klar.

Reflexion ist wichtig, um zu verstehen und daraus zu lernen, das steht außer Frage. Aber worauf ich dann anschließend meinen Fokus lenke, das kann ich selbst entscheiden, und so handhabe ich es auch schon lange. Ich allein bestimme, welche Gefühle ich zum wiederholten Mal durchleben will und ihnen somit auch nochmals meine Aufmerksamkeit und Energie schenke.

Was zum Aufarbeiten bestimmter Situationen sinnvoll und manchmal auch zwingend notwendig war, kostete mich in anderen Bereichen nur wertvolle Lebenszeit und Kraft. Und deswegen entsagte ich diesem Spiel schon relativ früh.

Genauso wenig war ich aber jemand, der sich im Vorfeld schon über ungelegte Eier den Kopf zerbrach und panisch wurde, nur bei dem Gedanken daran, was alles eventuell passieren könnte. Natürlich, ein grobes Ziel zu haben und nicht total planlos und naiv durchs Leben zu tänzeln, ohne sich über die Konsequenzen seines Handelns bewusst zu sein, das sei mal als normales und gesundes Denken vorausgesetzt. Aber in ständiger Angst und Sorge zu leben, weil vielleicht in der Zukunft etwas geschehen könnte, das war in meinen Augen nicht erstrebenswert und erlaubte einem außerdem nicht, den Moment zu genießen. Dann könnte man sich ja auch schon vorsorglich überall am Körper verpflastern, nur für den unwahrscheinlichen Fall, dass man sich verletzt.

Diese »Ja, aber was, wenn es nicht klappt?!«-Mentalität bremst viele schon von Vornherein aus und lässt somit überhaupt keine Erfahrungen, geschweige denn Wachstum zu.

Corona und unsere Fernbeziehung lehrten mich dahingehend nochmals intensiver, dass sich viele Dinge einfach nicht planen ließen und dass sich das meiste mit der Zeit von ganz allein erledigte.

Ließ man mal von seinem Kontrollbedürfnis ab und ging wachen Auges seines Weges, taten sich dort immer irgendwo neue Türen auf. Vielleicht nicht gerade exakt so, wie man es sich gewünscht hatte, aber es ging weiter. Und in den meisten Fällen wurde sogar noch etwas Besseres daraus als gedacht. Denn es geht nicht nur darum, Chancen zu sehen und zu ergreifen, vielmehr können wir sie doch selbst mitbestimmen und damit auch lenken.

Das neue Jahr brachte viele weitere lebensbereichernde Momente mit sich und wir wuchsen daran sowohl als Paar als auch als selbstständige Personen stetig weiter.

Sven war im Frühjahr in Deutschland und ich befand mich auf der Insel. Gerade war ich nach einer Kite-Session nachmittags vom Wasser gekommen und sah eine neue Sprachnachricht von ihm auf meinem Handydisplay. Ich war noch am Strand in meinem Wetsuit und meine nassen Haare tropften mir fleißig auf die Finger und aufs Handy, während ich es entsperrte. *Anni, bitte erschrick nicht und mach dir keine Sorgen, wenn du das abhörst! Ich habe Lähmungserscheinungen im Gesicht und kann nicht mehr lächeln. Ich habe schon einen Rettungswagen gerufen,* fing die Nachricht an. Die Worte hörten sich teils undeutlich ausgesprochen an, und mit einem Mal hatte ich einen dicken, fetten Kloß im Hals und musste mehrfach schlucken. Augenblicklich schossen mir die Tränen in die Augen. Sofort versuchte ich ihn anzurufen, aber ich erreichte ihn nicht. Ich fing gerade nervös an, ihm zu texten, da erhielt ich eine geschriebene Nachricht von ihm, dass er im Krankenhaus sei, ein Schlaganfall wohl bereits ausgeschlossen sei und jetzt weitere Ursachen abgeklärt werden müssten. Gleich würde ihm Rückenmarks-flüssigkeit abgenommen werden und er würde mich auf dem Laufenden halten. Erleichtert von ihm zu hören atmete ich einmal tief durch, packte schnell meine Kite-Sachen zusammen und fuhr nach Hause.

Ich wollte sofort zu ihm fliegen und bei ihm sein. Jedoch bremste er diese Idee schnell aus, da ich ihn wegen der Co-ronaregeln sowieso nicht hätte im Krankenhaus besuchen dürfen. Ich bestand jedoch auf regelmäßige Videocalls, in die er zögernd einwilligte. Über das Handydisplay betrachtete ich sein Gesicht, das auf der einen Hälfte ganz normal aussah und auf der anderen Seite so, als hätte er zu viel Botox abbe-kommen. Die Stirn war wie glattgebügelt, der Mundwinkel hing herunter, der Nasenflügel war eingefallen und das Auge konnte er nicht mehr schließen. Er versuchte zu lächeln, aber das funktionierte nur einseitig auf der gesunden Seite. Dann wollte er etwas sagen und heraus kam nur ein Nuscheln.

Stell dir einfach vor, du warst gerade beim Zahnarzt und hast eine Betäubungsspritze ins Zahnfleisch bekommen. Du kannst dich nicht richtig artikulieren, dein Trinken fließt dir unkontrolliert aus dem Mundwinkel und auch sonst funk-tioniert nichts so, wie es eigentlich sollte.

Ich blickte in Svens Gesicht und fand mich in seinen Augen wieder. Dort war der gleiche, liebevolle, warmherzige Mensch zu finden, in den ich mich vor über einem Jahr verliebt hatte. Äußerlich sah er auf den ersten Blick vielleicht etwas anders aus, aber innerlich war er noch genau derselbe Mensch, und ich spürte, wie meine Liebe zu ihm in diesem Moment nur noch stärker wurde.

Nachdem er auf alle möglichen Ursachen hin untersucht worden war, aber nichts gefunden wurde, entließen sie ihn.

Die Diagnose lautete einfach nur halbseitige Gesichtslähmung. Keiner konnte sagen, wo diese herkam, und es war nicht abzusehen, ob sie zurückgehen oder wie sich diese langfristig entwickeln würde. Von nun an ständen Logopädie und viele weitere Arztbesuche an.

Jedoch hatte er auch immer noch sein Flugticket für Fuerteventura parat, da sein nächster Besuch in knapp zwei Wochen geplant gewesen war. Es stand für ihn außer Frage, ob er fliegen würde oder nicht, und so holte ich ihn bald schon am Flughafen ab.

Da Sven sein Auge weiterhin nicht schließen konnte, musste er permanent Brille, Sonnenbrille oder ein spezielles Pflaster auf dem Auge tragen, damit es nicht austrocknete.

Er ließ es sich nicht nehmen und wollte direkt am ersten Abend Burger essen gehen, also machten wir es auch. Allerdings musste der Burger nun mit Messer und Gabel statt mit den Händen gegessen werden. Und dass mal irgendwo ein Stückchen beim Essen aus dem Mund fiel, war auch nicht weiter schlimm. Wir nahmen es mit Humor und ließen uns deshalb weder an diesem Abend noch zukünftig in irgendeiner Weise in unserem Alltag einschränken.

Zu Hause fand Manolo das sogar ganz toll und positionierte sich ab jetzt immer beim Essen ganz nah an Sven, für den Fall, dass er als Aufräumkommando gebraucht würde.

Die erste Kite-Session stand an und Sven war sichtlich nervös. Bewaffnet mit verschiedenen Wassersportbrillen zum Ausprobieren fuhren wir an die Lagune. Ich ging erst mal nicht mit aufs Wasser, sondern stand als Helferin parat, sollte meine Hilfe benötigt werden. Beim ersten Versuch beschlug die Brille und er konnte nichts sehen. Er fluchte, saß in der Lagune und riss sich die Brille ab. Also rief ich ihm zu, er solle mal kräftig reinspucken, so wie man das auch mit Taucherbrillen machte. Das half tatsächlich und so meisterte er seine erste Kite-Session. Ich jubelte ihm zu wie eine Cheerleaderin und war mächtig stolz auf ihn, dass er wieder auf dem Wasser war. Ob Kiten oder nicht, darum ging es hier doch gar nicht. Er hatte sich gerade mal wieder selbst bewiesen, dass er alles schaffen konnte, was er wollte, solange die richtige Einstellung dazu da war.

Die anfänglich neue Situation wurde bald schon zur Normalität und wir schenkten dem Ganzen kaum mehr Beachtung. Er konnte mich küssen, kiten und auch sonst alles tun, was er vorher gekonnt hatte, worüber sich also sorgen? Auch hatte ich mich daran gewöhnt, dass er langsamer sprach und manchmal nicht ganz so deutlich.

Ich vergaß es meist sogar komplett und so kam es, dass ich beim Autofahren ein Selfie von uns machen wollte und ihn anmeckerte, er solle doch mal lächeln. Als er dann langsam seinen Kopf zu mir drehte, sah ich erst, dass er ja schon die ganze Zeit lächelte, jedoch die gelähmte Seite zu mir gezeigt hatte. Wir mussten beide sehr lachen.

Die Zeit arbeitete für uns und mit den Wochen und Monaten verbesserte sich sein Zustand deutlich. Ich hatte das Gefühl, dass, je entspannter wir damit umgingen, desto mehr erholte er sich.

Wenn mal jemand fragte, ob es ihm gut ginge, und ihn fragend anschaute, grinste er immer nur halbseitig mit schiefem Gesicht und bejahte die Frage. Ganz Neugierigen wurde erzählt, er hätte eine Zahnbehandlung gehabt. Damit war das Thema dann meist schnell erledigt.

Dieses Jahr sollte sich noch etwas Grundlegendes für mich verändern, was in den letzten, mittlerweile neun Jahren hier auf der Insel eine feste Konstante für mich gewesen war. Mein Auto war nun rund zwanzig Jahre alt, hatte über 250.000 Kilometer runter und zeigte sich zusehends altersschwach. Bereits in den letzten Jahren war mal hier, mal da was kaputt gegangen, aber es hatte sich finanziell immer noch in Grenzen gehalten. Schon im ersten Sommer hatten sich die Spuren von der Sonne, der Nähe zum Salzwasser und dem Staub gezeigt und diverse Knöpfe und Schalter waren einfach abgefallen. Eines Tages wollte ich den Knopf für die elektrischen Fensterheber betätigen, daraufhin brach mir das gesamte Bedienfeld ab und fiel in die Innenverkleidung der Fahrertür. Ich fand nur noch zwei der ehemals vier Knöpfe und steckte sie ab da einfach jedes Mal um, je nachdem, welches Fenster ich öffnen oder schließen wollte. Mein Schalter zum Blinken hatte sich auch irgendwann verabschiedet, war innen gebrochen und fortan konnte ich nicht mehr blinken. Was für die meisten hier auf der Insel ein eher unbekannter Schalter war, der nie benutzt wurde, brachte mich in Zugzwang, da ich ohne diesen Schalter nicht mehr durch den spanischen TÜV kommen würde. Also wurde mal wieder der alte Mitsubishi-Händler meiner Eltern kontaktiert und der nächste Inselbesucher brachte einen neuen Blinkerschalter mit. Im Laufe der Jahre hatte dieser Händler schon so einiges für meinen Wagen besorgt und ich hatte es mir immer von irgendwem mitbringen lassen. Türgriffe, Gasdruckfedern für die Kofferraumklappe, ein kompletter Satz neuer

Stoßdämpfer. Da der Wagen kein gängiges Modell war und zudem schon seit ewigen Zeiten nicht mehr hergestellt wurde, war es nicht gerade einfach, an passende Ersatzteile zu kommen.

Außerdem war die Insel nicht besonders autofreundlich, und neben dem Klima taten die Pisten an der Northshore und viele andere unbefestigte Wege ihr Übriges. Minimum einmal pro Jahr hatte ich einen Platten, und im Laufe der Zeit wurde ich echt gut darin, einen Reifen schnell und sicher zu wechseln.

Auf der anderen Seite waren die Buckelpisten auch gar nicht so übel. So kam es häufiger vor, dass irgendeine Kontrolllampe aufblinkte und für mehrere Tage gelb aufleuchtete. Ich hatte jedoch gelernt, dass man bei gelb einfach ruhig blieb und nur rot zu sofortiger Aktion aufrief. Fuhr ich an diesen Tagen über die holprigen Pisten, kam es häufig vor, dass die Kontrolllampe plötzlich wieder erlosch. Perfekt für mich, da dann ja anscheinend erst mal wieder alles okay war.

Aber ich lernte auch andere Dinge, wie zum Beispiel den Motor mithilfe eines Schraubenschlüssels anspringen zu lassen. Mein Anlasser war anscheinend defekt. Jedenfalls kam beim Zündversuch noch nicht mal mehr ein kurzes Röcheln aus dem Motor, so wie es bei einer leeren Batterie der Fall war.

Mein Mechaniker drückte mir als temporäre Lösung einen Schraubenschlüssel in die Hand und erklärte mir, dass irgendwelche Magnetkontakte nicht richtig funktionierten. Im Motorraum zeigte er mir dann eine Stelle, gegen die ich klopfen müsste, um den Motor anschließend wieder anzubekommen.

Also hatte ich ab jetzt immer einen Schraubenschlüssel mit in der Handtasche, und sprang der Wagen nicht an, schritt ich zur Tat. Leider wusste ich meist nie, wo genau ich eigentlich gegenklopfen musste, und spielte dann immer ein bisschen Schlagzeug im Motorraum und klopfte einfach alle möglichen Stellen vorsichtig mal ab. Und siehe da, jedes Mal sprang der Wagen danach an.

Die neue Windschutzscheibe, die wir Weihnachten mitgebracht hatten, war allerdings schon sehr ins Geld gegangen und auch sonst entwickelte sich der Wagen leider so langsam zu einem sprichwörtlichen Fass ohne Boden.

Anfang des Jahres ging mir dann auch noch der Kühler kaputt. Ich war gerade auf dem Weg zum Flughafen, um Sven abzuholen, da streikte plötzlich bei voller Fahrt der Motor. Ich war total überrascht und merkte, dass ich nicht richtig lenken und bremsen konnte, da die Servolenkung und der Bremsverstärker mit dem Motor zusammen ausgegangen waren. Ich stand also am Straßenrand und wusste nicht, was los war. Der Motor sprang nicht mehr an und ich versuchte meinen Mechaniker anzurufen. Glücklicherweise erreichte ich ihn auch und er fragte mich einige Dinge ab, die ich allerdings alle verneinen konnte. Ich solle vorsichtig versuchen, bis zur nächsten Tankstelle zu kommen und dort erst mal um Hilfe bitten oder direkt einen Abschleppdienst rufen. Die nächste Tankstelle war nicht weit entfernt und so versuchte ich wieder, den Motor zu starten, und er sprang an. Vorsichtig fuhr ich zur Tankstelle und der Motor ging genau im Kreisverkehr davor wieder aus, sodass ich es gerade so mit Müh und Not schaffte, noch auf die Tankstelle zu rollen.

Ich ging hinein und musste etwas warten, da noch zwei Kunden vor mir bedient wurden. Nach etwa zehn Minuten war ich dran und schilderte dem Tankwart meine Lage, woraufhin er mit mir raus zum Wagen ging. Ich sollte mich reinsetzen und mal den Motor anlassen, dann würde er schauen, ob er vielleicht was auf der Anzeige sehen könnte. Der Motor sprang an und die Anzeige zeigte nichts Außergewöhnliches. Auch er war ratlos. Ich überlegte kurz und entschied dann, es darauf ankommen zu lassen und weiter bis zum Flughafen zu fahren, da dieser nicht mehr weit entfernt war. Kurz vor dem wilden Parkplatz dort ging der Motor abermals aus und ich rollte die letzten Meter.

Sven war in der Zwischenzeit schon gelandet und ich sagte ihm, wo er mich finden würde. Ich fühlte mich direkt wohler, als er bei mir war, und außerdem war es mir ab diesem Zeitpunkt auch egal, wenn wir den Wagen hier erst mal stehen lassen würden. Aber zu ihm zu kommen, ihn selbst abholen zu können, das war mir wichtig gewesen.

Er öffnete den Motorraum, legte sich anschließend unter den Wagen und versuchte herauszufinden, was nicht stimmte. Und er wurde fündig. Der Schlauch zum Kühler war wegen einer durchgerosteten Metallspange abgegangen und somit war absolut keine Flüssigkeit mehr im Kühler. Das erklärte auch, warum ich nach den Pausen wieder fahren konnte, da sich in dieser Zeitspanne immer wieder alles etwas abgekühlt hatte. Ich rief meinen Mechaniker an und er bot an, dass er sich darum kümmern würde. Entweder könnten wir den Wagen dort stehen lassen und er würde in den nächsten Tagen dort vorbeikommen. Oder aber wir könnten versuchen, es bis zu ihm nach Hause zu schaffen. Wir entschieden uns für Letzteres und kauften an der Flughafentankstelle einen großen Kanister Kühlflüssigkeit. Außerdem hatte ich noch einen Acht-Liter-Wasserkanister im Auto – normalerweise zum Abduschen nach dem Surfen und Kiten – und so füllten wir den Kühler etwas auf und flickten den Schlauch zunächst provisorisch.

Im Schneckentempo und mit zahlreichen Stopps fuhren wir in den Norden hoch. Nach einer gefühlten Ewigkeit rollten wir bei meinem Mechaniker auf das Grundstück und ließen den Wagen dort stehen.

Der Kühler wurde in den kommenden Tagen notdürftig geflickt, aber langfristig müsste ein neuer her. Also brachte Sven beim nächsten Besuch aus Deutschland einen neuen Kühler mit, stilecht in einem Koffer, den er passend dafür gekauft hatte.

Ich traf die Entscheidung, dass es wohl doch so langsam Zeit wäre, mich von meinem treuen Wegbegleiter zu trennen, und traf Vorbereitungen für einen Autokauf im Herbst. So lange würde ich noch die eine oder andere Erinnerungsrunde mit dem Wagen drehen, der mich damals auf die Insel gebracht hatte. Mittlerweile war von dem glänzenden Lack nicht mehr viel übrig, stattdessen hatte sich Rost breitgemacht, teilweise so extrem, dass schon Löcher in der Motorhaube klafften. Irgendwann bemerkte ich, dass der Seitenspiegel an der Beifahrerseite nicht dreckig war und ich deswegen nichts sehen konnte, nein, der Spiegel war wohl einfach irgendwo mal rausgefallen. Meine Schlüssel waren auch schon seit langem notdürftig geflickt, da sich hier das schwarze Plastikgehäuse um den Schlüsselstift mit der Zeit abgelöst hatte. Ein Freund half mir dabei und wir kreierten kurzentschlossen eine neue Ummantelung. Aus Solarez, dem Kleber für Surfboardreparaturen, gossen wir einfach eine Form in ein Streichholzschächtelchen, die dann schön in der

Sonne aushärtete und später noch mit Panzertape umwickelt wurde.

Aber auch ich sah allmählich ein, dass mein Auto begann, sich quasi selbst zu zerlegen. Es wurde Zeit, sich zu verabschieden. Einen neuen Wagen hatte ich bereits organisiert, und so sprach ich mit dem Autohändler ab, dass ich bei Abholung des Neuwagens meinen alten und treuen Weggefährten dort lassen und er zum Schrottplatz gebracht würde. Ein bisschen wehmütig strich ich an dem besagten Tag noch ein letztes Mal übers Lenkrad und bedankte mich im Geiste bei meinem Auto für die vielen Fahrten, bevor ich ausstieg, die Tür schloss und den Schlüssel überreichte.

Waikiki, Oahu 2022

Das Leben ist, was du draus machst

Es war Anfang Sommer, ein warmer und sonniger Tag, zudem gab es noch ordentlich Wind. Perfekte Bedingungen zum Kitesurfen also. Ich hatte an diesem Nachmittag keine Patiententermine mehr und war nach der Arbeit freudestrahlend losgefahren. Sven war momentan in Deutschland und ich dachte mir, wie schön es doch wäre, wenn wir zusammen aufs Wasser gehen könnten.

Am Strand ging ich als Erstes zur Wasserkante runter, um zu schauen, welchen Kite ich heute nehmen würde. Als ich wieder zurück beim Wagen war, um meine Sachen herauszusuchen, bemerkte ich, wie jemand vom Strand her geradewegs auf mich zu marschierte. Und Marschieren war hier wirklich das richtige Wort. Von Größe, Aussehen und Statur her wusste ich sofort, dass *sie* es war. Mit ihrer verspiegelten Sonnenbrille und ihrem harten und kantigen Auftreten wirkte sie auf mich wie der Terminator in Persona. Es hätte mich nicht überrascht, wenn die Sonnenbrillengläser plötzlich nach oben geklappt und Laserstrahlen aus ihren Augen auf mich gerichtet worden wären. Vielleicht wollte sie mich durch diesen Auftritt beeindrucken oder einschüchtern, jedoch wusste ich mit dieser absurden Situation so absolut gar nichts anzufangen. Also widmete ich mich einfach weiter meinen Kite-Sachen, zog mich um und summte ein Lied vor mich hin, das mir gerade im Kopf herumspukte.

Aus dem Augenwinkel registrierte ich, wie sie bis auf etwa zwei Meter an mich herantrat, dann abrupt eine soldatenwürdige 90-Grad-Drehung hinlegte und schweren Schrittes am Auto vorbeistapfte.

Wie merkwürdig. Das alles hatte ein bisschen was von John Wayne, der, die Hände griffbereit am Halfter, zum Showdown schritt, jedoch niemand dort war, der sich mit ihm duellieren wollte.

Später auf dem Wasser bemerkte ich dann noch ein paarmal, dass sie ganz in meiner Nähe war, aber da ich mich weiter aufs Kiten und meinen Spaß konzentrierte, war mir alles andere egal, und ich blendete sie aus.

Hier bewahrheitete sich mal wieder der Spruch, dass Unsicherheit laut und Selbstsicherheit leise ist.

Wie glücklich und befreit ich mich in diesem Moment fühlte, dass ich gelernt hatte, Grenzen zu setzen. Ich wusste nun, dass ich selbst bestimmen konnte, wen ich in mein Leben ließ und vor allem, wem ich es erlaubte, mich auf irgendeine Art und Weise berühren zu können. Und ich wünschte mir, dass so jemand seinen riesigen Rucksack an Altlasten hoffentlich doch noch irgendwann ablegen und aufarbeiten würde.

Jedoch würde sich in nicht allzu langer Zeit zeigen, dass sie rein gar nichts dazu gelernt hatte, weiterhin stumpf ihr Repertoire abspielte und ihr destruktives Verhalten ihr weiteres Leben bestimmen ließ. So erschien sie immer häufiger auf der Insel und kam irgendwann dann sogar mit einem Van hierhergereist. Ihr wohlgesonnene Personen halfen ihr, ohne zu ahnen, dass sie sich bereits inmitten der Neuauflage des schon etliche Male abgespielten alten Schauspiels befanden. Hier wurde lautstark eine Auszeit zur Selbstfindung à la »Eat, Pray, Love« gepredigt, gefolgt von großen Worten der Auswanderung.

Sven und ich blieben entspannt, da wir nur zu gut wussten, dass dies leere Worthülsen waren. Wir würden uns in Geduld üben und hoffen, dass nicht allzu viele Menschen Schaden nähmen, bis der Spuk vorbei wäre. Sven war da schon erheblich weiter als ich, musste ich feststellen. Das bemerkte ich vor allem, als Gerüchte über uns in Umlauf gebracht wurden. Während Sven relativ cool und unbeeindruckt blieb, hatte ich damit anfangs noch meine Schwierigkeiten und durfte hier also noch was lernen. Denn auch wenn mir dies zuerst teils bitter und ungerecht erschien, die Zeit würde früher oder später die Wahrheit ans Licht bringen. Und selbst wenn nicht, dann war das nicht meine Angelegenheit. In meiner Kontrolle lag jedoch etwas viel Wertvolleres, nämlich die Entscheidung, wie und ob ich auf so etwas überhaupt noch reagieren wollte.

So entschied ich, das einzig Vernünftige zu machen, zudem auch das Kraftvollste überhaupt, und entzog dem Ganzen meine Aufmerksamkeit. Und mit der Zeit wurde es mir dann egal.

Frei nach dem Motto »Not my circus, not my monkeys. But know the clowns« hielten wir uns von all dem so gut es ging fern, konzentrierten uns auf unser eigenes Leben und bekamen nur noch aus der Distanz ab und an mit, was da so vor sich ging. All dies lag zu diesem Zeitpunkt jedoch noch in der Zukunft.

Bei der ganzen Geschichte kam auch mal wieder die chronische Langeweile vieler auf der Insel zum Vorschein. Da das monotone Inselleben für die meisten kaum Abwechslung bietet, ist solch ein Gossip häufig eine willkommene Ablenkung. Denn so paradiesisch das ganze Surrounding auf einen Urlauber auch wirken mag, für die, die hier leben, ist es der normale Alltag. Und der ist meist nun mal nicht durch wahnsinnig viel Veränderung gekennzeichnet. Es ist ein Unterschied, ob man aus einer grauen Großstadt kommt und seit Monaten nicht mehr richtig die Sonne erblickt und die Wärme gespürt hat, oder ob man ständig und überall diesen Bedingungen ausgesetzt ist. Täglich den Blick auf das weite Meer und die endlosen Strände zu haben, was einem Urlauber absolut erwähnenswert und einmalig erscheint und häufig sogar romantisiert wird, ist für unsereins schlichtweg unser täglich Brot. Hier gibt es kein großes und schon gar kein vielfältiges Programm. Veranstaltungen, neue Szene-Restaurants, ein großer Datingpool, so was findet man eher auf dem Festland. Die Auswahl an Möglichkeiten ist auf einer kleinen Insel doch sehr beschränkt. Und genauso verhält es sich auch mit den Menschen. Nach einiger Zeit kennt man sich, weiß in etwa, wer wie tickt und was jemand so macht. So kann man das Ganze als sehr überschaubar titulieren. Viele mögen auch genau diesen Lifestyle, lieben ihr beschauliches Leben und wollen gar keine großen Veränderungen. Andere wiederum genießen die kurzweilige Bespaßung von außen und umgeben sich gerne mit temporären Inselbesuchern. Dabei verhält es sich allerdings meist wie mit Netflix-Serien, hat man eine Serie durch, geht man kurzerhand über zur nächsten. Ich selbst bin da sehr genügsam unterwegs und mag bei vielem meine schlichten Routinen. So genieße ich die ruhigen und stillen Momente, wenn ich morgens vor dem Sonnenaufgang mit Manolo draußen in der Natur spazieren gehen kann und die Welt gefühlt noch friedlich vor sich hinschlummert. Ich habe mir angewöhnt, zeitig schlafen zu gehen, sodass ich ganz von allein früh wach werde. Kein Wecker, der mich aus dem Schlaf reißt, und auch erst nach dem Spaziergang, bei einer gemütlichen Tasse Kaffee, geht mein Blick das erste Mal aufs Handy. Alles davor, das sind die Augenblicke, die nur mir gehören und in denen ich meine Gedanken wirklich frei fließen lassen kann. Einen ähnlichen Effekt haben das Surfen und Kiten auf mich. Dort auf dem Wasser zu sein, inmitten der Schönheit der Natur, ist für mich stets ein unbezahlbares Gefühl der Freiheit. Im Einklang mit der Bewegung des Meeres sein zu dürfen, das glitzernde Wasser in seiner schillernden Farbvielfalt unter sich zu sehen, den Blick auf die schier nicht enden wollende Weite vor sich gerichtet zu haben, das Meer auf seiner Haut zu spüren, den leicht salzigen Geschmack auf den Lippen und der Zunge zu haben – das alles ist für mich jedes Mal aufs Neue eine unbeschreiblich pure Form des Seins. Und noch viel mehr holt es mich regelrecht ab, egal, was gerade sonst im Außen los ist.

In diesem Sommer flog ich, zusammen mit Manolo, für anderthalb Monate nach Deutschland. Gegen Ende wollten wir noch einen Dänemark-Urlaub machen, sollten die Einreisebestimmungen es zu dem Zeitpunkt erlauben.

Manolo wurde mal wieder in die Transportbox gelockt und mutierte zur gewohnten Dramaqueen, wurde aber anschließend mit einem wunderschönen, grünen Garten in Deutschland belohnt. Hatte er es dort im Winter schon großartig gefunden, so war dies nun sein persönliches Paradies. Verglichen mit der kargen Insellandschaft mussten diese vielen Gerüche für ihn so sein wie für uns Highspeed-Internet.

Sven und ich arbeiteten beide ganz normal weiter, wie immer, und unternahmen in unserer Freizeit schöne Dinge. So gingen wir Stand-up-Paddeln in der Stadt, mitsamt Hund auf dem Board, machten kleine Trainingseinheiten in unserem Homegym oder im Außenbereich des Gartens, luden Freunde und Familie zum BBQ ein und erlebten viele schöne Momente zusammen.

Ich lernte endlich eine weitere Freundin von Sven persönlich kennen, die ich sofort ins Herz schloss. Sie war die ehemals beste Freundin von seiner Ex, und Sven und sie hatten sich letztes Jahr zufällig durch den gemeinsamen Sport wiedergetroffen und angefreundet. Ihr war Ähnliches mit dieser Person widerfahren wie ihm. Es entwickelte sich über die Zeit eine ehrliche, respektvolle und loyale Freundschaft daraus. Wenn man also etwas Positives zu all dem anmerken konnte, dann war es, dass nicht nur Sven und ich uns quasi durch all das gefunden hatten, sondern nun sogar ein weiterer lieber Mensch dadurch in mein Leben gekommen war.

An einem langen Wochenende fuhren wir nach Sankt Peter-Ording und campten dort mit dem Van. Leider machte sich das raue Nordseeklima trotz schönstem deutschem Sommerwetter bei mir gesundheitlich direkt so arg bemerkbar, dass wir kurzentschlossen unsere Planung über den Haufen warfen und rüber nach Fehmarn fuhren. Die baltische See war da mit ihrem Klima schon erträglicher für mich und ich hatte dort sogar mein Kite-Debüt auf dem Wasser. Aber auch der dickste Neoprenanzug und die tollste deutsche Sommersonne konnten nicht darüber hinwegtäuschen, dass es für mich dennoch zu kalt war. Die Beziehung mit Sven hatte mich bezüglich meiner Erkrankung nochmal etwas Wichtiges dazulernen lassen, was bis dahin nicht relevant für mich gewesen war. Ich musste oder besser gesagt durfte mich da plötzlich jemandem erklären, der vieles bezüglich der Erkrankung nicht verstand. Hatte ich bisher alles mit mir allein ausgemacht, waren da nun zwei Personen, die es etwas anging. Sven wollte es besser verstehen können, was bestimmte Situationen und Wetterkonstellationen in mir bewirkten. An sich ein totaler Liebesbeweis. Für mich war es aber anfangs nicht so einfach, mich zu öffnen. Ich mochte den Gedanken nicht, mich so vulnerabel und fragil zeigen zu müssen, und kam mir dabei schnell vor wie ein rohes Ei. Aber wie sollte er es sonst verstehen? Also versuchte ich mein Bestes. Hing auch nur eine kleine Kühle in der Luft, an einem sonst warmen Sommertag, schmerzte mich dies wie tausend Nadelstiche. War der Himmel nicht klar und sonnig, sondern leicht bewölkt, bereitete mir das Kopfschmerzen der übelsten

Art. War die Luft extrem salzig und feucht, ging das direkt durch bis auf die Knochen. Und selbst, wenn ich mich drinnen aufhielt, spürte ich sofort, wenn diese Art von Wetter draußen herrschte.

Etwas besorgt blickte ich unserem Dänemark-Urlaub entgegen. Aber Sven war auch da mal wieder einfallsreich und lösungsorientiert und so fuhren wir zur Probe vor dem eigentlichen Urlaub einfach für ein langes Wochenende hoch, um es mal auszutesten. Ich war hin und weg von diesem Land mit seiner endlosen Weite und der Schönheit der Natur.

Doch leider hatten die letzten Wochen in Deutschland meiner Gesundheit schon sichtlich zugesetzt und nun kam es endgültig raus. Ich bekam Entzündungen, Nervenschmerzen, Sinusitis, meine Augen wurden wieder schlechter, mir tat alles weh und ich wusste nicht, wohin mit mir. Alle Krankheitssymptome kamen in einer geballten Ladung heraus. Das, was ich in den Wintermonaten in abgeschwächter Version auch auf der Insel jährlich erlebte, ereilte mich nun hier im Hochsommer richtig heftig.

So machten wir eine Dänemark-Tour in nur vier kurzen Tagen, und überall dort, wo alle anderen Menschen mit kurzer Hose und Top herumliefen, war ich dick eingepackt und hatte eine Mütze auf. Nach kurzer Zeit wollte ich noch nicht mal mehr raus aus dem Van. Ich hätte heulen können vor Wut und Enttäuschung, und tat es auch kurz. Doch das half mir auch nicht weiter. Mir wurde mit einem Mal wieder bewusst, dass ich damals die absolut richtige Entscheidung getroffen hatte, indem ich in ein wärmeres Klima gezogen war, und mein Frust wich langsam einem tiefen Gefühl der Dankbarkeit.

Wir setzten uns zusammen und entschieden gemeinsam, dass es keinen Sinn ergab, wenn ich hier weiter leiden müsste. Also packten wir zusammen und fuhren zurück nach Hamburg. Dort trafen wir eine weitere Entscheidung. Ich würde zwei Wochen früher als geplant wieder nach Fuerteventura zurückfliegen. Denn mein Körper kapitulierte mit jedem Tag mehr. Irgendwie fühlte ich mich, als hätte ich versagt, und war traurig, wie das alles gekommen war. Aber wir wären nicht wir, wenn wir nicht auch daraus mal wieder etwas Positives gemacht hätten.

So flog ich zwar früher wieder zurück, aber dafür würde Sven schon bald für zwei Wochen zu mir auf die Insel kommen.

Zukünftige Urlaube würden wir ab nun nur noch dorthin planen, wo es minimum so warm wie auf der Insel war, wenn nicht sogar wärmer.

Das restliche Jahr flogen wir immer wieder zueinander, wobei wir definitiv mehr Zeit auf Fuerteventura verbrachten als in Deutschland. Weihnachten und Neujahr zog es uns dann wieder in gewohnter Manier an den Strand. Wo auch immer wir drei zusammen waren, da waren wir glücklich.

Im Frühjahr stand unsere erste große Reise an, wir flogen nach Hawaii. Dies war schon eine ziemliche Zitterpartie für uns, da die USA erst kurz vorher die Grenzen für Europa wieder geöffnet hatte und es diverse Einreisekriterien gab, sowohl für die USA im Allgemeinen als auch für Hawaii im Speziellen.

Wir hatten alle erforderlichen Unterlagen doppelt und dreifach geprüft und sowohl in Papierformat als auch auf unseren Handys abgespeichert.

Zuerst ging es nach Los Angeles, wo wir geschockt waren über die dort vorherrschende gähnende Leere am Flughafen. Wo man sonst ewig lange in einer Schlange an den *Customs and Border Protection*-Schaltern warten musste, konnten wir einfach so zu einem freien Schalter gehen und waren nach zwei Minuten durch. Corona hatte auch hier definitiv Spuren hinterlassen.

Wir holten unseren Mietwagen ab und fuhren zu unserem Hotel, um unsere Koffer abzuladen und uns kurz frisch zu machen. Da wir beide schon mal in Los Angeles gewesen waren, stand Sightseeing nicht so wirklich auf dem Plan, und wir ließen uns an dem Abend nur etwas treiben.

Am nächsten Morgen ging es noch vor Sonnenaufgang bereits wieder los zum Flughafen und von dort aus weiter nach Oahu.

Wir kamen in einem kleinen, urigen Hotel direkt in Waikiki unter, von dem aus man nur ein paar Schritte von der Duke-Statue und dem Strand entfernt war. Das Hotel war im 70er-Jahre-Stil gehalten und komplett rosa angestrichen. Manch einer hätte jetzt vielleicht gesagt, es sei retro, aber in Wirklichkeit war es einfach nur alt. Für uns war die Location ideal, da wir fußläufig alles erreichen konnten und uns nur für Tagesausflüge einen Wagen mieten mussten. Das Hotelzimmer an sich war simpel, aber ausreichend ausgestattet. Wir beide waren in der Hinsicht sehr genügsam und eine funktionierende Toilette, eine Dusche mit warmem Wasser und ein vernünftiges Bett waren alles, was wir brauchten.

Und so verbrachten wir eine wunderschöne Zeit zusammen auf Hawaii. Es war sozusagen unser erster gemeinsamer Urlaub miteinander. Sonst hatte ja immer jemand von uns gearbeitet, und nun hatten wir beide mal wirklich frei. Zudem tat das Klima meinem Körper so wahnsinnig gut. Ich spürte es fast augenblicklich, als wir gelandet waren. Meine Atmung war mit einem Mal wieder mühelos und frei. Die Wärme war wohlig und angenehm und mein Körper entspannte sich mit jeder Minute mehr. Über die folgenden Tage bemerkte ich, wie meine Haut aufklarte, zu strahlen anfing und sich ein allgemeines Wohlbefinden in mir bemerkbar machte. Schon damals auf Maui hatte ich diesen Effekt erlebt und trotzdem erstaunte es mich nun erneut, wie sehr ich doch auf diese Inseln reagierte. Ähnlich war es mir damals bereits mit Fuerteventura ergangen und ich dachte, dass das nicht zu toppen wäre. Aber weit gefehlt. Hawaii wirkte auf mich in der Hinsicht nochmals um ein Vielfaches mehr.

Wir hatten eine großartige Zeit, gingen morgens surfen oder Outrigger fahren, fuhren mit dem Bus zum Lebensmitteleinkaufen, erkundeten die Insel an einigen Tagen mit einem Mietwagen und schauten an der Northshore bei den Billabong Pro Pipeline Classics den Weltklasse-Surfern beim Wellenreiten zu. Abends gingen wir dann meist nochmal an den Strand, denn wir konnten einfach nicht genug bekommen von diesen wunderschönen Sonnenuntergängen. Und mit etwas Glück erspähten wir auch mal eine Schildkröte im Meer.

Für einen Ausflug an die südliche Küste hatten wir vorher viele heruntergefallene Blüten gesammelt und mitgenommen. An einem Strand, der unserer Meinung nach Maui am nächsten war, ging ich mit diesen Blüten ins Meer und verabschiedete mich so von meinem Freund von dort. Er war im letzten Sommer plötzlich verstorben, und indem ich die Blüten für ihn ins Wasser entließ, schickte ich ihm meinen letzten Dank und Gruß. Für mich wird Hawaii immer mit ihm und seinem Garten verbunden sein, wo ich zum ersten Mal Svens Stimme gehört habe.

Nach einer traumhaft schönen Zeit auf Hawaii ging es weiter nach San Francisco. Wir hatten wahnsinniges Glück und das Wetter bescherte uns tollsten Sonnenschein. Wir fuhren über die Golden Gate Bridge, erkundeten die Stadt mit der Cable-Car-Bahn und machten einen Bootstrip in Richtung Alcatraz. Am berühmten Pier 39 sahen wir uns die Seelöwen an und bemerkten, dass wir mitunter die einzigen Touristen waren. Hatte man gedacht, dass die Pandemie in Europa Spuren hinterlassen hatte, so war das nichts im Vergleich zu dem Bild, das sich uns hier bot. Schon auf Oahu waren überall sehr viele Obdachlose zu sehen gewesen. Aber hier reihten sich die Zelte, die von der Stadt gestellt wurden, damit die Menschen zumindest etwas Kälteschutz hatten, an jeder Straße dicht an dicht.

Auch das nahmen wir mit von unserer Reise und fühlten uns dankbar und privilegiert, dass wir die Chance hatten, all diese neuen Eindrücke sammeln zu dürfen.

Kurz vor Mitternacht kamen wir schließlich wieder in Deutschland an, und am nächsten Tag gegen Mittag fuhren wir los in Richtung Fähre nach Südspanien. Während Sven dem Jetlag beim Fahren trotzte, kämpfte ich gegen ihn vorm Laptop beim Arbeiten an. Wir bekamen das alles erstaunlich gut hin, sah man mal von meiner kurzzeitigen Übelkeit in Nordspanien ab. Die kurvigen Straßen in den Pyrenäen waren dann doch keine so gute Kombination mit meiner Bildschirmtätigkeit im hinteren Bereich des Vans und stellten meinen Magen hart auf die Probe. Aber auch das ging vorbei und wir kamen unserem Ziel immer näher. Innerhalb von zwei Tagen waren wir an der Fähre angelangt und kurz darauf ging es auch schon los in Richtung Fuerteventura.

Zurück auf der Insel, holten wir als Erstes Manolo vom Hundesitter ab, der von uns erst mal ordentlich geknuddelt und geherzt wurde.

Und hier sind wir nun, alle wieder zusammen, glücklich und zufrieden und leben unser Leben.

Wir schmieden keine exakten Pläne, sondern lassen vieles einfach auf uns zu kommen. Denn wir sind verdammt gut darin, in allem eine Chance zu sehen. Und seien wir doch mal ehrlich, die meisten Wege entstehen erst, indem man sie geht.

Wir blicken auf viele schöne Momente zurück, haben zig Ideen und Träume für die Zukunft, und das Wichtigste: Wir genießen das Hier und Jetzt in vollen Zügen, voller Vertrauen und Liebe.

Hätte mich damals in Deutschland jemand gefragt, ob ich mir mein Leben so vorgestellt hätte, wie es heute ist, hätte ich wohl mit dem Kopf geschüttelt und verneint. Da brauchte es anscheinend erst mal diese Krankheit, um mich wachzurütteln und mein Leben so richtig auf den Kopf zu stellen. Ich sehe dies mittlerweile als großes Geschenk an, hat es mir doch in Wirklichkeit die Augen geöffnet und mich aus alten Mustern befreit. Natürlich bin ich auch hier nicht symptomfrei und ich habe Tage, an denen ich nicht viel machen kann. Umso dankbarer bin ich aber für all die Momente, in denen mein Körper mir erlaubt, mich so zu bewegen und ihn so zu nutzen, wie ich es gern möchte. Wo andere sich dadurch bedingt vielleicht limitiert fühlen würden, sehe ich Möglichkeiten, es anders zu machen und Neues auszuprobieren. Meine Krankheit ist mein kleiner, aber ständiger Reminder, mich stets gut um mich zu kümmern und mir ausreichend Zeit für mich zu nehmen.

Wenn es eines gibt, das ich in den nun bereits über zehn Jahren hier auf der Insel gelernt habe, dann ist es Folgendes:

Einfach mal leben, es könnte ja gut werden.

Und außerdem verpasst du sonst vielleicht den besten Teil.

Mein Wunsch an dich:

Hab keine Angst vor Veränderung, sei offen und neugierig und nimm dein Leben selbst in die Hand. Tritt aus der grauen Masse hervor und gestalte dein Leben so bunt, strahlend und farbenfroh, wie du es nur möchtest. Sei mutig und lebe deine Einzigartigkeit. Triff Entscheidungen, mach Erfahrungen, gesteh dir Fehler zu, lern daraus und triff daraufhin neue Entscheidungen, denn nichts ist beständig und alles ist stetig im Wandel, so auch wir.

Das Leben findet weder in der Vergangenheit statt noch in der Zukunft, sondern genau hier und jetzt.

Finde dein Warum, denn es wird dich motivieren, leiten und dich für deine Ziele einstehen lassen.

Sei wohlwollend, respektvoll, ehrlich und nachsichtig mit anderen, aber vor allem auch mit dir selbst. Lass deine Kindheit nicht dein restliches Leben bestimmen und übernimm die volle Verantwortung für dein Tun und Handeln. Behandle andere so, wie du auch behandelt werden willst. Lern Grenzen zu setzen. Die Menschen, die es gut mit dir meinen, werden diese respektieren, und die anderen werden sich aus deinem Leben verabschieden. Schau mehr nach innen als nach außen und finde Dankbarkeit in den einfachen und kleinen Dingen des Lebens, denn sie sind die Samen für Größeres. Sieh Chancen, wo andere Hindernisse sehen, und glaub an dich. Warte nicht auf den perfekten Zeitpunkt, denn der kommt nicht, und während du wartest, verrinnt deine kostbare Lebenszeit.

Mach das Beste aus jeder Situation und genieß den Moment. Denn wir alle haben nur eine gewisse Zeit hier zur Verfügung und ich wünsche mir für dich, dass du irgendwann mal auf dein Leben zurückblicken wirst, voller Dankbarkeit und Zufriedenheit und mit einem Lächeln auf den Lippen.

Ende

Epilog

Das Leben an sich lässt sich wunderbar mit Wellenreiten vergleichen. Ich mag diese Metapher sehr, erklärt sie doch die eigentliche Essenz in simplen und verständlichen Worten.

In den seltensten Fällen ist das Leben wie ein spiegelglatter See mit ruhiger Oberfläche und kaum Bewegung. Vielmehr gleicht es einem Wellenmeer, mit Höhen und Tiefen. Es gibt die äußeren Faktoren, auf die man keinerlei Einfluss hat, so wie die Gezeiten, den Wind, den Swell und die Strömung. Diesen kann man sich nur anpassen, denn verändern kann man sie nicht. Wer schon einmal in einen Rip Current (Brandungsrückstrom) geraten ist, weiß, dass es absolut keinen Sinn macht, gegen die Strömung Richtung Land anzukämpfen, und man nur unnötig Energie verschwendet, wenn man es tut. Stattdessen lässt man sich ein Stück weit mit rausziehen und einfach treiben und schwimmt dann an anderer Stelle mit der Strömung wieder zurück Richtung Ufer. Dies sind die Erfahrungen, die jeder in seinem Leben macht und aus denen man bestenfalls für die Zukunft lernt.

So ist es manchmal sinnvoller, nicht gegen den Strom zu schwimmen oder gegen etwas anzugehen und nur stur seinen Blick auf das gewünschte Auskommen zu richten. Vielmehr geht es darum, in jeder Veränderung und Abweichung von unserem häufig doch sehr stringent geplanten Leben Chancen zu erkennen, es anders zu machen als vielleicht vorher gedacht.

Wie die Wellen, die sich über Kilometer und Kilometer auf dem offenen Ozean aufbauen und vor und hinter sich ein Wellental herziehen, kommen auch die Ereignisse in unserem Leben in sich ständig ändernden Wellen einher. Um eine richtig große Welle aufzubauen, bedarf es gelegentlich einer langen Zeitspanne und einer noch längeren Wegstrecke. Wer nun denkt, dass in dieser Zeit nichts passiert, der irrt sich gewaltig. Denn genau das ist der Moment, in dem alle Energien gesammelt und gebündelt werden, nur um kurz danach ihre volle Kraft in Form einer sich brechenden Welle zu entladen.

Im Leben geht es darum zu entscheiden, wann es sinnvoll ist, sich treiben zu lassen, Kraft zu tanken und sich vorzubereiten, und wann es an der Zeit ist, eine Welle für sich auszusuchen, diese anzupaddeln und zu surfen.

Neben dieser körperlichen und mentalen Vorbereitung hast du außerdem auch noch ein äußeres Hilfsmittel zur Verfügung, dein Board. Du kannst zwischen verschiedenen Surfbrettern wählen und das Passende für die Gegebenheiten aussuchen. Ob du nun ein kleineres oder ein größeres Board nimmst oder auch welche Form, hängt zum einen von der Wellengröße und -beschaffenheit ab und zum anderen aber auch von deinen individuellen Präferenzen und letztlich von deiner Erfahrung. Je mehr du bereits versucht und ausprobiert hast, desto eher wirst du die richtige Wahl für dich treffen.

Entscheidest du dich nun also für eine Welle, paddelst sie zielgerichtet und ohne zu zögern an und stimmt dein Timing, dann nimmt dich das Meer in dieser geballten Energieentladung mit und du erlebst diesen magischen Zustand, in dem plötzlich alles wie von allein läuft. Für einen kurzen Augenblick fühlst du dich eins mit der Welle und eure Energien verschmelzen miteinander. Dein Fokus ist genau da, wo er hingehört, nämlich nur bei diesem einen Moment.

Bist du jedoch unaufmerksam, lässt dich ablenken, zweifelst an dir oder machst einen falschen Move, kann es schnell passieren, dass du einen Wipe-out hinlegst und von der Welle ordentlich durchgespült wirst. Aber auch das gehört dazu und du lernst dabei bestenfalls fürs nächste Mal, was du verbessern kannst.

Und auch hier gilt es, die für dich passende Balance zwischen Ruhe und Aktion zu finden. Denn nach jeder Welle, nach jedem Hoch kommt auch wieder eine Phase der Ruhe, in der sich wieder alles neu anordnet, fügt und letztlich wieder neue Energie geschöpft wird.

Ähnlich wie beim Surfen gibt es auch im Leben keinen Stillstand, alles ist in ständiger Bewegung und verändert sich, so auch wir. Manches davon können wir aktiv beeinflussen und manches nicht. Wer das erkennt und akzeptiert, dem kommt das Leben plötzlich gar nicht mehr so schwer vor.

.